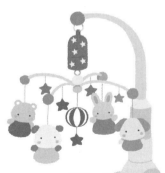

改訂
乳児保育の基本

阿部和子 編

寺田清美
山王堂惠偉子
小山朝子

萌文書林

はしがき

　子どもを取り巻く環境が変化し続けている。子どもが子どもとして十分に生きることを願って、保育所保育指針、幼保連携型認定こども園教育・保育要領が改定（改訂）された。乳児保育に関しては、その重要性の認識の高まりを受けて、3歳未満児の保育の内容が、保育指針、教育・保育要領、それぞれに明記され、その質の向上を目指している。このような動きのなかで、1、2歳児の施設入所率が約47％（平成30年速報値）ととなり、出生数の半数近くが、施設保育を受けている。それでも待機児童のほとんどが3歳未満児であり、それが解消されないままにあり、その量の拡大に対しても期待が高い。

　一方、ICTが急速に進みつつあり、これまでの常識が常識でなくなるなど、先が見えにくいなかで、新しい価値をつくり出していかなければならない社会が到来している。AIによる最適化が進むなかでの乳児の生活は、どのように考えればいいのだろうか。つまり子どもの最善の利益とは、どのようなことをいうのだろうか。

　本書では、保育指針がその保育の目標としている「今を十分に生きること、そして、その過程の中で望ましい未来をつくり出す力の基礎」を培うこととする。そして、この「子どもの最善の利益」の実現を考えるのは、子どもを取り巻く大人の責任である。

　本書が対象とする子どもとの生活の第一線で奮闘する保育者や、まさにこれからその現場に身を投じようとする保育を学ぶ学生は、その「子どもの最善の利益」とは何かを日々の具体的な生活のなかで考え、実践し、子どもの生活や育ちに進んで責任をもとうとする人たちである。本書は、このような人たちと一緒に、乳児の保育（子どもの最善の利益を追求することでもある）を具体的に考えていくことをねらいとしている。

　さて、乳児保育が対象とする年齢であるが、一般的に乳児は1歳の誕生日を迎えるまでをいうことが多い。児童福祉法においても、その対象とする児童の年齢が18歳未満（場合によっては20歳未満）であるが、その児童をさらに1歳までを乳児として定義している。しかし、本書は、以下のような理由で、とくに断りがない場合は乳児を3歳未満とする。

　人は、物心がつく前にすでに、周囲の人のケアを受けながら生活を始めている。昨今の乳児研究は、乳児は出生後すぐから、生まれながらにしてもっている力を使って積極的に周囲に働きかけている能動的な存在であることを明らかにしている。しかし、その力も周囲からの応答のなかに組み込まれた能動的な力であり、応答なくしてはその力を発揮することができない。したがって、能動的な存在としての可能性をもって生まれてくるが、生活するという点では、他者の力を必要とする極めて無力な存在でもある。

　乳児が乳児の生活をするうえで無力であることは、その周囲から生活のための手助けを受けることを当たり前とすることである。そして、その十分なケアを受けるやりとりのなかから、人として生きていくうえでの基本的な力を自らで獲得する。さらに、周囲人とのやりとりのなかで、周囲の人々の価値観や生き方がその内面に静かに沈殿し続け、それ以降の子どもの生活の仕方（育ち）を方向づける。つまり、乳児が自身を自身として意識する前に、その周囲の生活を受け入れることになる。その周囲の人々の生活の仕方や、生活

を通して獲得される人としての基本的な力の獲得を方向づけるという意味において、周囲の人々の生活や育ちに対する価値観が重要であり、乳児期は、その影響の最も大きい時期である。

　また、この時期の生活を通して、乳児は自分自身（「私」という意識的な主体）をその周囲から区別して誕生させる。この時期が通常は、3歳から3歳半頃といわれている。子どもを取り巻く周囲の大人の子どもとの生活に対する考え方、その考え方に規定される実際の生活が、子どもの意図や願いを超えてその生活を位置づける最も著しい時期であること、加えて、この周囲との関わりを通して「自己」を獲得する時期の保育を考えるということで、3歳未満をひとまとまりの時期と考える。

　乳児の最善の利益は、「無力（あるいは未分化）を十分に生きる」ということである。つまり、人のケアを当然とする生活を十分にすることである。人が人をケアするとは、たとえば、おむつ交換はその行為に「気持ち悪いね、はやく取り除こうね」という言葉と感情をからませる（気持ちを込めて）という、いわば、相手の身に自分自身の身をおいてかかわるということである。つまり、乳児は存在そのものに関わるケアを必要としているということであり、保育者であればその職務を超えて「私（一人の人として）」として関わることが要求されることもある。真のケアは、誰でもできるという交換可能な役割に還元できないような働きかけでもあるということである。

　乳児の生活において、一人の人間として肯定的に出会わなければ乳児は、その自らの人生を肯定的にとらえるとともにその主人公であることを獲得することに困難を極める。本書においては、保育者のありようや、乳児の生活の環境（施設内だけでなく、家庭、地域、社会など）を含めて「乳児の最善の利益」を保障するということは、具体的にどのような生活をすることなのかを考えていく。皆さんと一緒に考えることを切に願う。

　2019年5月

編著者　阿部　和子

Contents

はしがき ……………………………………………………………………………………… 2

第1部　理論編

第1章　乳児保育の意義・目的

§1　乳児保育の意義・目的と歴史的変遷 …………………………………………… 8
　1．乳児保育の意義と目的 —— 8
　2．乳児保育をめぐる現状 —— 9
　3．社会のなかの乳児保育 —— 11
　4．乳児保育が一般化されるまで —— 12

§2　乳児保育の役割と機能 ………………………………………………………… 13

§3　乳児保育の養護と教育 ………………………………………………………… 14

第2章　乳児が生活する場の現状と課題

§1　家庭 ……………………………………………………………………………… 18
　1．家庭で育つとは —— 18
　2．家庭での子育ての現状 —— 19
　3．家庭での子育ての課題 —— 21

§2　保育所 …………………………………………………………………………… 21
　1．保育所で育つとは —— 21
　2．保育所の現状と課題 —— 23

§3　幼保連携型認定こども園 ……………………………………………………… 26
　1．認定こども園で育つとは —— 26
　2．認定こども園の現状と課題 —— 28

§4　幼稚園 …………………………………………………………………………… 30
　1．幼稚園（幼稚園プレ保育）で育つとは —— 30
　2．幼稚園の現状と課題 —— 31

§5　地域型保育事業　―小規模保育・家庭的保育・居宅訪問型保育・事業所内保育― …… 32
　1．地域型保育で育つとは —— 32
　2．地域型保育の現状と課題 —— 35

§6　在宅訪問保育 …………………………………………………………………… 36
　1．在宅訪問保育で育つとは —— 36
　2．在宅訪問保育の現状と課題 —— 36

§7　乳児院 …………………………………………………………………………… 39
　1．乳児院で育つとは —— 39
　2．乳児院の現状と課題 —— 40

第3章　乳児の生活　―保育のねらいと内容―

§1　乳児保育の重要性 ……………………………………………………………… 42
　1．信頼関係の形成 —— 42
　2．学びの芽生え —— 43

§2　乳児保育の内容の概要 ………………………………………………………… 43
　1．0歳児の保育内容の具体的なイメージ —— 43
　2．0歳児から1・2歳児への保育内容の連続性 —— 43
　3．1・2歳児の保育内容 —— 44

§3　保育指針、教育・保育要領にみる乳児保育の内容の具体 ………………… 46
　1．保育のねらいと内容 —— 47

　　2．0歳児の保育のねらいと内容 —— 47
　　3．1・2歳児の保育のねらいと内容 —— 58

第4章　協働のなかの保育の実際

§1　保育者間の連携
　　1．保護者からの連絡を保育者間で共有化すること —— 72
　　2．保護者への連絡を保育者および職員間で共有化すること —— 73
　　3．ICTを活用する —— 73

§2　保護者との連携
　　1．新入園児の面接 —— 74
　　2．登・降園時 —— 75
　　3．連絡帳を通して —— 76
　　4．個人面談・保育相談 —— 77
　　5．保育参加・参観・保護者会・試食会 —— 78
　　6．園だより・クラスだより・ホームページ —— 79
　　7．24時間を視野に入れた保護者支援 —— 81

§3　地域との協働
　　1．地域子育て支援との連携 —— 83
　　2．地域に開かれた保育所・幼保連携型認定こども園として —— 83
　　3．医療・保健機関との連携 —— 84
　　4．赤ちゃんとのふれあい交流事業 —— 85

第Ⅱ部　実践編

第5章　乳児保育の基本

§1　乳児の主体性を尊重した生活と遊びの展開 …… 88
　　1．なぜ主体性を大切にするのか —— 88
　　2．主体性を尊重する保育とは養護と教育を一体的に展開すること —— 89
　　3．周囲の環境の重要性　——ものやこととの関わりから開かれる世界　—— 91

§2　一人ひとりの子どもの発達を理解する枠組 …… 94
　　1．人生の出発点＝出生時の状態 —— 94
　　2．発達過程のイメージ —— 96

§3　発達過程に沿ったこの時期の対応の基本 …… 104
　　1．0歳児前半 —— 105
　　2．0歳児後半 —— 105
　　3．1、2歳児 —— 106
　　4．3歳児 —— 108

§4　子どもを理解した援助：受容的・応答的な関わり
　　　―目の前の子どもの発達過程の理解と保育者の対応― …… 109
　　1．目の前の子どもの発達過程の理解 —— 109
　　2．受容 —— 110
　　3．見通し —— 111

§5　家庭との連携　－生活の連続性のなかで－ …… 114
　　1．保育所の6年間を見通して支援する —— 114
　　2．一日24時間の見通しのなかでの保育 —— 117

第6章　生活や遊びを通しての保育とその環境

§1　生活や遊びを通して行う保育 …… 122

1．生活の主体者として ── 122
　　　2．乳児の日課 ── 123
　　　3．3歳未満児の生活 ── 133
　　　4．3歳未満児の遊び ── 159
　　　5．生活や遊びにおける保育者による援助や関わり ── 167
　§2 生活や遊びの環境 ･･ 174
　　　1．生きる社会に対する信頼は「特定の人」の獲得から ── 175
　　　2．保育の時間（時間差：間的環境）── 177
　　　3．保育室の空間（区切る：環境）── 178
　§3 健康で安全な環境 ･･ 187
　　　1．子どもの健康支援 ── 187
　　　2．日常の保育のなかでの健康の管理 ── 187
　　　3．発育・発達状態の把握、感染症予防 ── 188
　　　4．アレルギー疾患への対応 ── 189
　　　5．子どもの発達と事故 ── 189
　　　6．事故の予防と安全の対応 ── 190
　　　7．食育の推進 ── 192

第7章　乳児の発育・発達を踏まえた生活と遊びの実際

　§1 0歳児の保育の実際 ･･ 194
　　　1．一日の流れと保育環境 ── 194
　　　2．子どもの遊びや生活を支える環境構成 ── 195
　　　3．保育環境の実際 ── 198
　　　4．生活と援助の実際 ── 205
　　　5．遊びの援助の実際 ── 206
　§2 1・2歳児の保育の実際 ･･ 208
　　　1．一日の流れと保育環境 ── 209
　　　2．子どもの遊びや生活を支える環境構成 ── 210
　　　3．生活と援助の実際 ── 217
　　　4．遊びの援助と実際 ── 221

第8章　保育の全体的な計画と指導計画の実際

　§1 保育の全体的な計画の構造 ･･ 226
　　　1．保育の全体構造のなかの乳児期 ── 226
　　　2．保育の指導計画の構造 ── 228
　　　3．計画と実践の往還　─PDCAサイクルの連続の重要性─ ── 229
　§2 3歳未満児の指導計画 ･･ 230
　　　1．3歳未満児の指導計画の作成の手順 ── 230
　　　2．1歳児クラスの指導計画 ── 232
　§3 指導計画作成の実際（1歳児） ･･････････････････････････････････････ 234
　　　1．全体的な計画のなかの1歳児クラスの指導計画 ── 234
　　　2．年間指導計画作成の実際 ── 236
　　　3．1歳児の7月の月案を作成する ── 239

　参考文献 ･･･ 253
　INDEX（索引） ･･ 257
　編著者・著者紹介 ･･ 261

第Ⅰ部

理 論 編

第1章　乳児保育の意義・目的

第2章　乳児が生活する場の現状と課題

第3章　乳児の生活　―保育のねらいと内容―

第4章　協働のなかの保育の実際

第 1 章 乳児保育の意義・目的

§1 乳児保育の意義・目的と歴史的変遷

1．乳児保育の意義と目的

　乳児は、生物学的にも、社会学的にも、一人では生きられない。ヒトは、高等哺乳類に属していながら、その動物として生きていく上で必要な力を獲得することに相当の年月を要する。たとえば、ヒトの特徴である直立歩行や言葉を話す、生きる上での最低限必要な食欲を満たすことでさえ、他者に受容され、支援される生活（育てられる）のなかで、おおよそ1、2年を要する。このように、人として生きていく上での最低限の力を獲得したとしても、ある程度、自分の力で生きていく力を獲得するためには、さらに、十数年を要する。

　以上がヒトという種のもつ特性であるから、子どもをある時期まで育てるのは、先に生まれて成体になった大人（養育者）の役割である。そして、子どもが生活する場所は、おもに夫婦関係と親子関係を基本とする家族、およびその場で展開される人間関係と生活空間のありようを重視する家庭である。家庭・家族の形態やあり方は、時代とともに変容するが、どのように変容したとしても、家庭・家族が生活機能を有した子育ての場であり、子どもが育つ場であり続けると考えられる。

　自立するまでの子どもは、その生活を他者に依存している。とくに、大人の前では、圧倒的な弱者にもなる。それらのことを踏まえて、大人と異なる存在としての子ども（18歳未満）を大人と同様の権利主体として位置づけ、その子どもが成長する過程で、子どもゆえの特別な配慮を必要とすることを独自の権利として定めたのが、「児童の権利条約」（1989年国連総会採択）である。日本におい

ても1994（平成6）年に、これを批准し、児童福祉法に位置づけられ公布されている（2016〔平成28〕年）。その総則において、児童福祉の理念が明確化された。

● 児童福祉法

> 第1章　総則
> 第1条　全て児童は、児童の権利に関する条約の精神にのっとり、適切に養育されること、その生活を保障されること、愛され、保護されること、その心身の健やかな成長及び発達並びにその自立が図られることその他の福祉を等しく保障される権利を有する。
> 第2条　全て国民は、児童が良好な環境において生まれ、かつ、社会のあらゆる分野において、児童の年齢及び発達の程度に応じて、その意見が尊重され、その最善の利益が優先して考慮され、心身ともに健やかに育成されるよう努めなければならない。
> ②　児童の保護者は、児童を心身ともに健やかに育成することについて第一義的責任を負う。
> ③　国及び地方公共団体は、児童の保護者とともに、児童を心身ともに健やかに育成する責任を負う。
> 第3条　前2条に規定するところは、児童の福祉を保障するための原理であり、この原理は、すべて児童に関する法令の施行にあたつて、常に尊重されなければならない。
> （漢数字は算用数字に置き換えた）

○　児童福祉法は、児童の権利条約の精神にのっとるとしている。以下の児童の4つの権利は、総則の1、2条に明記されている（児童の権利は、大きく4つの権利に分けられる〔日本ユニセフ協会〕）。
・生きる権利（すべての子どもの命が守られること）
・育つ権利（もって生まれた能力を十分に伸ばして成長できるよう、医療や教育、生活への支援などを受け、友達と遊んだりすること）
・守られる権利（暴力や搾取、有害な労働などから守られること）
・参加する権利（自由に意見を表したり、団体を作ったりできること）
○　子どもの生活や育ちに対して、第一義的にはその保護者が責任を負う。
○　保護者が難しい場合は、国および地方公共団体がその責任を負う。

2．乳児保育をめぐる現状

現状において、乳児に関しては両親が共働きなどで、家庭だけをその育ちの場としている子どもは減少傾向にある（図表1-1、1-2参照）。また、家庭で子育てしている場合でも、孤立感や育児不安などから、子育てに不安や困難を抱えている保護者も少なくない（図表1-3、1-4参照）。

これらの乳児保育をめぐる現状を踏まえると、子どもの最善の利益を考慮してその生活を、あるいは場を整えることが、私事として家庭・家族だけでは行うのは難しく、社会の力を必要としているということである。社会の力として、その最前線で具体的に行動することが期待されている場は、おもに保育所、幼保連携型認定こども園であり、乳児院である。そこでの実践の担い手が、保育者である。乳児保育の意義は、ヒトがもって生まれた能力を十分に使いながら成長しようとしている乳児にとっての最善の利益を追求するところにあり、それを保護者とともに実践しようとするところに、その目的をみる。

【図表1-1】保育所等待機児童数及び保育所等利用率の推移

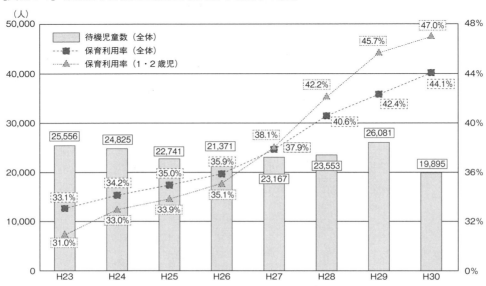

（厚生労働省「保育所等関連状況等取りまとめ」平成30年9月）

【図表1-2】年齢区分別の利用児童数・待機児童数

	30年度利用児童数	30年度待機児童数
低年齢児	1,071,261人（41.0%）	17,626人（88.6%）
うち0歳児	149,948人（5.7%）	2,868人（14.4%）
うち1・2歳児	921,313人（35.2%）	14,758人（74.2%）
3歳児以上	1,543,144人（59.0%）	2,269人（11.4%）

（注）利用児童数は、全体（幼保連携型認定こども園等、地域型保育事業等を含む）。
○年齢区分別待機児童数
　低年齢児が全体の88.6%を占める。そのうち、特に1・2歳児（14,758人〔74.2%〕）が多い。

（厚生労働省「保育所等関連状況等取りまとめ」平成30年9月）

【図表1-3】児童相談所での児童虐待相談対応件数とその推移

年　度	平成24年度	平成25年度	平成26年度	平成27年度	平成28年度	平成29年度（速報値）
件　数	66,701	73,802	88,931	103,286	122,575	133,778
対前年度比	111.3%	110.6%	120.5%	116.1%	118.7%	109.1%

※主な増加要因
○ 心理的虐待に係る相談対応件数の増加（平成28年度：63,186件→平成29年度：72,197件（＋9,011件））
○ 警察等からの通告の増加（平成28年度：54,812件→平成29年度：66,055件（＋11,243件））
（平成28年度と比して児童虐待相談対応件数が大幅に増加した自治体からの聞き取り）
○ 心理的虐待が増加した要因として、児童が同居する家庭における配偶者に対する暴力がある事案（面前DV）について、警察からの通告が増加。

（厚生労働省「保育所等関連状況等取りまとめ」平成30年9月より作成）

【図表1-4】子育てしていて負担・不安に思うこと

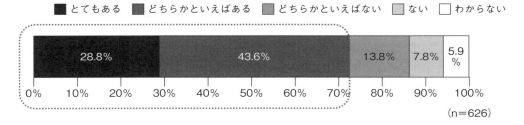

○子育てに不安を持っている人（どちらかといえばあるを加えて）は7割強

（厚生労働省「少子高齢化社会等検討事業報告書」平成27年3月）

3．社会のなかの乳児保育

　社会の変化は、人の生活を変える。また、人が社会を変化させる。乳児は、社会の変化からもっとも影響を受けないようにも見えるが、その生活のありようは、自らの手のおよばないところで大きく影響を受けることになる。たとえば、三歳児神話とか、母性愛神話の肯定・否定によって、その生活さえ左右されることになる。
　母性保護（子どもは母の手で育てられるべきか・国の責任か）について、論争されたのが、大正デモクラシーのなかを生きた与謝野晶子と平塚らいてうなどである。
　婦人解放運動の流れのなかで、与謝野晶子は、「女性の独立（働くための子どもをたくさん産んで育てることに自分の人生をささげてはならない）」と主張し、平塚らいてうは、「婦人が子供を育てているときは、その子どもが最も母の注意を必要とする何年かは家庭外の労働を中止せよ」と主張する。
　平塚らいてうは、紡績工場で働く女性たちの過酷さを目の当たりにして、人間そのもの

を創造する母の仕事と、人間が消費する物品を製造する労働者の仕事と、いづれが大切なことかと問い、妊娠・出産・育児期の女性は、国家が保護すべきだと主張する（託児所は、反対）。与謝野晶子は、当時の保育施設・託児施設の劣悪さと死亡率の高さを認めながらも、それらは将来の工場労働において必ずや改善されるものだという。しかし、当時の人々の多くは、日々を生き抜くことで精一杯の生活をしていた。この論争は、今につながる子育て論争のルーツと考えられる。

4．乳児保育が一般化されるまで

　第二次世界大戦が終結し、高度経済成長の時代を迎えると、都市部の急激な人口増加と核家族化、共働きの増加などにともない、保育所入所に対する要求が増加する。一方で、母親が子育てに専念することも一般化していく（専業主婦の一般化）。このような状況のなかで、中央児童福祉審議会・保育制度特別部会は、保育をどのように考えたらいいのかを検討し、中間報告「保育問題をこう考える」において、保育七原則を出している。

●保育七原則

第1原則	両親による愛情に満ちた家庭保育
第2原則	母親の保育責任と父親の協力義務
第3原則	保育方法の選択の自由と、こどもの、母親に保育される権利
第4原則	家庭保育を守るための公的援助
第5原則	家庭以外の保育の家庭化
第6原則	年齢に応じた処遇
第7原則	集団保育

（厚生省中央児童福祉審議会・保育制度特別部会「保育問題をこう考える」昭和38年7月）

　とくに、乳児保育に関しては、第6原則に「保育の果たす役割及び内容については、…（略）…2～3歳以下の乳幼児期においては、まず家庭において保育されることが原則でなければならないし、それが不可能な場合においても、親密で暖かい養護が与えられるよう、処遇を手厚くする必要がある」と述べている。これは、先の母性保護論争における子育てに対する考え方の影響や、初期のボウルビィ（J. Bowlby）の「乳幼児期の母親との間で温かくて親密で持続的な関係を経験することの重要性」を説いたアタッチメント理論に依拠していると思われる（他方で、ボウルビィは母親が子どもを置いて働きに出ることも代わって世話する人物の子どもへのマザリング的な接し方が母親とそれほど隔たっていなければ、そして連続していれば子どもに悪い影響はないだろうとも言っている。〔1969〕）。

　以上のように、乳児保育に対する消極的な考えのなかで、1969（昭和44）年に乳児保育が制度化されるが、特別な対策としてであった。それは、保護者が原則として所得税非課税世帯である低所得者層に属している乳児が9人以上在籍する保育所を対象とするとい

うものであった。特別な事業としての扱いは、1989（平成元）年に乳児保育特別対策が一部改定となり、利用者の所得制限が撤廃されるまで続く。

このような乳児保育の取り組みと並行し、1975（昭和50）年を境に少子化が進行して、1989年には合計特殊出生率が1.57となり、国をあげて少子化対策に取り組むことになる。最初の施策が1994（平成6）年の通称エンゼルプラン[*1]である。

そして、1998年に「平成10年度版厚生白書」において、「三歳児神話（母性愛神話）には合理的な根拠が認められない」とし、乳児保育が一般化され、0歳児3人につき保母（平成11年から保育士へと名称変更）1名という現在の配置にいたる。

§2 乳児保育の役割と機能

保育所における乳児保育の役割と機能を図表1-5に整理した。

保育所の役割の一つは、保育を必要とする子どもの保育を行い、その心身の健全な発達を図ることにある。そして、乳児は、その健全な発達の過程にある乳児の生活にふさわしい体験が豊かに展開されるようにすることである。二つ目には、乳児のもう一つの生活の場である家庭・家族との生活において、乳児にふさわしい体験が得られるようにその関係の安定を調整することである。とくに、その子どもが第一子の場合は、保護者が保護者としてのあり方を獲得する最初の段階でもあるので、保護者の子どもへの向かい方などについて、ていねいなサポートをすることである。三つ目は、地域で子育てしている保護者に対して子育てを支援することである。先にも触れたが、家庭だけ、親（おもに母親が担っていることが多い）だけの子育ては、孤独感と子育て不安をもたらしやすい。家庭で子育てしている保護者に対して、その子育てを支えていくことである。

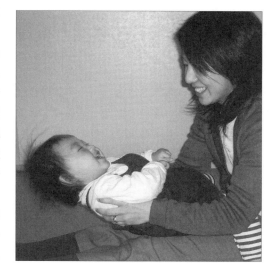

以上の乳児保育の役割を遂行するための機能は、日々の保育実践のなかにある。乳児保育の実践は、保育所の全体的な計画のなかの乳児に関するものであり、図表1-5のなかの中央の実践部分である。保育の6年間のなかに乳児期の発達を位置づけて、計画と実践を往還させながら、子どもの最善の利益を追求することである。

その実践を土台にすることで、二つ目の機能である保護者の子育て支援を豊かなものになる（図表1-5の右側点線部分）。

[*1]「今後の子育てのための施策の基本方針について」が正式名称である。

さらに、三つ目の地域の子育て支援も豊かなものになり、家庭の、あるいは地域の子育ての機能を向上させていくという社会的責任を果たすことになる。

【図表1-5】乳児保育の役割と機能

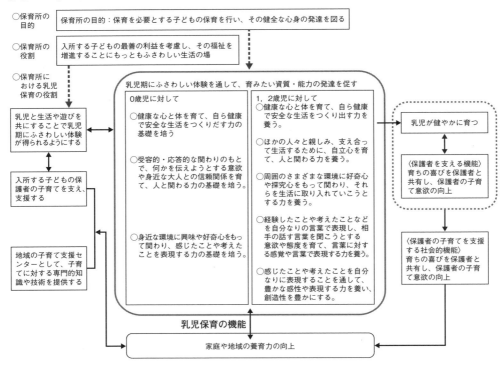

§3 乳児保育の養護と教育

　保育所保育は養護と教育が一体的に行われることをその特性としている。養護と教育が一体的に行われるということに関して、『保育所保育指針解説』では、「保育士等が子どもを一人の人間として尊重し、その命を守り、情緒の安定を図りつつ、乳幼児期にふさわしい経験が積み重ねられていくよう丁寧に援助することを指す。子どもが、自分の存在を受け止めてもらえる保育士等や友達との安定した関係の中で、自ら環境に関わり、興味や関心を広げ、様々な活動や遊びにおいて心を動かされる豊かな体験を重ねることを通して、資質・能力は育まれていく」というように述べられている。

　乳児を一人の人間として尊重するとは、どのようなことか。それは、乳児が生まれながらにしてもっている力（自ら生きようとする力）を信頼し、受け止めることであり、そこに関わる保育者も、その子どもの行く末を期待したり、案じたりする一人の人間として出会うことである。それは具体的にどのようなことだろうか。次の事例を通して具体的に考

えてみる。

> 【事例】おなかすいたんだね
>
> Sちゃん（3か月）
>
> 　朝、登園してからベッドで寝ていたSちゃんが目覚めて泣く。Sちゃんの担当の保育者のK保育者が、「Sちゃん、お目覚めですか」とつぶやきながら側に行って抱きあげる。Sちゃんは一瞬、泣き止むが、また泣き出す。
> 　「Sちゃん、どうしたのかな、K先生ですよ」と言ってあやしながら、「ミルクには、まだ早いんじゃないかな」と言って連絡帳を見る。連絡帳に記載された飲んだミルクの量が、いつもより少ないことに気づいて、「ごめんね、おなかすいたって言ったんだね。すぐにミルクにしましょうね」と言う。ほかの保育者にミルクをつくってもらっている間は、「ミルク、もうすぐですよ。おなかすいたよ、はやくはやく」とやさしく話しかけながらあやす。
> 　ミルクができあがり、受け取ると「おまたせ、今日は少ししか飲んでいなかったから早くおなかがすいたんだね」と言いながら飲ませてあげると、Sちゃんは、おいしそうに飲み始める。

　Sちゃんは、からだの内側に生じている不快な状態と泣くということがセットになっている。何が不快なのかは、ある程度の経験を積まないとSちゃん自身にもわからない。このSちゃん自身もわからない状態（内面）を保育者は、Sちゃんの不快な気持ちに心を寄せて、不快な気持ちを解消してあげようと、あれこれ試行錯誤して泣きの意味を読み取ることになる。

　事例の保育者は、Sちゃんの不快に気持ちを寄せて、それを取り除こうと抱き上げる（寝ている状態から起きる過程での何がしかを不快に感じたのかと思い）が、抱いても泣き止まない（別のことを欲求しているんだねと思い）、Sちゃんの欲求に何とか応えようと思い当たることを試みる。あれこれ考えて連絡張のミルクの時間と量をみて、お腹が空いている泣きだということを理解する。そして、さっそく、Sちゃんの欲求に合わせて授乳をすることになる。「いっぱい飲んでいっぱい遊ぼうね」などとやさしく話しかけながらの授乳である。この授乳場面の保育者側に視点を当てると、保育者の養護的側面が図として浮かび上がってくる。

　一方、授乳場面のSちゃんに視点を当てると、体のなかからわき起こる不快な状態と結びついて泣きが起こる（授乳行動を起こさせるのはSちゃん）。泣いているうちに口に触れるものがある。今、もち合わせている力である口唇探索と吸啜反射が起き（Sちゃんの意識に関係なく、無意識に起こる）吸い続けると、不快が解消されていく。その過程で、抱かれている感触やにおい、やさしい声での話しかけ、目の前には外界でもっとも注意を引きつけられる丸い顔がある。口ではほんのり甘い感覚がある。ヒトが生まれながらにしてもち合

§3　乳児保育の養護と教育

わせている外界認知（視覚などの5つの感覚器官）の手段を全部開いていて、そこから、甘さ、温かさ、ミルクのにおい、やさしい声、顔を通して包まれる情感・情動（安心してたくさん飲んでね）とともに、不快が徐々に解消されていく。

　その最初は、不快－反射行動－快が未分化に経験されるが、回を重ねるとともに、外側（ミルクを飲ませてくれる人）が授乳の全体的な経験から分化していく。その外側（＝人）は、欲求が解消され快さをもたらす経験と混然としているが、快いものとして感覚される。これが、授乳場面で感じることを通して学ぶもっとも重要な側面である。

【図表1-6】授乳場面における養護と教育の一体的展開

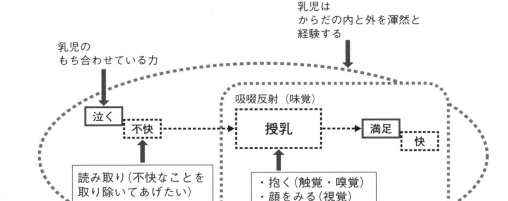

　この授乳場面を整理すると、乳児が欲求する　→　それを保育者が気持ちを揺り動かされながら理解しようとして、あれこれ欲求を読み取り　→　その欲求が満たされるように応答する　→　欲求への応答は、快くなるように気持ちを込めて対応する（このやりとりのなかで、さまざまな学びが起きる）　→　快の状態が訪れる（欲求の解消）という流れである。

　保育者は、乳児の内面に沿いながら、気遣い、さまざまな配慮をともなって欲求充足に努め（養護的側面）、そのやりとりのなかで、保育者の内面に通底しながら、乳児は、今、もち合わせている力を用いて、欲求の解消をしていく（この部分が学びの側面）のであり、まさに、子どもへの関わりは、養護と教育が一体的に行われているといえる。事例は、授乳場面であるが、関わりのすべてに通じる関わりである。

　乳児を主体として、あるいは一人の人として尊重するということは、空腹など、もっとも個別的なできごとを、乳児自らが周囲を動かし、その欲求を満たしていくという、乳児

の初発の行動を受容するということである。そして、乳児が調整できる少し先を見通して（ねらいや願いをもって）関わることである。保育者が、乳児の内面を理解しようとすることなしに、よかれと思って、あるいは、急いで何かができるようになることを目指して関わる（保育する）ことではない。子どもの主体性を受け止めた関わりと子どものためによかれと思って関わる関わりとは、子どもの育ちの見通しのもち方が、まったく異なるといえる。

第2章 乳児が生活する場の現状と課題

§1 家庭

1. 家庭で育つとは

　子どもが出生してから、おもにその生命を育み生活する場所が家庭である。家庭において、子どもは親にとって「自分の子ども」というかけがえのない存在であり、親が子どもの特定の人となって、温かな愛情をもって世話をしてもらったり、あやしてもらったりするなど、温かな関わりをしてもらう可能性が大きい。子どもの欲求や思いを親が愛情をもっていねいに読み取り、応答していくことを日々重ねていくことによって、安心感や安定感を得て愛着関係を築くことができるようになる。
　ここで、子どもが育つ場所としての観点から家庭的な環境の可能性を整理しておく。

（1）子どもに衣・食・住を提供して生命の保持・生活する保障をする

　家庭は、子どもの生命の保持をするとともに毎日心地よく生活できることを保障する場所となりやすい条件を備えている。衣（衣服）・食（食事）・住（住居）は、子どもが生活していくうえで必要な事項であり、どれも欠かすことはできない。

（2）家族の人々と情緒的につながるなかで基本的な人間関係を経験する

　家庭は、家族全員が一緒に生活する場所で、子どもは親（父や母）以外にも兄弟姉妹や祖父母などが一緒に生活する場合もある。家庭は子どもにとってはじめて出会う小さな社会であり、家族とともに生活するなかで、人との関わりを経験する大切な役割を担っている。しかし、近年、家族の形態は多様化し、核家族・小家族などのほかにステップファミリーも増加しつつあり、家庭で経験する人間関係も、さまざまでその子どもによって異なる現状にある。

（3）子どもの養育や教育を行う

　家庭・家族のありようが変化してきている現状においても、子どもの養育・教育は家庭の役割が大きい。核家族化・小家族化が進行するなかで図表2-1にみるように、家庭における養育や教育は、平日はおもに母親、休日は両親であるが、やはり母親に負担がかかる傾向にある。

【図表2-1】子どもと一緒に過ごす時間（平日と休日）

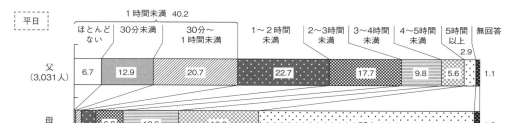

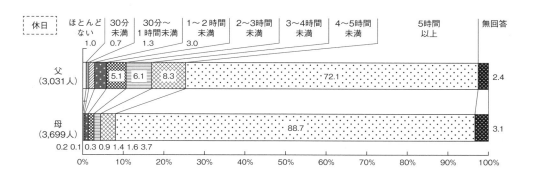

（「東京都「平成29年度「東京の子供と家庭」報告書全文」2018、p.195より作成）

２．家庭での子育ての現状

　現代の家庭は、前述したように子育ての多くの負担が親（おもに母親）に集中している。そして、その親が抱えている自分の生育環境や自分の子どもを育てる環境などによって、家庭で子育てをする現状は、深刻な問題にもつながっている。その問題は以下のとおりである。

（1）育児不安　―親になってはじめて乳児に接する生活環境―

　現在、子育てをしている親が育ってきた生育環境は、核家族や小家族が多く、自分が幼い頃に乳幼児の世話をする経験をすることがほとんどなく、自分が親になってはじめて子どもに関わることが多い。よって、図表2-2にみるのように、親は自分の子どもが生まれ

たことに大きな喜びを感じる一方で、今まで経験しなかった子どもの世話に戸惑い、負担を感じるようになっている。

【図表2-2】子育てをしていて日ごろ感じること

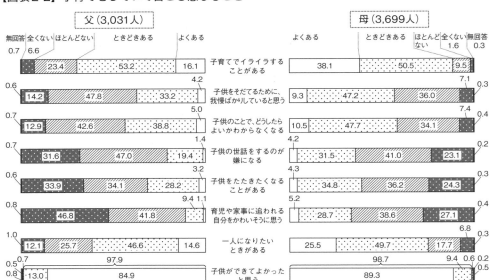

(「東京都「平成29年度「東京の子供と家庭」報告書全文」2018、p.167より項目を抜粋して作成)

（2）情報の氾濫するなかでの手探りの子育て

　最近は、子育てに関する情報誌やインターネットなどを通して、気軽に情報を得られるようになった。しかし、育児不安を抱えている親は、その情報が正しいのか、自分の子育てに適した情報なのか、などと判断する間もなく目の前の情報にしがみついてしまうことも多い。

　たとえば、母親自身に食物アレルギーがあるから、子どもの食物アレルギーを心配して、自分だけでいろいろ調べ、子どもの安全を願う結果、アレルギー症状の出やすい食物をいっさい摂取させないなどがあげられる。親は真剣に子どもを思った結果であるが、実際は人としての望ましい生活の営みを実現することにはならないといった問題が起こってくる。

（3）閉塞感・孤独感

　現在、子育ての多くの負担が親（おもに母親）に集中している現状がある。平日、就労する親（おもに父親）が仕事に出かけている間は、ほかに子育て仲間や相談相手がいなければ、もう一方の親は子どもと1対1、あるいは兄弟姉妹の複数の子どもの関係になり、密室化される。日常の買い物に出かけるにも、育児の荷物準備をして子どもや自分の支度をするなど大変な思いをし、その苦労を一人で背負わなくてはならない。すると「なぜ私だけこんな大変な思いをしなくてはならないのか」など、何もかも一人ですることに負担

を感じるようになる。この重くのしかかる子育ての負担を一人で背負い、子育ての不満も言えずに必死に耐え続け苦しむといった状況になり、最悪の場合、親が心の病になったり、虐待など深刻な問題につながっていく。

3．家庭での子育ての課題

このように家庭での子育てが深刻な問題を抱えている現状を踏まえて、さまざまな子育て支援の充実が図られてきている。たとえば、親子で遊ぶ子育て広場などの地域子育て支援拠点事業、何かしらの事情により日中家庭で子育てできないときに利用する一時預かり事業、子育ての情報提供や相談助言などを行う利用者支援事業などがあげられる。

しかしながら、これらの多くの事業を家庭で子育てする親に認知されているか、という不安がある。子どもが「親の大事な子ども」であると同時に「地域の大事な子ども」としての存在となり、地域のみんなで子育てをする感覚をもって、親が子育てを一人で抱えず、気軽に助けを求められるような環境づくりを再生することが大きな課題である。

§2 保育所

1．保育所で育つとは

保育所は、保育を必要とする乳児・幼児を日々保護者の下から通わせて、保育を行うことを目的とする児童福祉施設（利用定員20名以上であるもの、かつ認定こども園を除いたもの）である。「保育を必要とする」という状況は、保護者の就労、病気、妊娠・出産、抱えている事情など、さまざまである。そして、近年は、経済的問題、女性の社会進出などにより共働き家庭が増加し、ますます保育所が必要とされている社会的動向がある。

教育・保育施設を利用する場合、図表2-3のように認定区分があり、保護者の状況に合わせて認定され、利用できる施設・事業が決まる。保育所は、2号・3号の保育認定をされた子どもが生活する場所となる。

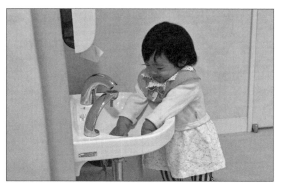

【図表2-3】施設給付型等の支援を受ける子どもの認定区分

支給認定区分	対象者（認定区分）	給付の内容	利用できる施設・事業
1号認定 （教育標準時間認定）	「教育」を希望する満3歳以上の子ども（2号認定を除く）	教育標準時間	幼稚園 認定こども園
2号認定 （保育認定）	保護者の就労状況などにより、「保育を必要とする事由」に該当する満3歳以上の子ども	保育短時間 保育標準時間	保育所 認定こども園
3号認定 （保育認定）	保護者の就労状況などにより、「保育を必要とする事由」に該当する満3歳未満の子ども	保育短時間 保育標準時間	保育所 認定こども園 地域型保育事業等

※保育所と認定こども園は、保護者の状況により「保育短時間」と「保育標準時間」という2種類の保育の必要量の区分のいずれかの設定を受ける

　保育所に通う子どもは、おもに家庭と保育所、2つの生活する場所を行き来しており、保護者が家庭で育児ができない間は、保育所で生活をする。保育所の一日は図表2-4のとおりである。

　保育所で生活するということは、同年齢あるいは異年齢の多くの子どもと保育者の集団生活であり、一般的に複数の保育者によって保育される。さらに、朝夕保育、延長保育においては当番保育者によって保育をしており、担任保育者だけでなく、園の全職員と子どもが深く関わりながら生活し、育つ場所となっている。ここでは、家庭で育つこととの異なりを整理して考えていく。

【図表2-4】ある保育所の一日

時間	3号認定（0歳児）		3号認定（1・2歳児）		2号認定（3歳以上児）	
	短時間	標準時間	短時間	標準時間	短時間	標準時間
7:15	延長保育	順次登園	延長保育	順次登園	延長保育	順次登園
8:00	順次登園		順次登園		順次登園	
8:30						
9:00	おやつ	おやつ	おやつ	おやつ		
9:30	睡眠 授乳・離乳食	睡眠 授乳・離乳食	遊び	遊び	遊び	遊び
11:00	遊び	遊び	昼食	昼食		
12:00			午睡	午睡	昼食	昼食
13:00					午睡	午睡
14:00						
15:00	授乳・おやつ あそび	授乳・おやつ	おやつ 遊び	おやつ 遊び	おやつ 遊び	おやつ 遊び
16:00	順次降園	あそび	順次降園	遊び	順次降園	遊び
	延長保育		延長保育		延長保育	
18:00		順次降園		順次降園		順次降園
19:15		延長保育		延長保育		延長保育

（1）異年齢の子どもの集団保育

　保育所は、生後2か月の子どもから就学前の子ども、かつ20名以上の多くの子どもを預かる施設であるため、集団保育を基本とし、各年齢の子どもに望ましい生活リズムを考慮して作成されるデイリープログラムに沿って保育者とともに生活をしている。しかし、3歳未満児は、一人ひとりの生活リズムを大切にして保育することが基本であるため、家庭状況や月齢差・個人差に合わせて、保育者は一人ひとりの子どもが心地よく生活できるよう、個別配慮している。たとえば、早い登園の子どもは、早めのおやつや食事にしたり、遅く起床した子どもは食後ひと遊びしてから布団に誘うなどである。

　また、多くの子どもと生活するため、互いの存在に興味をもって一緒に遊んだり、ほかの子どもの遊びに触発されて挑戦するなど、集団保育ならではの姿もあり、よい意味での影響しあう関係もみられる。

（2）複数の保育者によって保育される

　3歳未満児保育の場合は、複数の保育者によって保育されることが一般的である。家庭では、子どもと親との1対1の関係が基本である。保育所では多くの子どもを保育者数名で保育するため、つねに1対1の関係を維持することは難しい。そこで、保育体制として、担当制あるいはゆるやかな担当制を取り入れて、1対1の持続的な関係がある程度もてるように工夫されている。そうすることで保育者と子どもが情緒的な結びつきのある関係性となるように配慮などをしている。

（3）子どもの発達過程に合わせた生活環境づくり

　保育所は、子どもの生活する場所であるため、保育室、トイレなど、すべてが子どもの成長・発達を考慮した生活環境となっている。さらに、そのクラスの子どもの発達や興味・感心に即した、環境構成をしたり、工夫をしたりして、子どもが自発的に遊んだり、主体性をもって生活できるようにしていくことが大切である。

（4）家庭と連携しながら育て合う

　保育所に通う子どもは、家庭と保育所の双方の生活を理解し保育することが大切である。それぞれの場において機嫌はどうだったか、生活の様子はどうであったか、どんな遊びをしたかなど、保護者と保育者が、互いに子どもの様子を連絡帳や送迎時の会話を通して把握し連携していくことは、2つの生活の場所の連続性が図られ、心地よい生活を保障することにつながる。また、これらの連携を通して、子どもの成長の喜びを共有できるようにしていきたい。

2．保育所の現状と課題

（1）保育所の機能と役割の増大

　保育所の機能と役割は、入所する子どもの保育をすること、入所する子どもの保護者の

支援、地域の子育て家庭に対する支援の３つである。地域の実情に合わせてこれらの機能や役割を充実していくためのさまざまな事業が行われている。

　たとえば、保護者の実情に合わせて延長保育や夜間保育、休日保育、年末保育、産休明け保育、障がい児保育、病児・病後児保育などが行われている。これらの事業を知らない保護者もいるため、必要としている保護者にはていねいに説明し、よりよい形で活用できるような配慮をしている。

　また、地域の子育て家庭に対するさまざまな子育て支援事業もある。緊急保育、一時保育、リフレッシュ保育、育児相談、栄養相談、園舎や園庭開放などがあげられ、地域に開かれた地域の子育てを支える施設として重要な役割を担っている。そして、保育所の事業情報を掲示板で知らせるなど積極的に門戸を開き、来所した親子には安心して過ごせるように言葉をかけるなどして、親子と保育所とのつながりをもてるよう努力している。どれもささやかな積み重ねではあるが、結果的に保育所は子どもの命を守る、子どもが育つよりよい地域の環境づくりの基盤となっている。

　これだけ多くの事業を行うにあたっての課題は、保育所環境の整備である。その大きな理由は、これらの事業が、各保育所内の物的環境や人的環境の整備が不十分のままに開始されていることにある。それでも、保育者は、事業が始まる以前と同じ状況のなかでも、保育の質の維持だけでなく、向上できるような努力をしている現状にある。地域の子育て家庭の支援においても、開かれた保育施設として工夫を重ねている現状がある。

　この課題は保育者一人で解決できることではなく、各自治体や保育所運営母体が真摯に受け止め、解決していくべきものであろう。実施している事業にあわせた物的環境や人的環境を実際に支援を行う保育者とともに整備していくことが望まれる。また、保育所以外の子育て支援の場所が広がっていることもふまえると、それらの子育て支援の場所との綿密な連携を図り、情報共有するなどして、それぞれの立場で事業の充実を目指していくことが大切となってくると考える。

（２）待機児童問題

　保育所の待機児童とは、「保育所に申し込みをしており、入所要件に該当しているが、入所していない児童」のことをいう。大都市への人口集中などがおもな原因だが、近年は、女性の社会進出や家庭の経済的理由などによる共働き家庭の増加、家庭環境の多様化などにより保育所を必要とする子育て家庭の増加などから深刻な問題となっている。待機児はとくに図表1-1、1-2（p.10参照）を見てわかるように１・２歳児が多く、０歳児を含む低年齢児は、待機児童の約85％を占めている。

　待機児童問題に対する国の政策は、1994（平成６）年に策定されたエンゼルプランの重点施策の一つ低年齢児受け入れ拡大から始まり、少子化対策や子育て支援政策など、さまざまな側面から継続的に行われて約四半世紀が過ぎようとしている。具体的には、2008（平成20）年の新待機児童ゼロ作戦、2010（平成22）年の国と自治体が一体的に取り組む待機児童解消『先取りプロジェクト』、2013（平成25）年の待機児童解消加速化プラン、2015（平成27）年の子ども・子育て支援新制度にある待機児童解消のための地域型保育

事業などがあげられる。しかし、いまだに解決にいたっていないのが現状である。

　保育所では、各自治体の施策において保育所の緊急整備や定員・認可要件の規制緩和などが行われ、とくに低年齢児の受け入れ児童数の拡大が進められている。それによって、保育所では、低年齢児クラスの集団が大きくなり、一人ひとりの子どもをていねいに保育をしていくことに相当の工夫と努力が要求される。

　たとえば、少人数グループに分けて生活したり、好きな遊びを楽しめるコーナーやくつろぎの場を確保したりするなど、さまざまな取り組みをしている。

（3） 3歳未満児の保育時間の長時間化

　自分の家に帰ると緊張感がほどけてホッとする気持ちになるのは、大人も子どもも一緒であろう。心身の発達が未熟な状態で、体力も成長の過程にある乳児にとっては、よりその傾向が強いのではないかと推測する。このように考えると、乳児が保育所で長時間生活することは、心身共に大きな負担があるのではないか。保育者よりも長い時間を保育所で生活している子どもがいる事実を考えてみると、3歳未満児は一人ひとりの状況にあわせたていねいな配慮が必要不可欠である。このことをふまえると、以下のような課題があげられる。

　一つ目は、朝夕保育・延長保育についてである。保育所における乳児の生活は、乳児一人ひとりのことを考えて、担当制や少人数保育など工夫して保育をしている。しかしながら、保育所の朝夕保育・延長保育は、当番の保育者が行っていることが多い現状である。子どもが安心して生活するために朝夕保育・延長保育時における配置や工夫、保育室の選定、遊ぶ玩具の設定、あるいは臨時職員（朝夕保育・延長保育パート）の配置を固定し、その時間に毎日同じ職員が関わるようにするなど多くの工夫をする必要がある。このように考えると、担任保育者だけでなく、保育所にいる保育者全員で3歳未満児の長時間保育に対しての工夫を重ねていき、細やかな配慮を考えていかなければならないことが理解できる。

　二つ目は、3歳未満児の心身の負担についてである。長時間保育所で生活する子どもは、夕方あるいは週末になると、疲れが出てくる場合が多い。実際に、くつろぎの場でゴロゴロと横になって過ごす姿が増えたり、イライラして友達とのトラブルも増えることも多い。また、体調を崩して、発熱などの症状につながることもあるため、朝夕保育・延長保育時の保育者への引継ぎは体調面の連絡をていねいに行い、様子の変化に速やかに対応していくことが大切となる。また、3歳未満児は、一度体調を崩すと体調回復するまでに時間がかかることも多いので、病気明けの登園、体調回復の時期については、保護者との綿密な連絡をとり、ていねいな健康観察を行い、安心して生活できることを優先していくように心がけていくことが重要である。

　何よりも考えたいことは、長時間を視野に入れ、無理のない生活リズム、子どもの興味・関心を中心にした遊びの充実などを考えた保育を心がけることが重要である。そのため、登園から降園までの時間を子どもの状況や発達過程に即した内容や計画をどのように立てるかなどが必要になる。

保護者が延長保育を希望していない場合は、家庭において親子でゆったりと過ごせる時間を確保できるようになる方策が必要になると考える。

§3　幼保連携型認定こども園

1．認定こども園で育つとは

　認定こども園は、図表2-5で示したように、就学前の子どもの教育および保育を一体的に行う施設であり、いわば幼稚園と保育所のよさをあわせもっている施設である。就学前の子どもに関する教育、保育等を総合的な提供の推進に関する法律（以下、認定こども園法）の成立により、教育・保育施設に位置づけられている。認定こども園の機能は、就学前の子どもに幼児教育・保育を提供する機能と、地域における子育て支援を行う機能の2つがあり、地域の実情や保護者のニーズに応じて保護者が選択できるようにするため、図表2-6のように幼保連携型、幼稚園型、保育所型、地方裁量型の4つの類型がある。
　また、認定こども園で働く保育者は、幼稚園教諭免許状と保育士資格の双方をもつ「保育教諭」とされている。その理由は、幼稚園・保育所の特性をもつ施設だからである。

【図表2-5】認定こども園とは

教育・保育を一体的に行う施設で、いわば幼稚園と保育所の両方の良さを併せ持っている施設です。
以下の機能を備え、認定基準を満たす施設は、都道府県等から認定を受けることが出来ます。

① 就学前の子どもに幼児教育・保育を提供する機能
　（保護者が働いている、いないにかかわらず受け入れて、教育・保育を一体的に行う機能）

② 地域における子育て支援を行う機能
　（すべての子育て家庭を対象に、子育て不安に対応した相談活動や、親子の集いの場の提供などを行う機能）

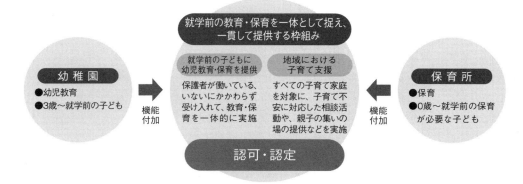

（資料：『認定こども園概要』内閣府子ども・子育て本部をもとに作成）

【図表2-6】認定こども園の類型

幼保連携型	幼稚園的機能と保育所的機能の両方の機能をあわせもつ単一の施設として、認定こども園としての機能を果たすタイプ
幼稚園型	認可幼稚園は保育が必要な子どものための保育時間を確保するなど、保育所的な機能を備えて認定こども園としての機能を果たすタイプ
保育所型	認可保育所が、保育が必要な子ども以外の子どもも受け入れるなど、幼稚園的な機能を備えることで認定こども園としての機能を果たすタイプ
地方裁量型	幼稚園・保育所いずれの認可もない地域の教育・保育施設が、認定こども園として必要な機能を果たすタイプ

(資料：『認定こども園概要』内閣府子ども・子育て本部をもとに作成)

　認定こども園で生活する子どもは、保育所と同様に0歳から就学前の子どもが対象となり、おもに家庭と認定こども園の2つの場所での生活となる。また、保護者の状況に合わせて利用できる施設のため、図表2-7のようにさまざまな教育・保育時間で生活している。たとえば、3歳児以上は、1号認定の子どもは幼稚園と同じ時間で降園するが、2号認定の子どもは、1号認定の子どもと一緒に過ごしたあと、午睡をして長時間保育をすることとなる。

　しかし、3歳未満児に関しては、基本的には保育所と同様であるが、認定こども園で3歳未満児が生活することを基本に、その多様性の配慮について考えていく。

(1) 幼保連携型認定こども園における乳児保育

　2014(平成26)年4月、内閣府・文部科学省・厚生労働省は、認定こども園のなかの幼保連携型認定こども園(以下、認定こども園)を主軸とし、「幼保連携型認定こども園教育・保育要領」(以下、教育・保育要領)を告示、翌年に施行された。そして、2017(平成29)年3月には、幼稚園教育要領(以下、教育要領)・保育所保育指針(以下、保育指針)とともに、教育・保育要領が同時に告示改訂された。これにより教育・保育施設での教育・保育の「内容」の整合性が図られることとなった。

　認定こども園の3歳未満児(3号認定の子ども)は、保育所と同様の乳児保育が行われている。認定こども園での一日の生活は、図表2-7のとおりである。これをみれば理解できるように、認定こども園は、在園期間や時間が異なる子どもたちが一緒に過ごす場所であるので、自己を発揮しながら互いに刺激しあい、育ちあっていく環境にある。保育者は、この特性を子どもの成長につなげていけるように、子ども一人ひとりの健康状態をていねいに把握して、子どもの気持ちに寄り添い、柔軟な姿勢をもって教育・保育をする意識をもつことが大切である。

【図表2-7】ある認定こども園の一日

時間	1号認定	2号認定		3号認定	
		短時間	標準時間	短時間	標準時間
7:15	延長保育	延長保育	順次登園	延長保育	順次登園
8:00		順次登園		順次登園	
8:30	登園				
9:00				おやつ	おやつ
9:30	遊び	遊び	遊び		
				睡眠	睡眠
11:00				授乳・離乳食	授乳・離乳食
12:00	昼食	昼食	昼食	遊び	遊び
13:00		午睡	午睡		
14:00	降園				
	延長保育				
15:00		おやつ	おやつ	おやつ	おやつ
		遊び	遊び	遊び	
16:00		降園		降園	遊び
		延長保育		延長保育	
18:00			順次降園		順次降園
19:15			延長保育		延長保育

（2）2歳児から3歳児への移行期への配慮

　認定こども園の大きな特徴として、注目したいのは、2歳児から3歳への移行期の生活の変化である。2歳児までの生活は、クラスの子どもたち全員が3号認定であり、送迎時間が多少異なっても同じように生活をしているが、3歳児になると、園生活のスタイルが異なる1号・2号認定の子どもが一緒に生活するようになる。

　また、2歳児のときには、保育者の配置が6対1の配置で複数担任保育者によって保育されているが、3歳児になると、保育者の配置がおおむね20対1となり、大きな集団のなかで生活することになる。園によっては、3歳児になるとクラスが複数になり、全体で60人、80人という規模になる場合もある。

　子どもにとっては、大きな生活環境の変化であると考えると、3歳児に進級した際には、クラスの保育者だけでなく、2歳児のときに子どもに関わった保育者とも連携を取りながら、進級に期待をもてるような配慮をしていきたい。

2．認定こども園の現状と課題

　認定こども園は、子育て中の保護者のニーズに合わせて教育・保育環境を整備していこうとする意義あるものである。しかし、その環境の整備のスタート時点においては混乱と困惑があるのが事実であろう。そこで、現在おさえていくべき現状と課題について整理し

ていく。

（1）保育の一元化

　1960年頃から幼保一元化が課題とされるようになり、多くの議論がなされてきた。その結果、幼稚園と保育所の保育内容を同一にしていくなどの取り組みをしてきた長い経緯が今までにある。しかし、幼稚園と保育所それぞれに歩んできた歴史に大きな違いがあるために、双方が幼保一元化への歩み寄りができなかった事実がある。

　2006（平成18）年に法制化されて誕生した認定こども園は、内閣府・文部科学省・厚生労働省の管轄となり、幼稚園の機能と保育所の機能をもち合わせた教育・保育施設としてはじまった。そのときの日本は、人口が集中している都市は待機児童問題が続き、一方、地方の幼稚園は定員割れからの経営問題が起こっていた。これらの課題に対する国の施策は幼稚園・保育所が認定こども園に移行することによってこうした問題を解決し、加えて保育の一元化を図ろうとしていた。2015（平成27）年、子ども・子育て支援新制度によって、認定こども園が教育・保育を行う施設であると同時に、地域の実情に応じた積極的な子育て支援の場として位置づけられ、より一層大きな役割を担ったことで、これまでの保育の考え方や施設のあり方を見直していくなど、大きな転換期に入ったといえよう。

　さらに、2017（平成29）年4月に保育指針などが同時改定された。この改定では、就学前の子どもが通う保育所・認定こども園・幼稚園において、子どもがどの教育・保育施設に通っていても、同じ保育の内容が受けられることが示されている。つまり、教育・保育の一元化という意味で一歩前進したといえる。

（2）乳児保育の場所の拡大

　乳児保育を行う施設は、今まではおもに保育所であったが、認定こども園が増えていくことで、3歳未満児を保育する施設が実質的に増加している。これによって、待機児童問題の解消などの期待がされている現状がある。

　しかし、ここで考えていかなければいけないことは、乳児保育を経験していない施設が認定こども園に移行し、乳児保育を実施するようになったケースである。たとえば、幼稚園から幼保連携型認定こども園になるなどがあげられる。その場合、その施設において移行したことによって、はじめて乳児を保育することになる。今までの幼稚園で当たり前のように行われてきた保育を基準にして考え、乳児保育をする可能性も考えられる保育所が長い歴史の積み重ねのなかで進めてきた乳児保育をていねいに学び、実践につなげてほしい。そのためにも、地域の保育所で実際に乳児保育を経験して実践的に学んだり、乳児保育の研修に参加するなどしたうえで、乳児保育の実践が行われることが望まれる。

（3）子育て支援の充実

　認定こども園は、認定こども園法第2条第12項に規定されているように、子育て支援事業が努力目標ではなく、実施することが責務となっている。つまり、子育て支援を積極

的に取り組んでいくことが義務として位置づけられている施設である。

　実際に子育て支援の内容は、教育・保育要領が示しているように、園の保護者と地域の子育て家庭の保護者などへの支援の双方を実施することになる。園の子どもの保護者には、送迎時の対応、子育てに関する相談や助言、連絡帳や園だより、クラスだよりなどのおたより、保護者会や行事を通して子どもの成長を喜び合うなどを通した支援があげられる。その際、家庭の事情や状況を理解し十分な配慮や支援を行うと同時に、日々の教育および保育の意図をさまざまな方法でていねいに説明していき、保護者とともに子どもを育て合う関係を築いていくことが重要となる。

　地域における子育て家庭の保護者には、保護者から寄せられる子育てに関する相談や助言、養育困難になった子どもの一時預かり、子育て援助を希望する保護者への連絡・調整、子育ての情報提供などがあげられ、各園の地域のニーズに合わせて必要と認められることから実施するとしている。

　このように見てくると、これからの子育て支援は、保育者が今以上にソーシャルワーク的な視点をもち「保護者を支える」立場として存在していることの意識をしっかりもっていくことが求められているといえよう。

§4　幼稚園

1．幼稚園（幼稚園プレ保育）で育つとは

　幼稚園とは、学校教育法に定められた学校であるため、基本的に教育を行う場所として位置づけられている。幼稚園教育要領では、幼稚園の基本について「学校教育法に規定する目的及び目標を達成するため、幼児期の特性を踏まえ、環境を通して行うものであることを基本とする」としている。幼稚園に通う子どもの対象年齢は、満3歳から5歳（小学校の始期に達するまで）であり、教育時間は4時間を標準とし、年間39週を下回ってはならないとしている。そして、現在は、地域における幼児期の教育のセンターとして、教育課程に係る教育時間終了後などに保護者が希望する子どもを対象に行う教育活動などが実施されている。

　幼稚園を活用とした子育て支援として2歳児を受け入れる事業がある。構造改革特別区域法（平成14年法律第189号）第14条の規定により実施され、また2007（平成19）年にその一部を改正する法律が成立し、3歳未満児にかかる幼稚園入園事業の関係規定が削除された。それにより、満2歳児の幼稚園への入園が可能となった。しかし、学校教育法第80条に規定する幼稚園児としての入園でなく、幼稚園の人的・物的環境を適切に活用し、個別の関わりに重点を置いた子育て支援としての入園というものである。さらに、2017（平成29）年には、待機児問題の解消策として、文部科学省と内閣府において、新たに一時預かりの枠を設けて、幼稚園において2歳児の受け入れを認める方針を決めた。つま

り、今後の幼稚園は、2歳児が生活する場所として定着していくことが予想される。

　幼稚園での2歳児保育は未就園児保育とも呼ばれ、幼稚園が開園している日で週に数回行われていることが多く、親子で一緒に遊ぶ場合もある。家庭で子育てしている家庭の保護者にとっては、子育ての不安を解消できたり、自分の育児とつながる場となったりするので、いわゆる子育て支援として捉えていると考えられる。また、少しずつ集団生活に慣れてほしいというプレ教育・保育の側面をもち合わせているので、幼稚園選びの一つとして活用する保護者もいるだろう。

　このようなことから、幼稚園における2歳児保育のなかで、実際に行われていることが、目の前の子どもの育ちにどうつながっているのか確認していくとともに、2歳児の発達の特徴を踏まえた上で、どのように保育していくことが望ましいのかを考えていくことも必要であると考える。

2．幼稚園の現状と課題

　幼稚園は、友達とのつながりを喜び、楽しいと感じることができるようになる3歳以上児が通う場所であった。自分の思いと友達の思いがぶつかり合いながら相手の思いに気づいたり、自分の頭のなかにあるイメージを制作で表現したり、友達同士でアイデアを出し合いながら一つの物をつくり上げるなど、子どもが主体的な存在となって、信頼関係のある保育者が寄り添うなかで、おもに友達との人間関係をくぐりながら育つ場所であるといえよう。

　そのように考えると、保育者との1対1の信頼関係を軸にしながら、一人ひとりの発達状況や子どもの様子に合わせてていねいに日々の保育を行い、心地よく生活することを保障していくことが大切である3歳未満児の保育とは、基本的な考え方が異なることが理解できる。ここでは、幼稚園の未就園児保育の現状と、本来あるべき3歳未満児保育を踏まえた課題を整理していく。

（1）未就園児保育の保育実践

　幼稚園教諭は、乳児保育の経験がないことが予想される。その場合、乳児保育の経験や知識のない幼稚園教諭が携わることは、認定こども園と同様に、大きな課題といえる。たとえば、集団の捉え方が異なる。乳児の集団保育の基本は、保育者との1対1の関係を基本に子ども同士の関わりそのものを育てることである。一方、3歳以上児の集団は、子ども同士の関わりを深めながら「みんな」「○○クラス」を意識し、子ども同士の育ち合いを目指すところにある。

　3歳未満児に対して、3歳以上の子どもと同様の集団で行動することを見据えた保育をすることは、越えなければならない大きな課題と考える。

（2）未就園児保育の場所の確保

　待機児童の解消および幼稚園という教育施設の活用など、幼稚園の子育て支援として始

まった未就園児保育であるが、その実施方法は園の実情に合わせながら創意工夫をして行っているのが現状である。園舎の一部を改築して未就園児用の教室をつくって実施している園もあれば、ホール（遊戯室）や保育室の調整を行いスペースの確保をして実施している場合もある。つまり、未就園児保育の実施するためのハード面が整わないまま実施している場合があるといえる。

乳児保育の環境は、自分で自分の身を守ることが難しいため、安全面にも十分に配慮した環境を整えることは必要不可欠であり、また、心地よく過ごすスペースも必要となる。

これから、幼稚園に乳児保育を定着していくことを前提にすると、さまざまな切り口での国や各自治体による協力が重要である。そして、3歳未満児の生活が幼稚園児となるための準備時期ではなく、3歳未満児としての充実した保育を展開し、安定した生活を保障する場となることを目指したい。

§5 地域型保育事業
―小規模保育・家庭的保育・居宅訪問型保育・事業所内保育―

1．地域型保育で育つとは

2015（平成27）年4月にスタートした子ども・子育て支援新制度において、地域型保育事業が開始された。これは、市町村による認可事業として、児童福祉法に位置づけた上で、地域型保育給付の対象となるもので、待機児問題を解消するための重要な事業の一つとなっている。

地域型保育事業となる対象施設は、小規模保育、家庭的保育、居宅型訪問保育、事業所内保育の4つである。それぞれの認可基準については、図表2-8のとおりである。これらは、基本的に今まで自治体の事業として行われていたもの、もしくは無認可事業として行われていたものであり、これらが認可されることによって、近年、急速に量的に拡大している状況である。ここでは、それぞれの事業との現状を図表2-8をもとに整理する。

（1）小規模保育

0～2歳児までの子ども6人から19人までの小規模保育を実施し、おもに大都市圏で急増している。事業主体は、市町村民間事業者で、A型・B型・C型と3つの類型がある。B・C型は一定の研修は行うが無資格者が保育従事者として保育することが可能であり、保育の質を市町村がしっかりと管理していく必要がある。園庭は、自園の園庭あるいは園の近くの代替えとなる公共の公園がどこであるか明確に指定できることが認可の条件となり、多くが後者である。

小規模保育所で生活する子どもは、クラス別というよりは0～2歳児の小さな集団での生活となるため、たくさんの兄弟姉妹と生活しているような雰囲気のなかで育つ。実際にはワンルームで19人が生活するような保育室も多く、2歳児の子どもが0歳児の世話を

【図表2-8】 地域型保育事業の認可基準

事業類型		職員数	職員資格	保育室等	給食
小規模保育事業	A型	保育所の配置基準＋1名	保育士	0・1歳児：1人あたり3.3㎡ 2歳児：1人あたり1.98㎡	●自園調理（連携施設等からの搬入可） ●調理設備 ●調理員*3
	B型	保育所の配置基準＋1名	1/2以上が保育士*1 ※保育士以外には研修を実施します	0〜2歳児：1人あたり3.3㎡	
	C型	0〜2歳児　3：1（補助者を置く場合5：2）	家庭的保育者	0〜2歳児：1人あたり3.3㎡	
家庭的保育事業		0〜2歳児　3：1（家庭的保育補助者を置く場合5：2）	家庭的保育者*2（＋家庭的保育補助者）	0〜2歳児：1人あたり3.3㎡	
事業所内保育事業		定員20名以上…保育所の基準と同様 定員19名以下…小規模保育事業A型、B型の基準と同様			
居宅訪問型保育事業		0〜2歳児　1：1	必要な研修を修了し、保育士、保育士と同等以上の知識および経験を有すると市町村長が認める者	―	―

・小規模保育事業については、小規模かつ0〜2歳児までの事業であることから、保育内容の支援および卒業後の受け皿の役割を担う連携施設の設定を求めています。
・連携施設や保育事業者の確保等が困難な離島・へき地に関しては、連携施設等について、特例措置を設けています。
・給食、連携施設の確保に関しては、移行にあたっての経過措置を設けています。
＊1　保健師、看護師または准看護師の特例を設けています。
＊2　市町村長が行う研修を修了した保育士、保育士と同等以上の知識および経験を有すると市町村長が認める者とします。
＊3　家庭的保育事業の調理員については、3名以下の場合、家庭的保育補助者を置き、調理を担当することを認めます。

（内閣府『子ども・子育て支援新制度ハンドブック』平成27年をもとに作成）

さり気なくできるなど、異年齢の関わりがしやすい環境にもなるであろう。保育者も保育する子どもの絶対数が少ないので、一人ひとりに合わせたていねいな関わりが実践される可能性が大きい。

　また、0〜2歳児の集団のため、行事も子どもの発達や様子に合わせた柔軟な形式で無理なく参加できるように行いやすいことから、子どもたちもそれぞれの思いや楽しみ方で無理なく参加できる可能性が大きくなる。

（2）家庭的保育

　家庭的保育は、保育者の居宅、あるいはその他の場所で行われる小規模の異年齢保育である（利用定員は5人以下）。この事業は、1960〜1970年代頃に、保育所不足が深刻化し、0歳児保育の対応も難しい状況であったため、各地方自治体がそれぞれが独自に開始した補助事業としてスタートしている。家庭的保育を行う保育者は、家庭福祉員、保育ママ、家庭保育福祉員などと呼ばれていた。

　現在、家庭的保育の保育者は、家庭的保育者と呼ばれ、市町村が行う研修を修了し、保

育士もしくは保育士と同等以上の知識および経験を有すると市町村に認められた者である。保育者1人につき3人の保育、さらに保育補助者を置く場合は5人までの保育が可能になる。保護者の状況に合わせて柔軟な対応が可能であったり、保育者が育児のよい相談者となる一方で、労働条件が厳しい状況になることからも保育所や子育て支援施設などの連携が欠かせない現状もあって、その充実が求められている。

家庭的保育において生活する子どもは、ご近所のつながりある家庭に遊びに行くような感覚になりやすく、不安も少なく楽しみをもって通うことができる。保育者2人、子どもが5人という保育環境であるため、保育者との関係も密接になりやすく、家庭に近い落ち着いた雰囲気のなかで毎日生活できる可能性を秘めている。

(3) 居宅訪問型保育

保育者1人が、保育を必要とする子どもの居宅にて保育を行う。事業主体は、市町村、民間事業者である。ここでいう保育者は、必要な研修を終了し、保育士、もしくは保育士と同等以上の知識および経験を有すると市町村が認めた者であり、自治体によっては、ベビーシッターの認定資格でも認める場合もある。基本的に保育者1人で保育するため密室化しやすく、また、保育者による保育の内容に差が出る可能性がある。

居宅訪問型保育において育つ子どもは、保育者とともに、自分の家で過ごすことになる。子どもにとっては、自分の家で過ごすことができるというのは、いつもの場所で過ごす安心感もあるであろう。

さらに、家庭的保育と同様、保育者が保護者のよい相談者になるという関係性を築くことによって、子どもを育てあう関係性も生まれ、子どもにとってはかけがえのない温かな環境のもとで育つことが可能になる。

(4) 事業所内保育

事業所内または事業所の近辺で、事業所の従業員の子ども（従業員枠）のほかに、地域の保育を必要とする子ども（地域枠）を保育する。規模はさまざまで、職員数や保育従事者は、定員20人以上の場合は保育所と同様、定員19人以下の場合は小規模保育（A型・B型）と同様となっている。保護者は、就労する事業所内またはその近くで子どもが保育されているため、発熱などの際にはすぐに駆けつけることができるなどの安心感がある。一方、現実には望ましい保育環境を確保することは難しい場合が多く、また従業員の利用数に左右されてしまうなどが課題となっている。

また、2016（平成28）年度より、地域の複数の企業が共同で保育所をつくり、それらの企業に従事する保護者の子どもと地域の子どもを保育する企業主導型保育事業も行われているが、これは無認可保育所となるため、ここでいう事業所内保育とは区別されている。

事業所内保育所で育つ子どもは、基本的には小規模保育所や保育所などで過ごす子どもと同様である。事業所に勤務する保護者の子どもは、何かあればすぐに保護者に会える安心感や、ときには保護者がどのように働いているのか近くで見ることができるなど、事業

所内保育ならではの安心感や楽しさがある。また、事業所に勤務していない保護者の子どもも友達の保護者と関わりやすかったり、勤務する様子をみることができるといった特徴ある保育を経験できることは、子どもが成長していくなかでの一つの大切な経験となるであろう。

2．地域型保育の現状と課題

　地域型保育事業は、先述したとおり待機児童解消策の一つとしてスタートしている。それまで無認可であった小規模保育のさまざまな事業から、規制緩和を行い、地域型給付を実施する認可保育事業となり、地域の状況に合わせて求められるままに急速に量的な拡大となっている現状にある。しかしながら、どの事業も子どもの成長や日々の生活をしっかり保障できる環境が確保できているか、つまり保育の質を維持・向上できているかという点では、かなり難しい状況であり、保育の質の低下が懸念されている。また、子どものその後の育ちに今後に大きく影響を与える乳児保育を行っている場所であることからも、その課題を一つひとつていねいに解決していくことが求められる。

（1）保育者に対する研修などによる保育の質の維持・向上

　地域型保育に携わる保育者には、有資格者ももちろんいるが、なかには自治体の研修などを受けながらも無資格の保育者もいる。つまり、保育を学んでいない大人が短期間での研修のみで３歳未満児の保育に関わっている現状もある。これが、保育の質の低下を懸念する大きな理由の一つである。

　保育者の養成校では、学生がこれらの知識や技能について長い時間をかけて学んでいき、実習を重ねていくことで資格取得にいたるが、そのような学びをしていない状態で保育者として保育に携わることの危険性は否めない。また、３歳未満児の保育は、生命に関わる多くの配慮を必要とするとともに、その子どもの成長に大きく影響のある時期の保育であり、この時期の子どもには保育者との心地よい日々の生活の積み重ねが重要であることからも、保育者としての専門性が求められるのである。

　こうしたことからも無資格者の研修の充実が必要不可欠である。それは、保育に携わる前の自治体などの研修だけでなく、保育者になってからのさまざまな研修への参加、園内研修などを通して、保育者が積極的に学んでいく姿勢が大切であるとともに、園の運営側がその体制を整えていくことが重要である。そして、有資格者も同様に研修を積み重ねていくなかで、有資格者と無資格者が互いによりよい保育者になるための努力を絶えず積み重ねて、よりよい保育を目指すようになってほしい。

（2）卒園後の保育の場所の確保

　地域型保育事業の大きな課題は、卒園後の転園先である。ほとんどが０～２歳児の低年齢児の保育であり、保護者が就労を継続したり、今の状況を継続していくためには、いずれ転園を考えていかなければならない。子どもが不安で泣きながら少しずつ保育の場に慣

れて、やっと保護者も子どもも園との信頼関係が築かれ、親しみをもって通うようになった頃に転園する事実が待っていることを、日々心配しながら利用する保護者も少なくないであろう。

　これらの課題を、少しでも解決していくために必要なのが、各事業と次に通うことになる保育所などとの連携である。たとえば、地域型保育事業で保育されてきた子どもの記録を、転園先の園に引き渡していくことや、転園前後の保育者同士が直接会って連絡事項を引き継いでいくなどがあげられる。転園先の保育者にとっては、保育をするうえでの貴重な情報であり、それを行うことによって、子どもや保護者の精神的な不安を軽減することができることは明らかである。このようなささやかな保育する場所や保育者の配慮が、子どもの生活や発達を連続させることになると考える。

§6　在宅訪問保育

1．在宅訪問保育で育つとは

　在宅訪問保育は、「保護者の委託を受けてその居宅において乳幼児を保育する」と定義されており、保育者が依頼された保護者の自宅で保育、あるいは保育者の自宅で依頼を受けた子どもを保育することをいう。ここでは、地域型保育事業に含まれた居宅訪問型保育事業以外のベビーシッター、ファミリー・サポート事業、里親制度を取り上げていく。

　在宅訪問保育で育つ子どもは、家庭の子育てに近い状況で保育ができ、第二の家族のような温かい存在になることも多く、子どもにとっては安心感をもって生活できる可能性がある。たとえば、電話が鳴る、宅配便や郵便配達が来るなど、家庭にいれば当たり前のようにある環境が、保育をしているときにも同じようにある。

　以下、それぞれの在宅保育のシステムや現状を示しながら、課題をあげることにする。

2．在宅訪問保育の現状と課題

（1）ベビーシッター

　ベビーシッターは、法的な定義や公的資格が確立していない。社団法人全国ベビーシッター協会は、資質の向上を目指し、2000（平成12）年に認定資格制度を開始した。定められた研修の受講と実務経験ののち、資格認定試験に合格すると、5年間有効の認定ベビーシッターの資格認定証が与えられる。現在は、公益社団法人全国保育サービス協会と名称変更され、多くの業者がこの協会に加盟・登録をしている。また、地域型保育事業である居宅訪問型保育において、保育士資格の代替資格としてベビーシッターでも可とする自治体もあり活躍の場が拡大している。

　ベビーシッターは、家庭での育児が難しい状況になった際に、補完的な形で依頼される

ことが多い。たとえば、保護者が病院や散髪に出かける際、子どもを連れていけない場合、あるいは仕事が遅くなるために保育所などにお迎えに行けない場合などである。利用するにあたっては、運営主体が民間企業であるため、料金が発生するが、家庭の状況に合わせて、柔軟に対応できるため、その役割は大きい。

しかし近年、インターネットの普及から、ベビーシッターのマッチングサイトを利用して身元証明がはっきりしないままに依頼してしまったことなどによるトラブルも多くなっている。保育者は保護者に対して注意喚起する必要がある。

（2）ファミリー・サポート・センター事業

ファミリー・サポート・センター事業は、子育て援助活動支援事業とも呼ばれている。1994（平成6）年12月に策定されたエンゼルプランを受けて、労働省により労働者が仕事と家庭を両立できる環境を整えるための「仕事と子育ての両立支援特別援助事業」として創設された。現在、この事業は、図表2-9のように「乳幼児や小学生等の児童を有する子育て中の労働者や主婦等を会員として、児童の預かりの援助を受けることを希望する者と当該援助を希望する者との相互援助活動に関する連絡・調整を行うもの」としており、対象となる子どもの年齢は、各自治体によって多少異なる。

この事業の大きな特徴は、地域住民が地域の子どもを保育する、地域での助け助けられの近所づきあいのような形式をもっていることである。この事業をとおして、地域の人々とつながりながら子育てできることは、いざというときに身近な人々に助けてもらえる環境となり、安心感をもって子育てでき、精神的負担の軽減にもつながる。子どもにとっても「近所のおばさん」「近所のおじさん」の家で落ち着いたひとときを過ごせるようになるであろう。

したがって、この事業は地域の人々に支えられた事業であるため、今後は地域における子育て家庭の支援の重要性が地域全体で理解されていくことを基本とし、地域の人々の多くの援助や協力を得て、組織が円滑に機能できるようなネットワークを必要としている。

【図表2-9】ファミリー・サポート・センター事業のシステム

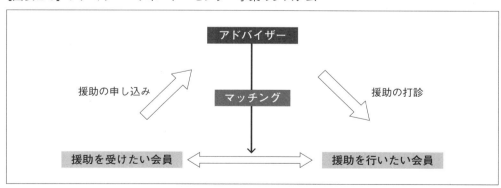

（3）里親

里親は、家庭での養育に欠ける児童などに、その人格の完全かつ調和のとれた発達のための温かい愛情と正しい理解をもった家庭を与えることにより、愛着関係の形成など児童の健全な育成を図る制度である。そして、行政が要保護児童（保護者のない児童または保護者に監護させることは不適当であると認められる児童）の養育をあらかじめ認定・登録された者に委託している。対象は原則18歳未満となっている。里親には、図表2-10のように4つの種類がある。

また、2016（平成28）年の児童福祉法の改正では、子どもが家庭で適切な養育を受けられない場合に、家庭に近い環境での養育を推進するため、養子縁組や里親、ファミリーホーム（養育者の住居において要保護児童を養育する事業）への委託を原則とすることが規定された。このように、国は、児童養護施設や小規模グループケアなど、職員が出退勤しながら子どもの生活を支える家庭的養護から、里親やファミリーホームなど、養育者の家庭で一緒に生活する家庭養護に移行しようと推進している。2017（平成29）年の新たな社会的養育の在り方に関する検討会がとりまとめた新しい社会的養護ビジョンでは、さらなる里親委託率の向上の実現が示されている。

日本の里親制度が、諸外国と同様に多くの人にノーマライゼーションの重要性が認識されて、社会に開かれた制度になることを期待したい。

【図表2-10】里親の種類および要件

養育里親	①子どもについての養育についての理解・熱意、子どもに対する豊かな愛情があること ②貧しく生活が苦しい状況でないこと ③都道府県知事が行う養育里親研修を修了していること ④里親本人またはその同居人が次のアからエに当てはまらないこと 　ア　成年被後見人または被保佐人（同居人は除く） 　イ　禁錮（刑務所に入るだけで刑務作業の義務はない）以上の刑の確定判決を受け、その執行を終わり、または執行猶予期間が終わった者 　ウ　児童福祉法、児童買春、児童ポルノ禁止法または児童福祉法施行令第35条の5で定める福祉関係法律（児童扶養手当法など）の規定により罰金刑の確定判決を受け、その執行を終わり、または執行猶予期間が終わった者 　エ　児童虐待や被措置児童等虐待など、子どもの福祉に関して著しく不適当な行為をした者
専門里親	①養育里親の①～④にすべて当てはまること ②次の要件のいずれかに当てはまること 　ア　養育里親として3年以上、委託児童の養育経験があること 　イ　3年以上、児童福祉事業で働き、都道府県知事が認めた者であること 　ウ　都道府県知事が認めた者であること ③専門里親研修を修了していること ④委託児童養育に専念できること
親族里親	①養育里親の①～④にすべて当てはまること ②里親として引き受ける子どもの扶養義務者（生活できるように世話をする義務のある祖父母やきょうだい）、またはその配偶者である親族であること ③親や監護（子どもの心身の健全な発育のために、日常の身のまわりの面倒を見ること）する者の死亡や行方不明、入院などによって養育できない子どもを養育しようと希望する者であること
養子縁組里親	①養育里親の①②④に当てはまること ②都道府県知事が行う養子縁組里親研修を修了していること

§7　乳児院

1．乳児院で育つとは

　乳児院は、児童福祉法第37条に「乳児院は、乳児（保健上、安定した生活環境の確保その他の理由により特に必要のある場合には、幼児を含む。）を入院させて、これを養育し、合わせて退院したものについて相談その他の援助を行うことを目的とする施設とする」と規定された児童福祉施設である。

　基本的には、児童福祉法上の乳児である1歳未満児を対象とした施設であるが、2006（平成18）年の児童福祉法の一部改正により、場合によっては（同じ乳児院に兄弟姉妹がいる、医学的に観察・治療が必要である、もうすぐ養育者が子育ての生活環境を立て直せる見込みがあるなどの理由がある場合）、小学校就学までの幼児が暮らすことも可能となっている。

　高度経済成長以前は、孤児（戦災や引き揚げなど）、棄児、親の貧困や病気によって生活できないなどの理由の入所が多かったが、高度経済成長以降は、大きな社会変化により入所理由が多様化している。近年は父母の精神疾患などの病気、虐待などがおもな入所理由となっている。また、乳児院に入院する子どもは、発達が未熟で病気や感染症にかかりやすいことから、保健や医療面を重視しており、保育士・児童指導員は、看護師の代替えで配置されることになっている。

　乳児院で育つ子どもは、それぞれ複雑な事情で入所しているため、入所前の生活において子どもが育つという点では、かならずしも望ましい環境状況であったとは限らない。人の育ちの基本となる基本的信頼感の獲得の経験が不足していたり、子どもには重すぎる問題を抱えてしまったことも多い。そのため、乳児院で子どもを育てるにあたっては、一人ひとりの子どもの欲求を十分に満たし、子どもが日々安心感をもって心地よく生活することを重ねていくなかで、特定の保育者との情緒的に結びついた関係を構築していくことをとおして、人に対する基本的信頼感を育てることが重要となってくる。

　また、乳児院は、親が子どもの育つ場所としての家庭を適切な生活環境として立て直すために、家庭と連絡を取り合いながら必要な指導や援助などを行い、退所後も連携を図っていくという役割も担っている。よって、乳児院の生活と次の場所の生活が途切れないような細やか

【図表2-11】ある乳児院の一日

目覚め	6:30	目覚め
	7:30	朝食
	8:00	あそび
	9:30	活動
離乳食 お昼寝	10:00	
	11:30	昼食
	12:30	お昼寝
離乳食	14:00	
	14:30	おやつ
	15:00	あそび
お風呂	16:00	お風呂
離乳食	17:30	夕食
歯磨き 就寝	18:00	
	18:30	歯磨き
	19:30	就寝

な連携も行っている。家庭環境が整わない場合は、児童養護施設や里親に引き継がれることになる。この場合も家庭と同じ対応をすることになる。

乳児院で育つ子どもは、可能な限り家庭に近い生活を心がけているが、実際は入所している複数の子どもを交代制の勤務体制にある複数の保育者や職員による集団での生活となっている。乳児院の一日の生活例は図表2-11（p.39参照）の通りである。近年は、担当制を導入したり、一緒に生活するグループを異年齢の編成にするなど、さまざまな工夫がなされている。

2．乳児院の現状と課題

（1）乳児院で育つことの現状と課題

乳児院が、先述したように入所している複数の子どもと交代制の勤務体制にある複数の保育者やそのほかの職員の集団での生活が基本であること、そして原則は1歳未満児の施設であり、今の現状として子どもの状況を考慮したとしても、乳児院から児童養護施設へ移る際には、2歳前後が多いようである。ここに乳児院の基本的な課題が見えてくる。

一つ目は、乳児院の生活のリズムを基底する食事などは献立は栄養士、調理は調理師、食事介助は保育者というように、分担となっていて、生活するうえで起こるさまざまな営みを一緒にするとか目にすることも少なくなりやすく、生活面での経験が乏しくなる可能性もはらんでいる。

このような課題を軽減するため、子どもの一人ひとりの成長の祝いごとや季節ごとの行事を取り入れた生活をしたり、異年齢でグループ編成をすることによって、兄弟姉妹の関係性の経験ができるようにするなど、さまざまな工夫がなされている。また、問題がなければ保護者と面会して可能なときに外泊させたり、それが難しい子どもには保育者の家に泊めたりする、あるいは家庭と同じような生活の営みが可能である小舎制とするなどの試みもなされている。

二つ目は、母子関係の引き離しによる子どもの発達に関わる問題である。特定の大人との間に愛着を形成し、人への基本的信頼を獲得していくために重要となる3歳未満のこの時期に、乳児院から児童養護施設へと生活の場所を移行することは、いわゆる母子分離を2回（養育者との分離・乳児院の保育者との分離）経験することになってしまう。これは、子どもに"これから自分はどうなるのだろう"という不必要な不安を抱かせるだけでなく、子どもの生涯に渡って豊かに生きていくための基盤を失いかねない状況となる。

この大きな問題を踏まえて、乳児院の子どもの状況に柔軟に対応し、6歳までの預かりを認めるようになったことは、乳児院で生活する子どもにとって、のちの成長・発達を保障する第一歩になっている。

三つ目は、一日24時間の保育を行う施設であるため、保育者は交代制の勤務であり、同じ保育者による養育が持続できない現状がある。乳児院に入所する子どもは、子どもの育ちの基盤である特定の大人との情緒的に結びついた関係を構築していく時期の子どもであるため、保育者は1対1の持続した関わりの保障のためには相当の工夫が必要であるこ

とを認識したうえで、保育者同士での連携を綿密に図っていき、その関係構築に努めていることである。

さらには、乳児院に継続入所はある程度許されている現状にあるものの、家庭での生活復帰が困難で、さらに養護の継続を必要とした場合は、乳児院から児童養護施設などの措置変更となる。つまり、乳児院の生活で、子どもが特定の大人との情緒的関係を形成したとしても、この措置変更によってこの関係性が断ち切られてしまうといった深刻な問題がある。低年齢児の子どもの心身の発達の側面からとらえると、精神的負担が大きいことは明白であり、その後の子どもの成長への影響を考慮し、そのための対策の検討も重大な課題といえる。

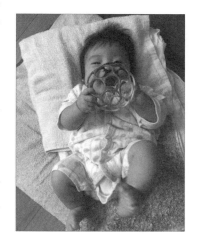

このように見てくると、乳児院に入所している子どもの心身の発達や生活を保障した生活を実現させていくための課題解決の困難はあるが、現場職員のさまざまな工夫によって乗り越えようとしていることが理解できる。

（2）子育て支援センターとしての役割

現在、乳児院に入所する子どもは、前述したように、家庭の複雑な理由により長期入所する場合のほかに、家族の病気や出産、就労などによって短期間あるいは短時間入所する場合がある。これは、現在の乳児院が、従来型の家庭の代替としての機能のほかに、地域における子育て支援センターの機能をあわせもつようになり、さまざまな事業を担うようになったからである。

おおむね2歳未満児を対象として、1か月以内の期間子どもを預かる「短期入所制度」や乳幼児を対象として7日以内の期間保育する「ショートステイ事業」、ひとり親家庭の子どもを対象に、就労で夜間子どもの世話ができない状態にある場合に、夕方から深夜まで保育をする「トワイライトステイ事業」などがある。その他、育児相談や里親相談・養育家庭相談、電話相談（赤ちゃん110番）、病児保育、親と乳児が一緒に遊ぶ子育てサークル、お年寄りとの交流なども行っている。

このように、現在の乳児院は、地域の子育て支援センターとしても、地域の人々に門戸を広く開放して活動できて、家庭内の問題発生の予防や早期発見による対応が可能になった点では前進したものの、保育所と同様に保育・養育の質保障および質向上において多くの課題をかかえているといえる。

第3章 乳児の生活
―保育のねらいと内容―

「保育所保育保育指針（以下「保育指針」と略）」（平成20年告示）では、子どもの発達は「第2章　子どもの発達　2発達過程」において8つの区分で示されていた。改定された「保育指針」（平成29年告示）では、「第2章　保育の内容」において乳児、1歳以上3歳未満、3歳以上という3つの年齢区分が設けられ、それぞれの年齢区分における「基本的事項」に示されている。また、平成29年版の保育指針では、乳児（0歳児）、1歳以上3歳児未満の保育の内容が記載された。3歳未満児の保育の内容は、ほぼ幼保連携型認定こども園教育・保育要領（以下「教育・保育要領」と略）の内容と同じである。

以下に、平成29年版の保育指針をもとに乳児保育（以下、0・1・2歳児の保育を示す）の重要性について述べる。

§1 乳児保育の重要性

この時期は他者との関わりをはじめてもち、そのなかで自我が形成されるなど、子どもの心身の発達にとって極めて重要な時期である。この時期の保育のあり方は、その後の成長や社会性の獲得などにも大きな影響を与えるものと考えられている。また社会情動的スキルなど、いわゆる非認知的能力を乳幼児期に身につけることが、大人になってからの生活に大きな差を生じさせるといった研究成果などから、乳幼児期、とりわけ3歳未満児の保育の重要性への認識が高まっている。

以下、「保育所保育指針の改定に関する議論の取りまとめ」（社会福祉審議会児童部会、平成28年12月）に即して述べていく。

1. 信頼関係の形成

この時期は保護者や保育者など特定の大人との間で愛着関係が形成され、食事や睡眠などの生活リズムも形成されていく。また、周囲の人や物、自然など、さまざまな環境との

関わりのなかで、自己という感覚や、自我を育てていく時期でもある。

　乳児期からの保育の積み重ねは、その後の成長や生活習慣の形成、社会性の獲得にも大きな影響を与えるものであり、子どもの主体性を育みながら保育を行うことが重要である。また、保育者などとの信頼関係の構築により基本的信頼感を形成することは、生涯を通じた自己肯定感や他者への信頼感、感情を調整する力、粘り強くやり抜く力などの、いわゆる非認知的能力を育むことにもつながるものであり、保育者などが子どものサインを適切に受け取り、子どもたちの自己選択をうながしつつ、温かく応答的に関わっていくことが重要である。

2．学びの芽生え

　乳児は生まれたそのときから、自ら主体的に周囲の人や物に注意を向け（のちの興味や関心）、働きかけようとする。保育指針では、このような乳児の姿を「学びの芽生え」と捉え、生涯の学びの出発点とした。また、1歳から2歳にかけ、直立歩行、言葉の獲得などがみられ、人や物への興味・関わりを広げ、気づいたり、考えたり、主張したりすることを経験しながら、自己を形成していく。

　以上のように、3歳未満児の時期においては、子どもの発達が急速に進むことから、それぞれの子どもの発達過程に応じた「学び」の支援が、適切に行われることが重要になる。

§2　乳児保育の内容の概要

1．0歳児の保育内容の具体的なイメージ

　乳児期においては、発達が未分化な状況にあることなどから、その保育内容を子どもの身体的・精神的・社会的発達の基盤を培うという基本的な考え方をふまえた上で、図表3-1（p.44参照）の3つの視点から述べられている。

2．0歳児から1・2歳児への保育内容の連続性

　0歳児の保育内容を3つの視点から、1歳以上の保育内容が5つの領域へ、保育内容がどのように連続するのか、図表3-1を用いてみていく。

　図中の0歳児の「身近な人と気持ちが通じ合う」という視点の後ろに「人間関係」「言葉」の領域は書き込まれている。これは、0歳代において「身近な人と気持ちが通じ合う」経験を積み重ねていくことで、人との関係や言葉が育っていき、1歳前後には「言葉」の領域、「人間関係」の領域へとなだらかに連続する。同じように、0歳代に「身近なものと関わり感性が育つ」経験を重ねていくと、1歳前後に「表現」の領域、「環境」

【図表3-1】 0歳児の保育内容の具体的なイメージ

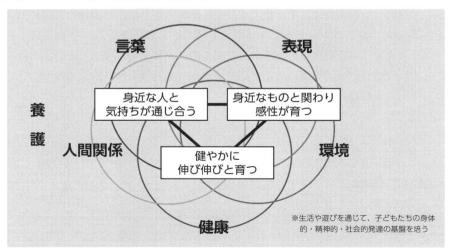

○乳児保育については、生活や遊びが充実することを通して、子どもたちの身体的・精神的・社会的発達の基盤を培うという基本的な考え方を踏まえ、乳児を主体に、「身近な人と気持ちが通じ合う」「身近なものと関わり感性が育つ」「健やかに伸び伸びと育つ」という視点から、保育の内容等を記載。保育現場で取り組みやすいものとなるよう整理・充実。
○「身近な人と気持ちが通じ合う」という視点からは、主に現行指針の「言葉」「人間関係」の領域で示している保育内容との連続性を意識しながら、保育のねらい・内容等について整理・記載。乳児からの働きかけを周囲の大人が受容し、応答的に関与する環境の重要性を踏まえ記載。
○「身近なものと関わり感性が育つ」という視点からは、主に現行指針の「表現」「環境」の領域で示している保育内容との連続性を意識しながら、保育のねらい・内容等について整理・記載。乳児が好奇心を持つような環境構成を意識して記載。

(厚生労働省社会保障審議会児童部会保育専門委員会「保育所保育指針の改定に関する議論のとりまとめ」平成28年12月)

の領域へとなだらかに連続していく。そして、「健やかに伸び伸び育つ」という経験の積み重ねが、「健康」の領域に連続していくと捉えられている。

　乳児期の子どもの生活や遊びを0歳児では3つの視点から捉え、それらの視点におけるねらいの達成に向けての経験(保育内容)を積み重ねていくことが、1歳以上3歳未満児の5領域のねらいとそのねらいを達成する保育内容へと連続する。

3．1・2歳児の保育内容

　1・2歳児期の学びの芽生えを「幼児期の終わりまでに育ってほしい姿」と、どのように関連し考えて行けばよいのか述べる。

(1) 幼児期の終わりまでに育ってほしい姿

　「幼児期の終わりまでに育ってほしい姿」は「保育指針」の第1章4 (1) に記載されている。この10の姿は、到達すべき目標ではないこと、個別に取り出されて指導されるものではない。子どもの自発的な遊びを通して育っていくものである。卒園を迎える年度

に育つものでもなく、乳児期からの育ちの連続性のなかでの幼児期の終わり頃の姿であることを意識して、保育を展開していく必要がある。

（2）幼児期の終わりまでに育ってほしい姿と1・2歳児の保育

「幼児期の終わりまでに育って欲しい姿」を視野に入れた保育は、0歳児から行うが、ここでは「1・2歳児期の保育のねらい」の一部をあげていく。ア～コまでの見出しの下には、幼児期の終わりまでに育ってほしい姿をもとに1・2歳児期の保育を念頭に要約したものである。

ア　健康な心と体
心と体を働かせながら見通しをもって生活する。
- 1歳児・2歳児：特定の大人（保護者・保育者など）との愛着形成が育まれ、基本的信頼感のもとで生活する。
- 1歳児：離乳の完了とともに幼児食へ移行し、自分で食べたい物を手づかみで意欲的に食べる。
- 2歳児：遊び、食事、午睡などの一日の流れとそれを行う場所がわかり、見通しをもって生活する。

イ　自立心
自分でしなければならないことを自ら行う。
- 1歳児：着脱などを自分でやろうとする。
- 2歳児：排泄がほぼ自立。「自分で！」「イヤ！」と強い自己主張をする。

ウ　協同性
友達と協力しながらさまざまなことをやり遂げる。
- 1歳児：自分の意思を親しい大人に告げるなど、自己確立の芽生えを育む。
- 2歳児：保育者や友達と模倣遊びや簡単なごっこ遊びをする。

エ　道徳性・規範意識の芽生え
よいことや悪いことがわかる。
- 1歳児：友達の泣く姿を通し、叩いたり噛んだりすることはいけないことだとその瞬間は感じ取る。
- 2歳児：友達と喧嘩したときは保育者に訴えてきて、善悪の判断を求める。

オ　社会生活との関わり
いろいろな人と関わり親しみをもつ。
- 1歳児：玩具などをひとり占めして貸さないが、気が向くと、やり取りをする場合もある。
- 2歳児：自分を認識し、家族や周囲の人に興味をもつ。

カ　思考力の芽生え
身近な事象に好奇心や探求心をもつ。
- 1歳児：歩行がしっかりし、探索活動を楽しむ

○　2歳児：園庭で遊んだり、散歩に出かけたとき、季節や自然の変化に気づき、気持ちを言葉・制作・音楽などで表現する。

キ　自然との関わり・生命尊重
　身近な動植物を命あるものとして大切にする。
　○　1歳児：小動物や植物に興味を示す。
　○　2歳児：身近な動植物を観察し、「これなーに？」「どうして？」とさかんに質問する。

ク　数量や図形、標識や文字などへの関心・感覚
　生活や遊びのなかで数量や文字に親しむ経験をする。
　○　1歳児：積み木や車を横に並べて遊ぶ。
　○　2歳児：積み木やブロックを組み立てて遊ぶ。

ケ　言葉による伝え合い
　絵本や物語に親しみ、言葉による表現を楽しむ。
　○　1歳児：保育者に絵本を読んでもらうことを喜ぶ。
　○　2歳児：遊びのなかで、言葉を使って会話することの楽しさを味わう。

コ　豊かな感性と表現
　心動かす豊かな経験をして表現する。
　○　1歳児：大人の愛情をたっぷり受け、情緒の安定した日々を過ごす。
　○　2歳児：見立て遊び、つもり遊びをするなかで、イメージをふくらませて遊ぶ。

　以上にあげた例は、あくまでも個人差があり、すべての子どもに該当するわけではないことを踏まえて保育したいものである。

§3　保育指針、教育・保育要領にみる乳児保育の内容の具体

　本章の§2において「乳児保育の内容」の概要について述べたが、ここでは、実際に保育指針における「第2章　保育の内容」の「乳児保育」および「1歳以上3歳未満児の保育」に示されているねらいと内容について、具体的に事例を取り上げながら述べていく。保育指針の「第2章　保育の内容」の構成は、以下のようになっている。

　1　乳児保育に関わるねらい及び内容
　（1）基本的事項
　（2）ねらい及び内容
　（3）保育の実施に関わる配慮事項
　2　1歳以上3歳未満児の保育に関わるねらい及び内容
　（1）基本的事項

（2）ねらい及び内容
　（3）保育の実施に関わる配慮事項
　3　3歳以上児の保育に関するねらい及び内容
（省略）
　4　保育の実施に関して留意すべき事項
　（1）保育全般に関わる配慮事項
　（2）小学校との連携
　（3）家庭及び地域社会との連携

　乳児保育は、乳児期のことだけを考えればいいというのではなく、保育所や認定こども園全体の保育のなかにあるが、ここでは、おもに上記の内容の構造の太字で強調されている部分に焦点をあてて述べていく。基本的事項や実施に関わる配慮事項は、本書の実践編の各章で取り扱っているので、そちらを参照されたい。子どもの発達の姿を理解し、ねらいと内容を考え、そしてそれらをどのように実践するのか、また、家庭や社会とのつながりなどを理解するために、ここでは、保育の中核となる保育のねらいと内容を理解することとする。
　なお、教育・保育要領においても同様の考えである。

1．保育のねらいと内容

　保育指針の第2章のねらいは、保育の目標をより具体化したものである。6年間の保育所保育の目標に向かうために、0歳児、1歳以上3歳未満児における具体的な目標が、それぞれの時期のねらいとして示されている。ねらいは、それぞれの時期の子どもの発達の姿を踏まえたものになっている。そのために育みたい資質・能力は、子どもの生活（遊びも含まれている広い意味での生活）する姿で示されている。また、ねらいの達成に向けての内容は、二つの側面から述べられている。一つは保育者が行うこと、もう一つは保育者が援助して子どもが環境に関わって経験することである。
　保育所保育（幼保連携型認定こども園教育・保育）の目標と、第2章の（保育の）内容で示されているねらいの関係を理解することが重要である。また、そのねらいを達成するための（保育の）内容は、保育者のサポートを得ながら子どもが環境と関わって経験することであるから、それぞれの時期の子どもの発達の姿を理解することも保育の基本である。

2．0歳児の保育のねらいと内容

　0歳児のねらいと内容、内容の取り扱い等を整理したのが図表3-2である。3つの視点に沿ってこの時期の保育を概観する。

【図表3-2】乳児保育に関わるねらい・内容・内容の取扱い

3つの視点	身体的発達に関する視点	社会的発達に関する視点	精神的発達に関する視点
	健やかに伸び伸びと育つ	身近な人と気持ちが通じ合う	身近なものと関わり感性が育つ
目標	健康な心と体を育て、自ら健康で安全な生活をつくり出す力の基礎を培う。	受容的・応答的な関わりの下で、何かを伝えようとする意識や身近な大人との信頼関係を育て、人とかかわる力の基礎を培う。	身近な環境に興味や好奇心をもって関わり、感じたことや考えたことを表現する力の基盤を培う。
ねらい	①身体感覚が育ち、快適な環境に心地よさを感じる。	①安心できる関係の下で、身近な人と共に過ごす喜びを感じる	①身の回りのものに親しみ、様々なものに興味や関心を持つ。
	②伸び伸びと体を動かし、はう、歩くなどの運動をしようとする。	②体の動きや表情、発声等により、保育士等と気持ちを通わせようとする。	②見る、触れる、探索するなど、身近な環境に自分から関わろうとする。
	③食事、睡眠等の生活のリズムの感覚が芽生える。	③身近な人と親しみ、かかわりを深め、愛情や信頼感が芽生える	③身体の諸感覚による認識が豊かになり、表情や手足、身体の動き等で表現する。
内容	①保育士等の愛情豊かな受容の下で、生理的・心理的欲求を満たし、心地よく生活する。	①子どもからの働きかけを踏まえた、応答的な触れ合いや言葉がけによって、欲求が満たされ、安定感をもって過ごす。	①身近な生活用具、玩具や絵本などが用意された中で、身の回りのものに対する興味や好奇心を持つ。
	②一人一人の発育に応じて、はう、立つ、歩くなど、十分に体を動かす。	②体の動きや表情、発声、喃語等を優しく受け止めてもらい、保育士等とのやりとりを楽しむ。	②生活や遊びの中で様々なものに触れ、音、形、色、手触りなどに気付き、感覚の働きを豊かにする。
	③個人差に応じて授乳を行い、離乳を進めていく中で、様々な食品に少しずつ慣れ、食べることを楽しむ。	③生活や遊びの中で、自分の身近な人の存在に気付き、親しみの気持ちを表す。	③保育士等と一緒に様々な色彩や形のものや絵本などを見る。
	④一人一人の生活のリズムに応じて、安全な環境の下で十分に午睡をする。	④保育士等による語りかけや歌いかけ、発声や喃語等への応答を通じて、言葉の理解や発語の意欲が育つ。	④玩具や身の回りのものを、つまむ、つかむ、たたく、引っ張るなど、手や指を使って遊ぶ。
	⑤おむつ交換や衣服の着脱などを通じて、清潔になることの心地よさを感じる。	⑤温かく、受容的な関わりを通じて、自分を肯定する気持ちが芽生える。	⑤保育士等のあやし遊びに機嫌よく応じたり、歌やリズムに合わせて手足や体を動かして楽しんだりする。
内容の取扱い	①心と体の健康は、相互に綿密な関連があるものであることを踏まえ、温かい触れ合いの中で、心と体の発達を促すこと。特に、寝返り、お座り、はいはい、つかまり立ち、伝い歩きなど、発達に応じて遊びの中で体を動かす機会を十分に確保し、自ら体を動かそうとする意欲が育つようにすること。	①保育士等の信頼関係に支えられて生活を確立していくことが人とかかわる基盤となることを考慮して、子どもの多様な感情を受け止め、温かく受容的・応答的に関わり、一人ひとりに応じた適切な援助を行うようにすること。	①玩具などは、音質、形、色、大きさなど子どもの発達状態に応じて適切なものを選び。その時々の子どもの興味や関心を踏まえるなど、遊びを通して感覚の発達が促されるものとなるように工夫すること。なお、安全な環境の下で、子どもが探索意欲を満たして自由に遊べるよう、身の回りのものについては、つねに十分な点検を行うこと。
	②健康な心と体を育てるためにはのぞましい食習慣の形成が重要であることを踏まえ、離乳食が完了期へと徐々に移行する中で、様々な食品に慣れるようにするとともに、和やかな雰囲気の中で食べる喜びや楽しさを味わい、進んで食べようとする気持ちが育つようにすること。なお、食物アレルギーのある子どもへの対応については嘱託医等の指示や協力の下に適切に対応すること。	②身近な人に親しみをもって接し、自分の感情などを表し、それに相手が応答する言葉を聞くことを通して、次第に言葉が獲得されていくことを考慮して、楽しい雰囲気の中での保育士等との関わり合いを大切にし、ゆっくりとやさしく話しかけるなど、積極的に言葉のやりとりを楽しむことができるようにすること。	②乳児期においては、表情、発声、体の動きなどで、感情を表現することが多いことから、これらの表現しようとする意欲を積極的に受け止めて、子どもが様々な活動を楽しむことを通して表現が豊かになるようにすること。

保育の実施に関わる配慮事項	ア	乳児は疾病への抵抗力が弱く、心身の機能の未熟さに伴う疾病の発生が多いことから、一人ひとりの発育及び発達状態や健康状態についての適切な判断に基づく保健的な対応を行うこと。
	イ	一人一人の子どもの生育歴の違いに留意しつつ、欲求を適切に満たし、特定の保育士が応答的に関わるように努めること
	ウ	乳児保育に関わる職員間の連携や嘱託医との連携を図り、第3章に示す事項を踏まえ、適切に対応すること。栄養士及び看護師等が配置されている場合は、その専門性を生かした対応を図ること。
	エ	保護者との信頼関係を築きながら保育を進めるとともに、保護者からの相談に応じ、保護者への支援に努めていくこと。
	オ	担当保育士が替わる場合には、子どものそれまでの生育歴や発達過程に留意し、職員間で協力して対応すること。

（1）身体的発達に関する視点「健やかに伸び伸びと育つ」

①目標とねらい

　この視点の目標は、「健康な心と体を育て、自ら健康で安全な生活をつくり出す力の基礎を培う」であり、3つのねらいと5つの内容が示されている。『保育所保育指針解説』では、「人が健康で安全な生活を営んでいくための基盤は、まず環境に働きかけることで変化をもたらす主体的な存在としての自分という感覚を育むことからつくられる」としている。

　発達が混沌とし、未分化な状態である0歳児の子どもは、愛情ある保育者によって安全に守られ、乳児の欲求に愛情のこもった応答的な関わりによって、心身ともに満たされる穏やかで安定した生活が大切になる。それらを通して、主体的な存在としての自己の土台を築いていくのである。

　乳児は、生理的・心理的欲求を愛情をもって関わる保育者によって受け止められ、関わってもらいながら満たされていくことが何よりも重要である。その積み重ねをしていくなかで、子どもたち一人ひとりの生活のリズムが、徐々につくられてくる。たとえば、睡眠であれば、生後3～4か月くらいから昼間に起きている時間、夜に眠る時間が多くなるなどである。しかし、一人ひとりの生理的なリズムは異なるため、目の前の子どもの様子に合わせて、その姿を尊重して関わっていくことが大前提である。それは、十分に寝て、よく飲み、しっかり食べて、気持ちよく排泄をして、心地よく遊ぶことが基本的な姿である。

　しかしながらこの時期は、生活のリズムが整うまでにはいたらないので、昨日のリズムとは異なる場合もあるため、「そういう日もあるよね」と、そのときどきの子どもの姿を受け止めて、適切に関わることが大切である。

②内容

【事例3-1】眠くなっちゃった

　　　　　　　　　　　　　　　　Gちゃん（4か月）＜おもな内容①④＞
　Gちゃんは、11時に授乳が終わり、にぎにぎをもつなどして機嫌よく過ごしている。しばらくすると、甘えるような声を出して泣きだす。保育者は、「Gちゃん、ど

うしたの？　そろそろ眠たくなったかな？　それとも遊んで疲れたかな？」と言葉をかけながら抱き上げる。

　保育者は、Gちゃんを横抱きにしてゆっくりゆらすと、泣きやんでウトウトしはじめる。保育者は「そうか、眠くなっちゃったんだね、よしよし」と優しく言葉をかけて子守り歌を歌いながらゆっくり揺らし続ける。5分くらいすると、Gちゃんは寝息を立てて気持ちよさそうに入眠した。

　保育者は、ぐっすり眠った様子を確かめてからベッドに仰向けで静かに寝かせて、タオルケットを胸までかける。

　Gちゃんのように「眠い」という欲求をぐずり泣くことで精いっぱい表現したことを保育者は受け止めて、子どもがどうしたいのかを探りながら関わり、眠いことを探り当てて、心地よく眠れるような環境を整えている。このように子どもの生活を保育者がコントロールするのではなく、子どもの姿に寄り添い心地よく生活できることを大切にしたい。

　また、そのためにも安全な環境も欠かせない。とくに睡眠時は、SIDSなどへの配慮は必要不可欠である。心地よく過ごすことのなかには、安全な環境は大前提であることを忘れてはならない。

【事例3-2】あれっ？

Bくん（5か月）＜おもな内容③＞

　Bくんは、今月に入って離乳食を開始し2週間になる。今日は「十分がゆ」と「ほうれん草の煮びたしのすりつぶし」であった。Bくんは、離乳食をみて「あっ、あっ」と声を出して喜んでいるようだ。保育者がスプーンにほうれん草の煮びたしのすりつぶしを少量のせて、Bくんの口に近づけて「はい、どうぞ」というと、Bくんは口を開け食べる。

　すると、Bくんの動きがピタッと止まった。同時に嫌がるような表情をしながら、舌で押し出すような動きをする。保育者が「あら？　おいしくなかったかな。ほうれん草、おいしいんだけどなぁ」と口を拭く。その後、保育者は「もう一回、食べてみようか」とBくんにほうれん草の煮びたしのすりつぶしをスプーンにのせて近づけてみる。Bくんは口を開けて食べると再び動きが止まったものの、再び口を動かしながら食べることができた。

　保育者は「どうだった？　おいしかったかな。ほうれん草の煮びたしだよ。よかったね」とBくんと目を合わせて笑うと、Bくんもにっこり笑う。

　この時期は、授乳や食事は、一つの重要な生理的欲求であり、食べたいと思う気持ちや生理的なリズムを大切にしながら満たしていくことが基本である。そして、Bくんは、離

乳食を始めたばかりなので、保育者は慎重に進めている様子が伝わる。これは、保育者が離乳食への移行時期であるため、Bくんに食べることが楽しい時間と感じられる経験をしてほしいという願いをもちながら、気持ちよく生理的欲求を満たすことができるように関わっていると推測する。

　Bくんは、離乳食を開始したばかりであるが、意欲的に食べようとしている様子は事例から伝わる。ほうれん草の煮びたしのすりつぶしの味に対し、一度、口から出している。それは、経験したことのないはじめての味であったか、あるいは嫌な味であったかであろう。しかし、保育者は、タイミングを見て再度Bくんに勧めている。これは、食材に慣れていく離乳食初期の時期であるからこそ、無理のない範囲で経験をしていくことを大切にしたい思いがあったからである。このように離乳食の時期は、楽しい雰囲気のなかで、さまざまな食材を根気よく、くり返し経験していくことが大切であり、もし苦手な様子であれば、食べる順番や味つけなどを変化させたり、離乳食が進むなかで形状を変えて提供したりするなど、さまざまな工夫をしていくとよい。

　また、保育者はBくんが「ほうれん草の煮びたしのすりつぶし」を食べたときに、これがほうれん草の煮びたしであることを伝えている。子どもには、まだその意味は理解できない時期であるかもしれない。しかし、保育者は、何を食べているのかということをていねいに伝えながら、いずれBくんが食べている食材とその名前が結びつき、豊かな食事となるようにしていきたい。

　0歳児の授乳や食事は、生理的欲求でありながらも保育者の関わりなしには満たすことはできないからこそ、保育者は子どもの授乳や食事の欲求に対してていねいに応答的に関わりながら満たしていくことが重要である。そして、子どもが食べられることの喜びが感じられるような時間となり、豊かな生活の営みになるように心がけてほしい。

【事例3-3】チャレンジ！

Kくん（9か月）＜おもな内容②＞

　Kくんは、四つんばいではいはいをさかんに楽しむ姿が出てきた。保育者は、保育室の中央に踏板と巧技台を組み合わせて坂道と階段をつくった。

　Kくんは、すぐにそこへ近づき、はいはいで坂道を登る。そこで一度座ると、保育者のほうをみてうれしそうに笑う。保育者は「坂道、登れたね。すごい、すごい」と拍手をしてほめる。すると、Kくんは階段を登りはじめたので、保育者が「おっ、すごいね、がんばって」とささやきながら、子どものそばにつく。Kくんは、手足のつく位置を慎重に探りながらゆっくり登ることができたが、降りることは難しく止まっ

たままになり、保育者を見る。
　保育者は、階段の降りる方向に来て「こっちだよ、おいで」と両手を広げると、Kくんは再び動き出し、ゆっくり階段を見ながら手足を動かして降りることができた。全部降りることができると保育者を見たので、保育者は抱っこして「すごいね、やったね、やった、やった！」と笑顔でほめると、Kくんも笑顔になった。

　0歳児の子どもの発達は、人間の生涯のなかで一番著しい時期である。そして月齢差はもちろんのこと、個人差も大きいため、一人ひとりの運動機能の発達の様子に合わせて、楽しく身体を動かすことができるよう環境を整えていくことが重要である。
　この事例で保育者は、Kくんがはいはいで移動することが楽しいと感じている姿をふまえて、保育室にこれまで経験したことのない坂道や階段のある環境を設定している。これにより、これまで楽しんでいたはいはいが、より多くの全身の動きをするものとなり、Kくんにとって魅力ある遊びとなっている。Kくんは、すぐに自ら興味をもって挑戦し始めた姿があり、この環境構成がKくんにとって楽しい環境に感じられたことが理解できる。
　また、保育者はKくんの思いに寄り添いながら、言葉をかけたり、意欲を高めるように自分のいる位置をかえて継続して挑戦したり、楽しむことができるよう工夫をしたりしていることがわかる。この保育者の関わり方もKくんの意欲を大切にした環境の一つとなったと考えられる。
　このように、子どもの発達は、愛情をもって関わる保育者によって促されるものである。目の前の子どもの発達状態を把握するとともに、子どもの興味・関心に沿いながら、遊びの環境を整えていくことによって、子ども自ら主体的に遊ぶことができるようになるのである。

（2）社会的発達に関する視点「身近な人と気持ちが通じ合う」
①目標とねらい
　この視点の目標は、「受容的・応答的な関わりの下で、何かを伝えようとする意欲や身近な大人との信頼関係を育て人と関わる力の基礎を培う」であり、ねらいは3つで内容は5つである（図表3-2、p.48参照）。
　社会のなかでより豊かに生きていくために重要なのは、人と関わる力であるからこそ、発達の著しいこの時期の子どもには、身近な愛情ある保育者との受容的・応答的な関わりは、基本的な信頼関係を築く上でとても大切である。そして、保育者がこの時期の子どもに受容的・応答的に関わるということを積み重ねることにより、基本的な信頼関係から愛着関係を築いていくことになる。
　具体的には、子どもが微笑んだときに「そう、気持ちいいの、よかったね」などというように、ささやかな動きや表情をしっかりと受け止め、気持ちを通わせることの心地よさを大切にしたい。これが子どもの人生を支える安全基地となり、子どもが周囲の大人やほかの子どもへの興味・関心へと広がって、さらに人との関わりを広げていく基盤になるこ

とを意識し、保育者はていねいな関わりを根気よく積み重ねていくことになる。

②**内容**

> **【事例3-4】気持ちいいね〜**
>
> 　　　　　　　　　　　　　　　　　　　　　　　Dちゃん（3か月）＜おもな内容①②＞
> 　Dちゃんが授乳をしたあと、すぐに排便をする。保育者がDちゃんと目を合わせて「よかったよかった、うんちでたね。お尻もきれいにしようね」といってオムツ交換を始める。「う〜ん、う……」とDちゃんが声を出すので、保育者が「そうね、気持ち悪かったね、今、拭いてるからね」と言葉をかけながらオムツを換える。
> 　Dちゃんは「うん、う〜…ん」とくり返し声を出すので、保育者はその都度「さっぱりしたね。もうすぐ終わるよ」「今、抱っこしようね」と、Dちゃんの気持ちを受け止めるように言葉をかけている。
> 　オムツ交換が終わると、保育者はDちゃんを抱っこして目を合わせながら「さっぱりしたね。よかったね」と優しく言葉かけをするとDちゃんは「う〜、う〜ん…」と保育者に向かうように声を出すながら手をのばす。保育者は、そのDちゃんの手を優しく握手するように握りながら「そうなの、気持ちいいね〜」と受容的に応答するように言葉をかける。しばらく、このようなやりとりが続く。

　この事例では、Dちゃんは授乳後に排便をして、とても心地よいリズムで生活している様子がわかる。だから、Dちゃんは心地よい声を出しているのであろう。そのようなDちゃんの姿を保育者は理解しており、Dちゃんの気持ちを受容しながら、応答的に視線を合わせて優しく言葉かけをしていることがわかる。

　Dちゃんは、保育者が自分に向けて優しく言葉をかけてくれることや、しっかり受け止めてくれている感覚があるため、安心して声を出していると推測できる。また、Dちゃんが手を伸ばしたときにも、その動きや表情も受容して優しく手を握ったり、目を合わせて言葉をかけたりすることによって、「私のことをちゃんと見ていてくれる」という安心感につながっている。

　このように、Dちゃんが主体的に発する声や表情、身体の動きなどをまるごと受容し応答的に関わっていくことは、日々の生活の安心感・安定感につながる。そして、やがて基本的な信頼関係や愛着関係を築くことにつながるのである。保育者は、子どものささやかな声や仕草、動きの一つひとつに子どもの思いが込められたものとして受容し、タイミングよく応じていくことを積み重ねていくことが重要な時期である。

> **【事例3-5】だいじょうぶよ**
>
> 　　　　　　　　　　　　　　　　　　　Hくん（6か月）＜おもな内容①⑤＞
> 　Hくんが午前寝をしていたが、急に勢いよく泣き出す。そばにいた保育者が「どうしたの？　起きたのかな？　はいはい……」と抱っこをしてHくんの表情をみるが、目を閉じたまま泣いていることに気づく。
> 　「だいじょうぶだよ、先生ここにいるよ」と言葉をかけてゆっくり揺らす。それでも、Hくんは泣き止まず目を閉じたまま泣いている。保育者は「そうかそうか、大丈夫だよ。よしよし……」とゆっくりとした口調で言葉をかけながら優しく揺らし続け、子守り歌を歌い始める。しばらくすると、Hくんは泣く声が落ち着きはじめ、徐々に泣き止んで再び眠りにつく。

　この事例のHくんのように、眠っているときに急に泣き出したり、ぐっすり眠れずに短時間で起きたりすることはよく見られる。0歳児は、入眠したらいつも同じ時間眠るあるいは、静かに過ごせるなどということはないので、常にそのときの状況に応じて、子どもが心地よく過ごせることを目指して関わることが必要である。
　Hくんは急に泣き始めたが、保育者はHくんが目を閉じたまま泣いていることに気づいたので、夢でも見てびっくりしたのかもしれない、落ち着けば再び眠るかもしれないと思い、抱っこするものの起こすことはせず、再び眠れるように優しく揺らして落ち着いて眠れるように関わっている。Hくんは、保育者の声を聞いているのかは定かでないが、保育者が抱っこでスキンシップを取りながら受容していき、ゆったり揺らして心地よさを感じられるようにしていくことによって、徐々に落ち着いた雰囲気になり、再び入眠することができた。
　子どもへの関わりをていねいにしたからといって、すぐに子どもの姿に変化が起こるとは限らず、この事例のように時間をかけてじっくり対応することによって、よりよい方向に向かう場合もある。保育者は、複数の子どもの保育をするため、慌ただしく動くことが多いが、一人ひとりの子どもにじっくりと向き合う時間の確保を心がけることが「受容的・応答的な関わり」につながるためには、とても重要だといえる。
　これを実現していくためには、担任保育者同士の連携は欠かせない。0歳児の保育は、常に一人ひとりの子どもへのていねいな関わりを実現するための連携を考えていくことが大切である。

> **【事例3-6】そばにいて！**
>
> 　　　　　　　　　　　　　　　　　　　Cちゃん（8か月）＜おもな内容①③＞
> 　Cちゃんは、M保育者が大好きで、いつもM保育者のそばで遊んでいる。今日も機嫌よくお気に入りのタオル地のボールを手にして、M保育者に見せるような仕草をし

てニコッと笑う。M保育者がもう一つの布製ボールをCちゃん向かって転がすと、Cちゃんはボールの動きを目で追いかけ、ボールが止まるとM保育者の顔を見て、再び笑顔を見せたあと、そのボールを手に取る。

M保育者は「Cちゃん、おもしろいね、上手にとれたね」と言葉をかける。そのとき、保育室の電話が鳴り、M保育者がその電話に出ようと立ち上がると、Cちゃんは急に不安そうにM保育者を目で追いかけ、泣き顔に変わり泣き始める。

M保育者は電話を対応したあと、「ごめんなさいね。お電話だったのよ。そばにいるから大丈夫よ」といいながら、Cちゃんを抱っこすると、CちゃんはM保育者の胸にぴったりくっついてしがみつく。

0歳児は、愛情ある特定の大人に世話をしてもらいながら、日々生活をしている。その関わりの積み重ねを通して、特定の大人との愛着関係を形成していく。この愛着関係は、子どもと保育者という関係性でも形成することができる。この事例のCちゃんは、毎日の保育所の生活のなかで、M先生と愛着関係を形成し、M先生と一緒に過ごす場所が安心し、楽しく過ごせる場所となっている。

また、生後8か月ごろは、情緒的に結びついた特定の人（保護者や保育者）と他者の区別ができるようになるため、特定の人が自分から離れたり、知らない人がいると不安で泣くという姿がみられるようになる。Cちゃんは、M保育者が電話に出るために立ち上がったことが「どうしたの？」「どこ行っちゃうの？」という不安になって泣いてしまったのであろう。

このように考えると、Cちゃんは保育所の日々の生活のなかで、M保育者としっかりとした信頼関係が形成されているからこその姿である。Cちゃんは、M保育者に安心できる気持ちをもっている。保育者は、愛情をもって応答的に関わっていくことで、次の成長につなげていきたい。

（3）精神的発達に関する視点「身近なものと関わり感性が育つ」
①目標とねらい

この視点の目標は「身近な環境に興味や好奇心をもって関わり、感じたことや考えたことを表現する力の基盤を培う」であり、ねらいは3つ内容は5つである（図表3-2、p.48参照）。

子どもは、身近な環境に体全身で触れたり、外界の刺激を感じたりする。そして、子ども自身が受け止めたことに驚きや喜びを感じながら、表情や声、体全体を使って表す。保育者は、子どもが表した思いに共感的に関わることによって、子どもは、さらに環境と関わり感じたことを、また、伝えたい、表したいという思いがふくらんでいき、自分の世界を広げていくことになる。

これらを積み重ねていくことによって、子どもは興味・関心をもちながら、あれこれと試したり、ささやかな変化をじっと見つめたりするなど、身近なものやことの変化や反応を確かめ、その不思議さや楽しさを感じられるようになっていく。

②内容

> 【事例3-7】風が吹いて
>
> Aちゃん（6か月）＜おもな内容②＞
>
> 　今日は、気持ちよく晴れているので、午前中にバギーでお散歩に出かけることにする。保育者が「お散歩、行こうね」と言葉をかけて準備をして、Aちゃんをバギーに乗せると笑顔を見せる。そして、ゆっくりとバギーを進めていった。
> 　すると、心地よい感じで風が吹く。Aちゃんは、風が吹いた瞬間に「あ〜…」と声を出し、顔を上に向け両手を広げて気持ちよさそうにする。保育者は「そうだね、風が吹いて気持ちよかったね〜」と言葉をかけると、Aちゃんは「あ〜、あ〜」と声を出す。

　この事例からAちゃんは、お散歩が大好きで、とても楽しみにして出発した様子が伝わる。そして、バギーに乗ってご機嫌に過ごしているときに、心地よい風が吹いたことを、全身を使って感じとっている。きっと思わず気持ちよくて声を出して、顔をあげ両手を広げたのであろう。これこそが自然と関わり、自然の心地よさを感じた瞬間である。その思いを保育者は、「そうだね、風が吹いて気持ちよかったね〜」と共有しようと言葉かけをしている。そうすることで、その心地よさもよりふくらんで喜びにつながっていくのである。
　この事例のように、この時期の子どもが自然とのふれ合う心地よさを感じるときは、偶然であることが多い。だからこそ、その偶然の出来事を、子どもの経験につなげていけるような気持ちに寄り添った言葉かけを大切にしたい。

> 【事例3-8】見たいの
>
> Hちゃん（9か月）＜おもな内容①④＞
>
> 　Hちゃんは、絵本棚につかまり立ちをして、片手でいくつかの絵本を床に落としていく。すると、お気に入りの絵本が落ちたことに気づいたのか、下を向く。そして落ちた絵本のところにいって、座って絵本を手にした。
> 　Hちゃんは、手に取った絵本をめくろうとお腹で本の下をおさえて、ぎこちないながらも両手の指先をかけてページをめくろうとする。しかし、途中から開き、自分が見たいページではなかったようで閉じてしまう。何度かくり返したあと、絵本を床において、今度は親指と人差し指を本にかけてめくろうとする。すると、絵本が床ですべってしまって開けない。そして、再び自分の足の上においてめくると、自分の思ったページが開けたのか、保育者を見る。
> 　保育者は、ずっとHちゃんの姿を見守っていたこともあり、「見たいところ開けたのかな、がんばったね〜」とほめると、Hちゃんはまたページをめくることを続けた。

この時期の子どもは、色彩がはっきりした絵本を好むといわれている。Hちゃんのお気に入りの絵本もページをめくるごとに色彩がはっきりかわるものであった。
　Hちゃんが、絵本を絵本棚から次々と落とす行為は、散らかす行為あるいはものを大切にしない行為として捉えられがちであるが、Hちゃんは、そのような思いで、この行為をしていたのではないと推測できる。それはお気に入りの絵本が落ちたときに、その行為をやめたからである。Hちゃんは、自分で見たい絵本を探していたのである。
　このように保育者から見て、一見困った行為として捉えられがちではあるが、子どもの行為には必ず意味がある。保育者は子どもの一つひとつの行為を見て何をしようとしているのか、読み取っていきながら関わることが重要である。Hちゃんのように、自分で絵本を取り出す、自分の使いたい玩具を自分で選んで遊ぶという行為は、主体的に生活している・遊んでいる姿として、十分に認めていきたい。
　またその後、Hちゃんは、夢中になって手先を使ってページをめくることをしている。この時期は、手先が十分に発達しておらず、保育者から見るととてもぎこちなく上手にめくることは難しい。それでもHちゃんなりに工夫をして粘り強く取り組んでいる。このときに、保育者が手伝ってめくることは十分に可能であるが、保育者は夢中になってページをめくることに取り組んでいるHちゃんの様子を見て、静かに見守っている。この夢中になって取り組むこと、試行錯誤して何とかしてページをめくろうとしていることが、発達を促していることや、次の遊びの意欲や工夫につながると思ったからである。
　このように保育者は、何でも子どもがしたいことをいつでも手助けするのではなく、夢中になって取り組む姿はそっと見守り、できなくて困っている、泣いてしまうなどの姿になった際には、援助できるように、そばにいることが大切といえるのではないだろうか。

【事例3-9】いないいないばぁ

Lくん（7か月）＜おもな内容④＞

　保育者は、赤色の透けた布をLくんの顔の前に出し「いないいなーい……ばぁ！」と顔をみせる。Lくんは「あっ、あ〜！！」と声を出して笑う。保育者は「楽しいね、おもしろいね〜」と言葉をかけたあと、同じリズムで「いないいなーい……ばぁ！」を再度すると、Lくんはさらに喜び、保育者がもっていた赤色の透けた布を握る。保育者は、「スカーフ取れたね、柔らかいね」とLくんのもつ透けた布を一緒にもって揺らすと、Lくんも手を動かして揺らす。
　その後、保育者は、今度は黄色の透けた布を出して、同じように「いないいなーい、ばぁ！」と顔を見せると、ちょっとびっくりしたような表情をし、間をおいてから、Lくんは笑い声を出す。保育者は「こんな色もあったね、きれいでしょ〜」といって、いないいないばぁ遊びをしばらく楽しむことをくり返す。

　子どもは、生後6か月を過ぎるとLくんのようにあやし遊びの一つである「いないいな

いばぁ遊び」が大好きである。布は透けているので、Lくんには赤い布の先に保育者の顔が見えているので、あまり不安なく遊びを楽しんでいる様子が伝わる。また、Lくんは布にも興味を示して手を伸ばした。保育者は、そこでLくんに渡し、布の柔らかい感触を言葉にして伝え、一緒に揺らす行為をして、感触を十分感じられるようにしている。

そして、保育者は、さらに先に使っていた色とははっきりと異なる黄色の透けた布を取り出して、いないいないばぁ遊びをする。Lくんは、さっきとは異なる色でのいないいないばぁ遊びに「なんだろう？」といった不思議さを一瞬感じたようであったが、保育者の顔が見えたことで安心して喜んでいた。

このように、遊びに使うもの一つでも、使う色やその順序の配慮によって、子どもの興味・関心は大きくふくらんでいくものである。そして、くり返し楽しめる遊びにも幅が広がり、子どもがのちに色を選んで保育者にリクエストするなどの姿もみられるであろう。このように、この時期の子どもの感覚に楽しいと感じたり、おもしろいと思えたりするような刺激を与える遊び方の工夫を重ねていきたい。

3．1・2歳児の保育のねらいと内容

0歳児は愛情あふれた特定の大人に世話をされながら、日々の生活の営みを心地よく積み重ねていくことによって、子どもは外界の世界に好奇心・探求心をもって関わろうとするようになる。しかし、1・2歳児は、さまざまなことができるようになる前に、気持ちが発達するので、思うようにいかないことも多くなる。1・2歳児の保育は、この子どものできないが自分でやりたいという気持ちを十分に受け止めながら、ていねいに保育者が関わっていくことが求められる。

1・2歳児のねらいと内容の取り扱い等を保育指針から整理したのが図表3-3（p.60参照）である。1・2歳児はねらいと内容が5領域で示されている。各領域に沿ってこの時期の保育を概観する。

（1）心身の健康に関する領域「健康」
①目標とねらい

乳幼児期に特定の大人に愛情をもって関わってもらい、その大人によって支えられた安全環境のもとで、心と体を十分に働かせて日々の生活をしていくことによって、子どもが心身ともに健康で安全な生活を営んでいく基盤をつくっていくと考えられる。

保育所などにおいては、この保育者との信頼関係が築かれたなかで、安心して自己を十分に発揮して思いのままに伸び伸びと行動できる環境を整えたい。そうすることによって、子どもは、自らの発達過程において、遊びを通して体を動かすことを喜び楽しみに歩く、走る、しゃがむ、階段の上り下りなどの基本的動作を獲得する。

また、徐々に生活に見通しをもって行動ができるようになる。散歩の帰り道に保育者が「保育園に帰ったら、トイレに行って、手を洗って、ご飯にしようね」と子どもに伝えると、子どもは"保育室に入る⇒トイレ⇒手洗い⇒食事"というように、ご飯までの見通し

がおおよそもてるようになる。これを日々くり返していくことによって、生活に必要な行動について見通しをもって自律的に行動できるようになっていく。

そして、食事を自分で食べる、保育者に布団に誘われて自分の布団に横になる、トイレでの排泄ができるようになるなど、基本的生活習慣も身についてくる。しかし、子どもはこの自立の過程において、不安を感じたり、心が揺れ動く姿が見られることも多い。保育者が子どもの一つひとつの行動や気持ちを肯定的に受け止め、受容的・応答的に関わっていくことが大切となる。

②内容

> 【事例3-10】つかまえたい
>
> Lちゃん（1歳6か月）＜おもな内容③＞
>
> Lちゃんは、一人で歩けるようになり、機嫌よく歩くことを楽しんでいる。最近は歩行が安定して行動範囲が広がり、園庭のすみずみまで探索活動をする姿が見られるようになった。
>
> アリを見つけるとしゃがみこんで、「あっ！」といいながら保育者の顔をみる。保育者が「アリさん、いたね」というと、Lちゃんはアリに手を伸ばしながら捕まえようとするが逃げてしまう。すると、Lちゃんは、立ち上がって歩き、再びアリを捕まえようとしゃがみこんで手を伸ばすが、やはり逃げていってしまう。
>
> 保育者は「Lちゃん、がんばれ〜」というと、Lちゃんはにっこり笑って、また立ち上がって歩き、しゃがみこんで手を伸ばすと、バランスをくずして尻もちをつくように転ぶ。保育者が「あらあら、大丈夫？」と言葉をかけると、Lちゃんは「あははっ」と笑う。そのあとも、アリを見つけては捕まえようとくり返し楽しんでいた。

事例のLちゃんのように、一人歩行ができるようになると、自分が行きたいところに思いのままに行くことができるため、歩くことそのものがうれしく楽しいものである。そして、その先にさまざまな発見と出会い、"これは何？""どうなってるの？"という思いからの探索をじっくりと楽しむことになる。このように子どもの思いのままに歩行や探索行動を楽しむことを保障できる園庭は、子どもの成長にとって、とても大切な場所の一つである。ねらいや内容を精査したり、臨機応変に内容などを修正したりして天気のよい日は戸外に出て開放感を感じながら遊ぶ経験を大切にしたい。

また、Lちゃんの事例では、"アリを捕まえたい"という自らのしたいことを通して、歩行はもちろんのこと、しゃがんだり、再び立ち上がったり、手を伸ばしたりなど、心地よくさまざまに体を動かしている。Lちゃんは、心地よく身体を動かしているので、尻もちをついても、それも楽しく感じている。このような、失敗（尻もちをつく）することも含めて、子ども自らが豊かに体を動かすことを積み重ねていくことによって、生涯を支える基本的動作の獲得にもつながっていくのである。したがって、保育者は子どもが安全に

【図表3-3】 １歳児以上３歳未満児の保育に関わるねらい・内容・内容の取扱い

5領域	健康	人間関係
目標	健康な心と体を育て、自ら健康で安全な生活をつくり出す力の基礎を養う。	他の人々と親しみ、支え合って生活するために、自立心を育て、人と関わる力を養う。
ねらい	①明るく伸び伸びと生活し、自分から体を動かすことを楽しむ。	①保育所での生活を楽しみ、身近な人と関わる心地よさを感じる。
	②自分の体を十分に動かし、様々な動きをしようとする。	②周囲の子ども等への興味や関心が高まり、関りを持とうとする。
	③健康、安全な生活に必要な習慣に気付き、自分でしてみようとする気持ちが育つ。	③保育所の生活の仕方に慣れ、きまりの大切さに気付く
内容	①保育士等の愛情豊かな受容の下で、安定感をもって生活をする。	①保育士等や周囲の子ども等との安定した関係の中で、共に過ごす心地よさを感じる。
	②食事や午睡、遊びと休息など、保育所における生活のリズムが形成される。	②保育士等の受容的・応答的な関わりの中で、欲求を適切に満たし、安定感をもって過ごす。
	③走る、跳ぶ、登る、押す、引っ張るなど全身を使った遊びを楽しむ。	③身の回りに様々な人がいることに気付き、徐々に他の子どもと関わりをもって遊ぶ。
	④様々な食品や調理形態に慣れ、ゆったりとした雰囲気の中で食事や間食を楽しむ。	④保育士等の仲立ちにより、他の子どもとのかかわり方を少しずつ身につける。
	⑤身の回りを清潔に保つ心地よさを感じ、その習慣が少しずつ身に付く。	⑤保育所の生活の仕方に慣れ、きまりがあることや、その大切さに気付く。
	⑥保育士等の助けを借りながら、衣類の着脱を自分でしようとする。	⑥生活や遊びの中で、年長児や保育士等の真似をしたり、ごっこ遊びを楽しんだりする。
	⑦便器での排泄に慣れ、自分で排泄ができるようになる。	
内容の取扱い	①心と体の健康は、相互に綿密な関連があるものであることを踏まえ、子どもの気持ちに配慮した温かい触れ合いの中で、心と体の発達を促すこと。特に、一人一人の発育に応じて、体を動かす機会を十分に確保し、自ら体を動かそうとする意欲が育つようにすること。	①保育士等の信頼関係に支えられて生活を確立するとともに、自分で何かをしようとする気持ちが旺盛になる時期であることに鑑み、そのような子どもの気持ちを尊重し、温かく見守るとともに、愛情豊かに、応答的に関わり、適切な援助を行うようにすること。
	②健康な心と体を育てるためにはのぞましい食習慣の形成が重要であることを踏まえ、ゆったりとした雰囲気の中で食べる喜びや楽しさを味わい、進んで食べようとする気持ちが育つようにすること。なお、食物アレルギーのある子どもへの対応については、嘱託医等の指示や協力の下に適切に対応すること。	②思い通りにいかない場合等の子どもの不安定な感情の表出については、保育士等が受容的に受け止めるとともに、そうした気持ちから立ち直る経験や感情をコントロールすることへの気付き等につなげていけるように援助すること。
	③排泄の習慣については、一人一人の排尿間隔等を踏まえ、オムツが汚れていない時に便器に座らせるなどにより、少しずつ慣れさせるようにすること。	③この時期は自己と他者との違いの認識がまだ十分ではないことから、子どもの自我の育ちを見守るとともに、保育士等が仲立ちとなって、自分の気持ちを相手に伝えることや相手の気持ちに気付くことの大切さなど、友達の気持ちや友達との関わり方を丁寧に伝えて行くこと。
	④食事、排泄、睡眠、衣類の着脱、身の回りを清潔にすることなど、生活に必要な基本的な習慣については、一人一人の状態に応じ、落ち着いた雰囲気の中で行うようにし、子どもが自分でしようとする気持ちを尊重すること。また、基本的な生活習慣の形成に当たっては、家庭での生活経験に配慮し、家庭との適切な連携の下で行うようにすること。	
保育の実施に関わる配慮事項	ア 特に感染症にかかりやすい時期であるので、体の状態、機嫌、食欲などの日常の状態の観察を十分に行うとともに、適切	
	イ 探索活動が十分にできるように、事故防止に努めながら活動しやすい環境を整え、全身を使う遊びなど様々な遊びを取り	
	ウ 自我が形成され、子どもが自分の感情や気持ちに気付くようになる重要な時期であることに鑑み、情緒の安定を図りなが	
	エ 担当の保育士が替わる場合には、子どものそれまでの経験や発達過程に留意し、職員間で協力して対応すること。	

環境	言葉	表現
周囲の様々な環境に好奇心や探求心をもって関わり、それらを生活に取り入れていこうとする力を養う。	経験したことや考えたことなどを自分なりの言葉で表現し、相手の話す言葉を聞こうとする意欲や態度を育て、言葉に対する感覚や言葉で表現する力を養う。	感じたことや考えたことを自分なりに表現することを通して、豊かな感性や表現する力を養い、創造性を豊かにする。
①身近な環境に親しみ、触れ合う中で、様々なものに興味や関心を持つ。	①言葉あそびや言葉で表現する楽しさを感じる。	①身体の諸感覚の経験を豊かにし、様々な感覚を味わう。
②様々なものに関わる中で、発見を楽しんだり、考えたりしようとする。	②人の言葉や話などを聞き、自分でも思ったことを伝えようとする。	②感じたことや考えたことなどを自分なりに表現しようとする。
③見る、聞く、触るなどの経験を通して、感覚の働きを豊かにする。	③絵本や物語等に親しむとともに、言葉のやり取りを通じて身近な人と気持ちを通わせる。	③生活や遊びの様々な体験を通して、イメージや感性が豊かになる。
①安全で活動しやすい環境での探索活動等を通して、見る、聞く、触れる、嗅ぐ、味わうなどの感覚の働きを豊かにする。	①保育士等の応答的な関わりや話しかけにより、自ら言葉を使おうとする。	①水、砂、土、紙、粘土など様々な素材に触れて楽しむ。
②玩具、絵本、遊具などに興味を持ち、それらを使った遊びを楽しむ。	②生活に必要な簡単な言葉に気付き、聞き分ける。	②音楽、リズムやそれに合わせた体の動きを楽しむ。
③身の回りの物に触れる中で、形、色、大きさ、量などの物の性質や仕組みに気付く。	③親しみをもって日常の挨拶に応じる。	③生活の中で様々な音、形、色、手触り、動き、味、香りなどに気付いたり、感じたりして楽しむ。
④自分の物と人の物の区別や、場所的感覚など、環境を捉える感覚が育つ。	④絵本や紙芝居を楽しみ、簡単な言葉を繰り返したり、模倣したりして遊ぶ。	④歌を歌ったり、簡単な手遊びや全身を使う遊びを楽しんだりする。
⑤身近な生き物に気付き、親しみを持つ。	⑤保育士等とごっこ遊びをする中で、言葉のやり取りを楽しむ。	⑤保育士等からの話や、生活や遊びの中での出来事を通して、イメージを豊かにする。
⑥近隣の生活や季節の行事などに興味や関心を持つ。	⑥保育士等を仲立ちとして、生活や遊びの中で友達との言葉のやり取りを楽しむ。	⑥生活や遊びの中で、興味あることや経験したことなどを自分なりに表現する。
	⑦保育士等や友達の言葉や話に興味や関心をもって、聞いたり、話したりする。	
①玩具などは、音質、形、色、大きさなど子どもの発達状態に応じて適切なものを選び、遊びを通して感覚の発達が促されるように工夫すること。	①身近な人に親しみをもって接し、自分の感情などを伝え、それに相手が応答し、その言葉を聞くことを通して、次第に言葉が獲得されていくものであることを考慮して、楽しい雰囲気の中で保育士等との言葉のやり取りができるようにすること。	①子どもの表現は、遊びや生活の様々な場面で表出されているものであることから、それらを積極的に受け止め、様々な表現の仕方や感性を豊かにする経験となるようにすること。
②身近な生き物との関わりについては、子どもが命を感じ、生命の尊さに気付く経験へとつながるものであることから、そうした気付きを促すような関わりになるようにすること。	②子どもが自分の思いを言葉で伝えるとともに、他の子どもの話などを聞くことを通して、次第に話を理解し、言葉による伝え合いができるようになるよう、気持ちや経験等の言語化を行うことを援助するなど、子ども同士の関わりの仲立ちを行うようにすること。	②子どもが試行錯誤しながら様々な表現を楽しむことや、自分の力でやり遂げる充実感などに気付くよう、温かく見守るとともに、適切に援助を行うようにすること。
③地域の生活や季節の行事などに触れる際には、社会とのつながりや地域社会の文化への気付きにつながるものとなることが望ましいこと。その際、保育所内外の行事や地域の人々との触れ合いなどを通して行うこと等も考慮すること。	③この時期は、片言から2語文、ごっこ遊びでのやり取りができる程度へと、大きく言葉の習得が進む時期であることから、それぞれの子どもの発達の状況に応じて、遊びや関わりの工夫など、保育の内容を適切に展開することが必要であること。	③様々な感情の表現を通じて、子どもが自分の感情や気持ちに気付くようになる時期であることに鑑み、受容的な関わりの中で自信をもって表現することや、諦めずに続けた後の達成感等を感じられるような経験が蓄積されるようにすること。
		④身近な自然や身の回りの事物に関わる中で、発見や心が動く経験が得られるよう、諸感覚を働かせることを楽しむ遊びや素材を用意するなど保育の環境を整えること。

な判断に基づく保健的な対応に心がけること。
入れること。
ら、子どもの自発的な活動を尊重するとともに促していくこと。

安心して体を動かせる機会を、たくさんつくっていくことが大切である。

そして、Lちゃんはアリを発見したことから、夢中になって"アリを捕まえる"という遊びを楽しんでいる。この時期の子どもの発達では、まだ体もしなやかに調整しながら動かせないため、アリを捕まえることは難しいが、Lちゃんは声も出さずにアリを捕まえることに没頭しているのである。保育者は、Lちゃんのその姿を大切にしたいため、ときおり興味が持続するよう言葉をかけ、Lちゃんの自らしたいことを存分にできる環境を整えていることがうかがえる。このように、子ども自らが積極的に、主体的に遊ぶことの経験を積み重ねることが興味・関心を高め、試したり、工夫したりする経験となる。

【事例3-11】おねえちゃんパンツ

Hちゃん（2歳3か月）＜おもな内容⑦＞

排尿間隔が長くなり、生活の区切りでトイレに誘うことで、オムツを濡らすことがほとんどなくなったHちゃん。便座に座って排尿すると「でた〜」と保育者にうれしそうに伝えてくる。

保育者は「ほんとだね、もうお姉さんパンツになれそうね」といいながらお尻をふいてあげると、Hちゃんは「オムツがいい」と小さな声でいう。保育者が「おねえちゃんパンツのほうが、お尻がスッキリするよ」というと、「やだやだ、オムツ」という。保育者は「そうか。おもらしすると気持ち悪いのね。じゃあ、オムツのままでいいから、先にママに一緒にかわいいお姉さんパンツ買ってねってお願いしようか！

そしたら、またHちゃんと一緒に考えようね」というと、Hちゃんは「やったー！ママとおかいものする」とうれしそうにいう。

子どもにとってトイレットトレーニングは、お兄さんお姉さんになれるうれしい過程でもあると同時に、おもらし（失敗）という嫌な経験もともなうため、とまどい、心が揺れ動く場面が多くみられる。

Hちゃんのように排尿間隔が長くなり、トイレでの排泄ができるようになると、パンツへの移行をすすめていくが、Hちゃんにとっては新しい世界であるために、"お姉さんパンツをはける"という期待と"おもらししたら嫌だ"という不安に心が揺れ動いていることが推測できる。保育者は、そのHちゃんのとまどいや揺れ動く気持ちを受け止めて、まだオムツでいてよいことを伝えつつ、パンツの購入についても伝えている。

このように、保育者は、子どもの気持ちを最優先して、目の前の子どもが納得して日々生活し、成長していくことができるような関わり方を大事にしていくことが求められる。それが、子どもの主体的な生活の保障の内実である。

（2）人との関わりに関する領域「人間関係」
①目標とねらい
　この領域「人間関係」の目標は、「他の人々と親しみ、支え合って生活するために、自立心を育て、人と関わる力を養う」であり、ねらいは3つ、内容は6ある（図表3-3、p.60参照）。

　人と関わる力の基礎は、特定の大人や周囲の人に愛されている実感をもつこと（基本的信頼感をもつこと）が何より大切であり、その信頼感に支えられて自分自身の生活をしていくなかで培われていくものである。

　園生活において子どもは、保育者だけでなく、栄養士や看護師などのさまざまな職員や送迎時に出会う保護者、そして一緒に生活する子どもたちなど、多くの人と触れ合い生活をしている。その日々の生活のなかで、保育者との基本的信頼感を基盤にして、安心して自分の思いや意思を表現しながら、さまざまなことを自分の力で行う充実感や満足感を味わうようにすることが大切である。

　また、身近な人と関わりながら生活をしていくことによって、感覚的にではあるが、してよいことや悪いことがあることに気づいたり、考えて行動する機会ももっていく。そのときに、周囲の大人が「〜するべき」と伝えるのではなく、子ども自身が子どもなりに感じたり気づいたりできるようにと考えられるように保育者が関わっていくことによって、周囲の人と心地よく楽しく生活するための決まりがあることや守ることの大切さを実感できるようになる。この時期は、気持ちのすれ違いや玩具や場所の取り合いなどによる子ども同士のトラブルが多くみられるが、子どもが育つチャンスとして捉えて、ていねいに互いの思いを代弁して、子どもの気持ちに寄り添った仲立ちをしていくことになる。

②内容

> 【事例3-12】車遊び
>
> Bくん（1歳7か月）＜おもな内容③④＞
>
> 　Bくんは、保育室では、道路マップを床に敷いて、その上をお気に入りの車を走らせることを楽しんでいる。今日もBくんは、四つばいになりながら「ブーン、ブー…」といいながら、道路マップの道路を走らせ楽しんでいる。そして、同じ道路マップのすみで、Pくんも座り込んで車遊びを始める。
>
> 　しばらくするとBくんは、腹ばいになって車と同じ高さの視線にして「ブーン、ブー、ブー…」と遊びはじめる。そのとき、道路マップの一部分に寝転がる状態になり、同じ道路マップで遊んでいたPくんに足が当たってしまった。Pくんは「いやーっ！」といいながら、Bくんの足を手で強く押す。Bくんは、押されたことを嫌がり「あーっ！」と大きな声を出して足をばたつかせて、Bくんの顔に当たってしまう。
>
> 　そばにいた保育者が、PくんとBくんの間に入って座り、「そうか、そうか、PくんもBくんも嫌だったんだよね。Bくん、Pくんはここで遊んでいたから、Bくんの足が嫌だったみたいよ。Pくん、Bくんは急に足を押されてびっくりしたんじゃないかな」と伝えたあと、玩具棚にあった道路マップを出して「ここにもう一枚あるから、

ここでも遊べるよ」と伝えると、Pくんが移って来てそれぞれでまた遊びはじめる。

　Bくんは、自分の思いのままに車遊びを楽しんでいる。さまざまな角度で車を見ることで、自分が運転しているイメージや走る街の風景を楽しんでいるのであろう。そして、Pくんの存在は、まったく認識していないと推測できる。一方、Pくんも同様で、道路マップのすみで自分が遊びたいように車遊びをしている。つまり、2人は同じ道路マップで遊びながらも、互いに一人遊びを楽しんでいて、並行あそびであることが理解できる。
　そこに、Bくんが腹ばいになって遊びはじめたために、Pくんとのトラブルが起きた。BくんとPくんが手を出し始めたことに気づいた保育者は、どっちが先とかどっちが悪いということには触れず、それぞれの気持ちに寄り添って、互いの思いを代弁して、お互いに悪気がないことや気づいていないことを伝えている。そして、その上でもう一枚の道路マップを出して、「ここでも遊べるよ」と提案して、この遊びが継続できるように配慮している。Pくんは、自分なりに考えて保育者が敷いてくれた道路マップで遊ぶことを選択して遊び始め、その結果、BくんもPくんも再び遊び始めることができた。
　このように、この時期の子どもは、自分のイメージの中で夢中になって遊ぶ姿が増え、自分のまわりに意識が向かない場合がある。また、相手に自分とは異なる思いにあることには気づくことが難しく、このようなトラブルは多く見られる。子どもにはまったく悪気はなく、意地悪をしようとも考えていないことを踏まえると、互いにどんなことを思っているのかを代弁しながら、どうしたら解決できるのかを一緒に考えたり、事例のように提案していきながら、子ども同士が納得できる方法を見いだすことが大切であることが理解できる。それによって、この年齢なりの子どもが相手の気持ちを考えたり、気づいたりする機会になっていく。

【事例3-13】まねっこさん

Jちゃん（2歳10か月）＜おもな内容①③⑥＞

　今日は、天気がよく異年齢の子どもたちが園庭で自由に遊んでいる。5歳児の女児3人がフープを腰で回しながら得意気にして「先生、みてー！」といっている。保育者が「あら、ずいぶん上手になったわね。すごいね」とほめた。
　それを見たJちゃんは、近くに落ちていたフープをまたいで入り、両手でフープをあげたので、保育者が「あら、まねっこさんだね。できるかな？」というと、Jちゃんは、そのまま手をはなしてフープが地面に落ちてしまうが、ニコッと笑いながら保育者の顔を見た。保育者は「そうだよね。お姉さんたちそうしてたもんね。今度は、もう少し手をこうしてくるっとフープを回すといいよ。お姉さんたち見せてあげてくれる？」というと年長児は「いいよ。こうやるんだよ」と再度、Jちゃんにフープを回すところを見せる。
　Jちゃんは、「くるっ！」といいながら、年長児のまねをするような動きをする。

> 保育者は「そうそう、上手だね。くるってするんだよね」といい、年長児も「上手だね〜」というと、Jちゃんはその動きをすることを喜ぶように「くるっ！」とくり返し回す動作を楽しむ。

　この事例のJちゃんは、年長児の遊びに興味・関心をもってまねをしている。これは、知っているお姉さんたち（年長児）の遊びへの憧れのようなものが芽生えているからであり、人との関わりを心地よく感じているからこそその姿と推測できる。
　もちろん年長児のように、Jちゃんがフープを回すことは難しいが、同じことをして遊んでいることが、とてもうれしく、それと同時にJちゃんのイメージのなかでは、年長児のようにフープを回しているのかもしれないとも推測できる。そのJちゃんの姿を年長児も保育者も受け止めて、肯定的な言葉をかけたり、再度見本を見せるなどしていき、前向きに関わることによって、遊びのなかでのやりとりが生まれていることが理解できる。
　このように、自分より上の年齢のお兄さんやお姉さんとのやりとりをすることによって、大きくなることへの楽しみを高めて、遊びへの意欲につながりイメージが広がり、いずれは友達同士でフープ遊びを楽しむ世界へとつながっていくのである。保育者は、異年齢と関わり、世話をされたり世話をしたりする、遊んであげたり遊んでもらったりするなどの機会をつくっていき、互いにその関わりを楽しめるように援助していくことが大切である。

（3）身近な環境との関わりに関する領域「環境」
①目標とねらい
　この領域「環境」の目標は、「周囲の様々な環境に好奇心や探求心をもって関わり、それらを生活に取り入れていこうとする力を養う」とし、ねらいは3つ、内容は6つである（図表3-3、p.61参照）。
　自分で歩いたり走ったりしながら移動できるようになり、行動範囲が広がり、身近な環境との新たな出会いや発見があるなかで、積極的に触れたり、感じたりしながら関わるようになる。そのなかで"これは何だろう？""なんでこうなってるの？"など、さまざまなことを考えながら、物のもつ性質や物と物との関係性や違い、仕組みなどを経験的に理解していくのである。
　そこから、新たな遊び方を発見するおもしろさや喜びにもつながっていくことだろう。これは、保育者が先走ってしまうことなく、子どもが疑問に感じたり不思議に思っていることに「ホントだ、不思議だね、おもしろいね」などと寄り添って言葉をかけていくことが大切となる。それによって、その疑問や不思議と向き合って、楽しみながらじっくりと取り組む機会をつくることにつながっていくといえよう。
　そのためにも、子ども自らが五感を働かせて感じとる世界を豊かなものにしていきたい。小鳥のさえずりに耳を澄ましたり、雪をほっぺたにあてて冷たさを感じたり、花のにおいをかいで心地よさを感じたりするなど、あらゆる身近な世界を直接的に関わる経験を

積み重ねて、さまざまな感覚を十分に働かせられるように配慮することが必要である。

②内容

> 【事例3-14】ネコさんマーク
>
> Aちゃん（1歳6か月）＜おもな内容④＞
>
> 　ロッカーや下駄箱などAちゃんの場所には、ネコのシールをつけた。Aちゃんは、ネコのシールを見つけると、うれしそうに指さしながら「にゃんにゃん、Aちゃんの！」という。
> 　今日は、園庭で遊ぼうと園庭に出る準備をしているときに、保育者が靴下入れを指さしながら「Aちゃん、ここにある靴下入れのネコさんのところから、靴下とれるかな～」というと、Aちゃんは小さな声で「にゃんにゃん…」とシールを確かめながらネコのシールを探す。すると、シールを見つけたようで「Aちゃんのにゃんにゃん！」とうれしそうに指さして伝えたので、保育者は「ネコさん見つけたんだね、すごいね。そこから靴下をもっておいで」というと、得意気に靴下をとって保育者に渡す。

　保育所などでは、子ども自身が自分の場所ということがわかるように、視覚的にわかりやすい動物や果物などのマークをつけていることが多い。Aちゃんは、それがネコのシールである。Aちゃんは、そのマークをとても気に入っている様子がうかがえる。このような姿は、シールをつけている自分の場所を大切にすることにつながり、さらにはその場所に入れる帽子や靴下、通園バッグにも愛着をもって大切にすることにもつながるのである。
　Aちゃんが保育者の「ネコさんのところから靴下とれるかな～」などの言葉かけによって、Aちゃんは"自分のネコさんマーク"という思いがあることから、一生懸命探している様子が理解できる。保育者は、そのAちゃんの一生懸命自分でやり遂げようとしている姿を認めて静かに見守っている。この援助によって、Aちゃんはネコのマークを見つけたとき、何よりの達成感であり喜びとなった。そのネコのマークの所に入っていた靴下は、Aちゃんの何よりの大切な自分の靴下になったのではないだろうか。
　このような経験が、今度は自分の保育室など自分が過ごす場所を大切にして生活することにつながっていくことを考えると、保育者はいかに子ども一人ひとりの場所を"子どもの居場所"として認識して環境を整えていくことが重要である。

> 【事例3-15】キラキラ～みる！
>
> Rちゃん（2歳2か月）＜おもな内容⑥＞
> 　Rちゃんは、七夕についての遊びを積み重ねるなかで、七夕をとても楽しみにするようになった。玄関に飾っている笹飾りを見て、うれしそうにする姿も見られる。一

方で、Rちゃんは、大勢が集まる集会は不安になることが多い。

　今日は全クラスが集まる（0・1・2歳児は柔軟に個別対応を基本）七夕集会がホールで行われる。Rちゃんに「お星さまキラキラ〜の七夕集会あるからホールいってみる？」と保育者が聞くと、「キラキラのたなばた、いく！」と答える。ホールに行く時間になると、保育者は、Rちゃんが不安になるかもしれないこと予測し、Rちゃんと手をつなぐ。そして、ほかの子どもも一緒に保育室を出て、廊下で「たなばたさま」を歌い、楽しみながらホールに移動する。Rちゃんも機嫌よく歌って、保育者とつなぐ手も楽しそうに揺らしていた。

　しかし、ホールの入り口についてなかを見て、たくさんの子どもたちがいて、にぎやかな様子を見て、Rちゃんは立ち止まり、じっと見ながら固まる。ほかの子どもを先にホールに誘導しながら、Rちゃんに「どうした？　キラキラ〜たなばた見ないの？」と聞くと、「先生と！」といって抱っこを求めきたので、保育者が抱っこをするとホールに入ることができた。保育者は「お部屋戻る？」と聞くと、Rちゃんは「キラキラ〜みる」といったので、抱っこしたままホールの後ろで見ることにした。Rちゃんは、笹飾りを指さして「キラキラ〜だね〜」などと思うことを保育者と話しながら参加した。

　保育所などでは、日本の季節を感じるさまざまな行事を保育に取り入れている。それは、現在の家庭ではなかなか伝えることが難しくなってきた、日本の伝統を伝えていく大きな役割も担っており、子どもの発達に合わせて行事を無理なく経験していくことが大切だといえる。

　この事例では、Rちゃんは七夕という行事を、今までの保育の活動のなかで自分でイメージを広げて楽しんでおり、楽しみをもって園生活をしている様子がうかがえる。一方、保育者は、ここまで七夕を楽しみに生活してきたRちゃんの気持ちを十分に受け止めて、七夕集会をどのように参加することが、Rちゃんにとっていいのかを考えながら関わっていることが理解できる。

　その都度、Rちゃんの気持ちを確かめる言葉かけをしたり、さり気なく手をつないだりして、いつでも柔軟に対応できるように配慮している。Rちゃんは、ホールに入るときに不安になり、結果的にはホールの後ろで保育者に抱っこされながらの参加であるが、Rちゃんにとってはホールの集会に楽しみながら参加でき、七夕行事の雰囲気や楽しさを味わうことができた。

　このように、この時期の子どもは、行事についてさまざまな形で経験したり、参加したり、取り組んだりしながら、無理なく感じたり、思ったりすることが大切である。Rちゃんのように、自分なりの楽しみ方を受け止めて柔軟に対応していくことが、日本の行事や伝統をつないでいくことになるのである。

（4）言葉の獲得に関する領域「言葉」
①目標とねらい
　この領域「言葉」の目標は、「経験したことや考えたことなどを自分なりの言葉で表現し、相手の話す言葉を聞こうとする意欲や態度を育て、言葉に対する感覚や言葉で表現する力を養う」とし、ねらいは3つ、内容は7つである（図表3-3、p.61参照）。

　この時期の子どもは、対象となる物とその名前が結びついて言葉を獲得にいく時期であり、かつ自分の思いを相手に伝えようとする気持ちをもって言葉を使って伝えようとする。その際、保育者がその子どもが伝えようとする気持ちを受け止めて、応答的に「そうだね、これは〜だよね」と、ていねいに伝わっている内容を代弁することによって、伝わった喜びを感じられるようにし、さらに相手に伝えようとする意欲につなげていきたい。また、保育者は、言葉の楽しさを感じられるような絵本や歌などを通して、言葉に親しめるような環境を整えて、多くの機会をもっていくことが望ましい。

　そして、このやり取りを積み重ねていくことにより、今度は相手が伝えようとすることにも耳を傾け聞こうとする気持ちも育まれるようになる。そして、保育者や友達が使う言葉のおもしろさや魅力を感じ、相手が伝えようとすることをわかりたいという気持ちもふくらんでいくであろう。このように、子どもは日々の生活のなかで、人との関わりが充実していくことによって、豊かな言葉が育まれていくのである。

②内容

> **【事例3-16】はい、どうぞ**
>
> 　　　　　　　　　　　　　　　Yくん（1歳3か月）＜おもな内容②＞
> 　Yくんがお手玉を手にしては、手放すことをしている。保育者がYくんにお手玉を差し出し「はい、どうぞ」というと、Yくんは受け取る。すると、Yくんは保育者の行動をまねするように「じょじょ（どうぞ）」といってお手玉を保育者に渡そうとする。保育者は「あら、うれしい。ありがとう」といいながら頭を下げて受け取る。そして再び「はい、どうぞ」と保育者がY君にお手玉を渡そうと差し出すと、Yくんはこくんと頭を動かし「あ…っと（ありがとう）」といってお手玉を受け取る。

　この事例は、1歳前半によくみられる「やりとり遊び」である。はじめはYくんは一人でお手玉で遊んでいたが、保育者が「はい、どうぞ」とお手玉を差し出すことによって、お手玉を通して人と向かい合って遊ぶやりとり遊びへと変化した。Yくんは信頼関係のある保育者との遊びに変化したことを安心して受け入れ、保育者とのやりとり遊びを喜んでいるとともに、保育者が使っている言葉に耳を傾けて、「じょじょ（どうぞ）」という言葉をまねて使っている。さらに保育者の「ありがとう」という言葉にも気づき、Yくんは保育者からお手玉をもらうと「あ…っと（ありがとう）」といってやりとりのなかにある言葉を楽しんでいることが推測できる。

このように、子どもは遊びのなかで実際の体の動きとともに生活に必要な言葉を少しずつ覚えていく。よって、保育者が一つひとつていねいに話しかける言葉は、この時期とても大切であり、楽しみながら言葉を覚えたり使ったりできるような環境が大切といえるであろう。

【事例3-17】虫探し

Wくん（2歳9か月）＜おもな内容⑥⑦＞

　Wくんは、最近は天気がいいと園庭でバケツをもちながら虫探しをしている。プランターに植えた花があり、そこを見ていたWくんが蝶々の幼虫を見つけた。Wくんは「先生、先生！　虫がいる！」と大きな声で叫んだので、保育者が近寄り一緒に見て「ほんとだ、虫がいたね」と共感した。

　Wくんは、指でそっとつまんで捕まえてバケツにいれると、保育者に見せるので「上手に捕まえたね」というとともに、近くにいたFくんに「ほら、Wくんが捕まえたんだよ、蝶々の幼虫だよ」と言葉をかけるとFくんものぞいて「わっ！　うごいてる！　Wくんつかまえたの？」という。Wくんは、ちょっと得意気に「そうだよ、ここにいたんだよ。きてごらん」といいながら、幼虫がいたプランターを案内して、「ここにいたんだよ。ほかのお花のところにもいるかも」というと、WくんとFくんは一緒に虫探しを始めた。

　この事例では、はじめはWくんは、自分が発見した幼虫を保育者に伝えてきて、保育者はそのWくんのうれしい気持ちを十分に受け止めた言葉をかけている。そして、そのWくんが幼虫をバケツに入れたところで、保育者は、近くのFくんにそのWくんのうれしい経験を伝えることによって、FくんとWくんを結びつけている。それによって、Fくんは幼虫を捕まえたWくんに話しかけ、Wくんもその話に応答して、その後は2人の虫探しが始まった。

　このように、この時期の子どもは、自分の思いや発見などを信頼できる保育者に伝えてくる姿が多いが、友達への関心も高まっている時期でもある。そこで、保育者は、Wくんのように保育者に伝えてくる姿を肯定的に受け止めながら、ほかの子どもにも気づいてもらい、さらなる子ども同士の遊びにも広げられるような関わりをしている。そうすることによって、友達同士での言葉のやり取りによるコミュニケーションを経験したり、相手にも気持ちがあることへの気づきにもなり、相手に言葉を使って伝えようとしたり、相手の言葉を聞こうとしたりする気持ちがもてるようになるであろう。

（5）感性と表現に関する領域「表現」
①目標とねらい

　この領域「表現」の目標は、「感じたことや考えたことを自分なりに表現することを通

して、豊かな感性や表現する力を養い、創造性を豊かにする」とし、ねらいは3つ、内容は6つとなっている（図表3-3、p.61参照）。

この時期の子どもは、表象機能や象徴機能が発達する時期であるため、身近な環境であるさまざまな人や物、自然や事象について感じたことや思ったことをそれぞれにイメージを膨らませていく。このとき、子どもは自分の五感を働かせて、体全体の感覚をもって捉えている。このような経験を豊かに積み重ねていくことによって、表象・象徴機能そのものや諸感覚が発達し、豊かな経験へとつながっていくことになる。

したがって保育者は、子ども自らが感じたことを受け止めて、子どもの世界が広がっていくように関わっていくことが大切になる。たとえば、このはっぱ、赤ちゃんの手みたいだね」「この花の色、太陽みたいに赤いね」などイメージがふくらますことができるような言葉をかけることによって、子ども自らさらにイメージが広がり、新たな世界をつくり出す機会にもつながっていくであろう。

このように考えると、保育者自身が豊かに柔軟な感性をもって子どもに関わり、子どもの表現をありのままに共感して受け止めていくことによって、子どもの表現する力や想像性が豊かに育まれていくといえる。

②内容

> **【事例3-18】ゴリラ体操**
>
> 　　　　　　　　　　　　　　Dちゃん（1歳9カ月）＜おもな内容②④＞
> 　Dちゃんは、音楽に合わせて体を動かす体操をとても喜んで楽しんでいる。Dちゃんは、「ゴリラする」とゴリラの体操をしたいことを保育者に伝えてきたので、保育者は「わかった、やりたいお友達と一緒にやろう」といって、空いているスペースで体操ができるよう準備をする。
> 　保育者は、音楽を流して「ゴリラ体操」を始めると、Dちゃんは保育者の目の前に立って一緒に体を動かし喜ぶ。とても楽しいのか、体を動かしながら「あははっ！」という笑い声を何度もあげていた。

1歳を過ぎると、自分の体をある程度思うように動かすことができるようになるため、体操など音楽やリズムに合わせて、全身を使う遊びを楽しむ姿がよくみられる。音楽やリズムに合わせて体を動かすことによって、楽しい気持ちになるとともに、一緒に楽しむ友達とその楽しさを共感しあうことにより一体感を感じる場合もあるであろう。保育者は、自らが楽しみながら音楽やリズムにあわせて体を動かしていくなかで、子どもが共有感を伴って一緒に楽しめるような環境を大切にしていきたい。

Dちゃんは、音楽やリズムに合わせて体を動かす楽しさを理解しており、楽しみたいと保育者に伝えてきていることから、保育者はその気持ちに応じている。しかし、全員の子どもにさせるのではなく、したい子どもが自由にできる環境をつくっていることによっ

て、子どもの主体性を尊重した環境づくりといえる。そして、Dちゃんは、「ゴリラ体操」という音楽やリズムに合わせて、自分で思うように体を動かすことで、笑いながら思う存分楽しんでいることが理解できる。

このように、音楽やリズムは人の気持ちを楽しい気分に切り替えられる大きな力のあるものであるので、子ども一人ひとりが心から楽しめるような経験となるようにしていきたい。

【事例3-19】なぐり描き

Uくん（2歳9か月）＜おもな内容⑥＞

保育者がテーブルで、絵を描いているとUくんが「Uくんも」と席に着くので、画用紙とクレヨンをテーブルにおいて「はい、どうぞ」という。Uくんは画用紙を自分の前において、クレヨンでなぐり描きをする。保育者が「ずいぶんしっかり赤色が出てかっこいいね」というと、Uくんは「これは、赤い車でね、速いんだよ」と説明している。保育者が「そうなんだ。かっこいいんだね」というと、Uくんは「だって、パパの車だから、誰にも負けないよ！」と得意気に大きな声で話してくる。

Uくんは、思いのままに赤いクレヨンを取ってなぐり描きをしているが、そのときは何か特定の物を描いている様子はなく、思いのままに描いていると推測する。そこに保育者が肯定的な感想として「ずいぶんしっかり赤色が出てかっこいいね」ということで、Uくんは自分のなぐり書きの絵に対する意味づけをしている。この時期の子どもの描画場面では、このようにあとから意味づけている姿がよく見られる。これが、一つの表現であり、保育者は肯定的に受け止め、具体的な良さを伝えていくことによって、次の表現の意欲につながっていくことになる。

このとき大切なことは、子どもの感性のままに表現したものを、保育者はただ「上手だね、素敵だね」とほめるのではなく、「ここがとても力強いね」「優しい色を使っているね」など、具体的な良さを伝えていくことが大切なのではないだろうか。そうすることによって、自分のしていることの意味を獲得し、さらに自分のことを見ていてくれることの安心感にもつながり、自己を十分に発揮することにつながる。

第4章 協働のなかの保育の実際

§1 保育者間の連携

　乳児期の子どもが健やかな発達を遂げるためには、保護者や保育者と結ぶ愛着関係は非常に重要といえる。そのため、保育所や認定こども園などにおいても、子どもが特定の保育者と関係を結び、一人ひとりの発達を適切に援助できるよう、担当の保育者が子どもに食事、排泄、入眠などの日常的な援助を行うことが必要である。

　また、子どもが安全で安心した生活を送るためにも、一人ひとりの生活リズムは可能な限り、毎日同じようなリズムでくり返すことが大切であるといえる。毎日のリズムが一定となるということは、突発的な変化をできる限り抑制することにつながり、子どもが安心して過ごすことにつながる。一日24時間の生活の連続性を重視できるように家庭と園との連携を密にして、子ども一人ひとりの生活リズムを把握する。そのうえで担当保育者の援助の流れを確認し、担当する複数の子どもの生活の流れを構成する。

　同時に、クラス内の複数の保育者間で、援助の流れを確認し、生活時間のリズムを構成する。一人の保育者が、ていねいに一人の子どもに関わるためには、複数の保育者がそれぞれの動きとクラス全体の動きを把握しながら行う必要があり、保育者間の共通理解と連携が不可欠となる（第6章のデイリープログラム参照、p.124）。

　とくに、0歳児クラスの保育は、食事・睡眠・遊びを同時に活動している状態にある。それゆえ、保育者間の共通理解と連携がないと、子ども一人ひとりが安心して安全に過ごすことが難しくなる。次に保育所を例に具体的な内容をあげながら述べていくことにする。幼保連携型認定こども園など乳児保育においては、原則としてどこでも同じである。

1．保護者からの連絡を保育者間で共有化すること

　保育者間で把握しておきたいことは、必ず確認する内容を可視化するようにしたい。
　ホワイトボード、ノート、パソコンなどを使用して可視化した内容は、必ず確認することを日常化する。保育者は交代勤務制である。このように必ずチェックすることにより、

情報の共有化が可能になる。

　保護者から子どもの体調でとくに注意する点、たとえば、下痢気味のため本日はミルクではなく麦茶を希望する、お迎えの時間やお迎えに来る人の変更など、伝達事項を必ず確認しておくことで、保護者との信頼関係を深めることにつながる。

2．保護者への連絡を保育者および職員間で共有化すること

　乳児期の子どもは、自分の思いをことばにすることが難しい。ことばにならない子どもの思いや行動を保育者は代弁し、送迎時に保護者に伝え、質問に応えていくことが求められる。

　これらの行為を職員間で共有するためにも、一日の出来事をホワイトボードの掲示からスケッチブック記録化することを提案したい。せっかく書いた本日の保育内容だから、再利用したり、保護者や保育者・実習生などが数日前を見返してみることができるよう、スケッチブックにつづっていく。書いて消すタイプのホワイトボードなどでは、1か月前の記録を共有することは困難である。

3．ICTを活用する

　ICT（情報通信技術）を利用する場合には、記録様式や記録方法の一元化、取りやすさや活用のしやすさの工夫が必要である。日々の記録のあり方とその対話が、記録の質の維持・向上に重要である。ICTの可能性として、写真、動画、音声など大量データの収集と処理の省力化があり、これらを活用してドキュメンテーションやポートフォリオなどを作成・省察し、保育の質を高めることにつなげたいものである。

§2　保護者との連携

　現在、家庭とのつながりの強化が求められ、子どもの個人差に即した保育が展開できるように留意し、一人ひとりの子どもの生育歴、心身の発達および活動の実態などに即した配慮が必要である。とくに一日24時間の生活が連続性をもって送れるように、職員の協力体制のなかで、家庭との連携を密にし、生活のリズムや保健、安全面に十分配慮することが重要である。

　保育所や認定こども園などでの保育者と保護者とのやりとりそのものが、保護者側からすると、保護者としての育ちにつながる。子どもが誕生したからすぐ親になるわけではなく、子どもとのやりとりを通して保護者になっていくと考えると、園生活6年間は、親が子どもとの関わりを通して親になっていく時期といえる。そのためにはどのような園の工夫が必要なのだろうか（以下、保育所を例にあげ述べていく）。

1．新入園児の面接

　最初の出会いは大切にしたいものである。入園後、乳児と保護者の生活をスムーズにし、乳児が家庭生活からの延長のように不便や不安を感じることなく生活が継続し、一日も早く保育所などでの生活に慣れていけるよう、乳児の家庭での生活の様子や保護者の関わり方を把握することは重要である。

　それと同時に、保護者の育児の考え方を理解し、"これから一緒に子育てをしていきましょう"とお互いの気持ちを確認することに、面接の意義がある。面接は保護者にとって、とても緊張感の高いもの、預かる保育者側の受容と理解があってこそ、わが子を保育所に託す保護者は安心できるわけである。

（1）職員間で共通に認識しておく

　乳児の生理・発育・発達と保育方法や、一日の過ごし方などについて、全職員で確認しておく。

　保護者も、初めての育児であれば、疲れや悩みがあるもの、よく泣くとかミルクの量は不足していないか等の相談がよくある。面接を通しての共感や助言が保護者の安心感を高める。入園後の保育所などとの信頼関係にも関わるため重要である。

　面接の手順についても職員間で確認しておく。乳児保育では保育者、看護師、栄養士とそれぞれの立場で対応するので、同じことを何度も質問することのないように表を作成しておくとよい。手順が悪く時間が長引き、乳児の機嫌が悪くなり、疲れてしまうことも起きてくる。保護者から聞くことを整理して、誰が何を聞くかを事前に調整し、職員間の連携のとり方を話し合っておく。

（2）面接のときに準備しておくもの

　① 保育所のしおり（概要）
　② 乳児の入園までの生活状況把握をするための調査資料（事前記入依頼がよい）
　③ 保育所生活に必要な持ち物の説明
　④ その他、各保育所で必要なもの

　書類は、記入しやすく見やすいように工夫して、持ち物は見本を掲示する。保護者に用意してもらうものは、必要なものを吟味し、保護者の負担感が高まらない工夫をする。

　面接の部屋の環境づくりも大切である。落ち着いた親しみやすい雰囲気で、乳児がいつでも眠れるように布団の準備など整えて面接に臨む。

（3）面接のときに留意したいこと
①保育所に子どもを託す保護者の不安を受け止める

　わが子を保育所などに託す保護者の揺れ動く思いを温かく受け止める。とくに、産休明けなどの低月齢の乳児の場合、睡眠と覚醒のリズムの形成や、保護者との愛着関係も不十

分な状態での入園である。はじめての保育所生活に関心をもつと同時に、不安や緊張感が交錯する保護者への共感的理解が大切である。

　面接時に保護者は、何気ない表情や態度、言葉から、わが子を託す保育所などの温かな受け入れを実感することで、気持ちが落ち着く。そして、入園前の準備や、入園後の毎日の保育所生活に必要なことや心構えなどについて、具体的に考えられるようになっていく。

②面接の担当者

　できることなら面接は、その乳児を担当する保育者が行いたい。保育所などによって職員構成は異なるが、看護師・栄養士がいる保育所などでは、それぞれの役割分担を明確にして面接に参加することは重要である。また、乳児保育では家庭との連携、とくに保護者への援助・指導の必要性から、主任保育者または園長も加わる。保護者との話し合いのなかで、書類上には出てこない保護者の子育ての姿勢や、子どもの具体的な育ちを感じることに面接の重要な意味がある。

　一人の保護者に複数の職員が面接する際、保護者への圧迫感を与えないよう、座る位置や、おもに質問する人、記録する人、子どもと関わる人など、役割を分担するなど配慮したい。さらに、すべての職員が面接に立ち会うことはむずかしいため、面接での情報が、保育に生かされるように、記録を残し、職員間の周知が必要である。

③保護者のニーズを把握する

　保護者は、わが子に手をかけてほしい、保護者の不安や悩みに答えてほしいものである。保護者の声を傾聴し、ニーズを把握し敏速に対応するとともに、保育方針や、子どもの月齢に見合った保育内容で大切にしている点を伝えることで、保育所などへの信頼感とともに、放任ではなく、一緒に協力して子育てをしていく姿勢が育まれていく。面接をきっかけに、保育者と保護者が共に子育てをしていくスタートになるように、十分な準備をして面接に取り組みたい。

2．登・降園時

　毎朝、子どもを受け入れるとき、保育者は両手を広げて「おはよう」と子どもを抱きしめたいものである。そのときに何気なく、首の後ろに手を回すと、大体誤差なく体温の状態がわかる。この方法で、さり気なく子どもの様子を確認して、いつもと違うと感じたら保護者にそれとなくたずねる。そのとき「先生、ちょっと熱があるのですけれど、どうしても今日は職場に行かないといけないのです」そう保護者にいわれ高熱でない状態なら、保護者の気持ちと状況をくみとり、「わかりました、いってらっしゃい」と送り出し、何時頃なら電話連絡が可能か確認しておく。このような信頼関係を構築していかないと、保護者は子どもの発熱をひた隠しにするようになりかねない。

　また、保護者は気づかないことも保育者が「元気がなさそうですが、今朝の食欲はいか

がでしたか？」と聴くことにより、「そういえば、今朝はなかなか起きなかったし、ほとんど食べていない……」と改めて保護者がわが子の変化に気づくこともある。わが子の体調が悪いと予測しながら仕事をしているのとそうでない場合では、「熱がでました」と園側から職場に連絡したときの保護者の反応も大きく変わる。自分の体の状態を言葉で表現することが未熟な乳児期だからこそ、朝の健康観察を十分にして、保護者に子どもの状態を認識してもらうこと、以上は乳児の健康面の安全と園への苦情回避に大きくつながる点でもある。

　降園時に留意したいことは、園での一日の様子の報告である。かならず伝達することを記入して置き、二重チェック機能をマニュアル化しておくとよい。保育所などはローテーション勤務が多いため、担任以外の夕方保育担当者が伝達するが、体調や怪我に関することはもちろんのこと、着替えの補充や友達とのトラブル、とくに乳児の場合「かみつき」に関する報告が多くなるが、子どもの発達と「かみつき」について園だより・保健だよりなどで日常的に伝えておく必要がある。保護者に対して、夕方の短時間の間に「かみつき」にたいする理解を得ようとするのは、むずかしい場合が多い。

3．連絡帳を通して

　今日一日のわが子の様子を楽しみにしている保護者は多い。保育者は子どもの様子でよい気づきなどを伝えたいものである。書き方の工夫次第で同じ内容も楽しく感じる連絡帳になる。

　連絡帳は、読む相手の身になって「読みたくなる書き方」をしたいものである。

　図表4-1の連絡帳の例を見て、具体的に考えてみよう。①は10か月児の家庭だけの生活から家庭と保育所の生活の移行時の保育が終わったころの連絡帳である。「保育所より」の欄に、保育者は、保育中のちょっとした一場面ではあるが、Sくんが園生活に少し慣れてまわりの様子に目を向けじっとうかがっている様子、そしてSくんの動作や表情の変化を詳細に伝えながら、心地よく過ごしている様子を記入していて、Sくんなりに園の生活を楽しむようになってきていることを知らせていることがわかる書き方になっている。そして、母親はお迎え時のSくんの様子を見たり、その連絡帳を読んだことで、ホッと安心した気持ちを記入している。

　保育所などの場合、子どもの送迎が保護者とは限らないので、連絡帳のなかで、園生活での子どものちょっとした動作や表情などをていねいに伝えて、保護者とやりとりしていくことによって、保護者との信頼関係を築いて、一緒に育て合う気持ちをもてるようにしたい。

　②は1歳5か月児の連絡帳では、砂遊びの場面を詳細に記入している。読者もこれを読んで、楽しそうに砂の上を歩くSくんを想像できる書き方である。保護者としては、保育所生活の様子とともに、どんな遊びが好きなのか、友達とどのように遊んでいるのかなど気になり始める時期であるため、このように友達とのささやかな関わりも大切に記入することになる。

【図表4-1】連絡帳の例

① 10か月児

○　年　4　月　6　日（○曜日）天気：くもり

睡眠	食事（ミルク）排泄　入浴
5	
6	便
7	朝ごはん　5分がゆ、肉じゃが、イチゴ
8 便	
9 便	食事　おかゆ（1/2）、みそ汁、人参ひじき炒め煮（1/3）、人参グラッセ、煮豆（1/2）、クリームシチュー（1/2）、キウイ（1/2）＋ミルク（途中眠くなりミルクに）
10	
11 00 便	
12	
1 便	
2	ベッドでもぐっすり眠れました
3 10	
4	果汁70cc（少しうすめ）、せんべい2枚
5 45	
6 便	夜ごはん　カレーライス（牛乳入り）、トマトとキュウリのサラダ、キャベツのみそ汁、りんごすりおろし
7 便	
8	
9 40	
10	
11	お父さんとお風呂
12	麦茶、ミルク200cc
・	
・	
・	2:30 ミルク200cc　その後便
4	

保育所より	体温　37.2°C
庭でひなたぼっこをしながらお兄さんたちが遊ぶ様子をよく見ていたSくんですが、眠くなってきたのでバギーに乗って散歩に出ました。すれ違う近所の人に笑顔を振りまき、バイバイをしてアピールいっぱいでした。花壇の花に手を伸ばしたり両手を上に上げるように空を見上げたりと散歩を楽しみ、しだいにあくびから気持ちよさそうな声が出るようになり、眠気はどこかへ行ってしまいました。	

連絡事項		機嫌・健康状態
	おもちゃに積極的に手が伸びて保育者からも離れて遊べるようになりました。安心して過ごせるようになり便もでました。	よい　（ふつう）　わるい 鼻汁がときどき出ます

家庭より	体温　36.8°C
落ちついて笑顔で過ごしているSをお迎えのときに見られるとは思いもせずびっくりするやら、うれしいやら……本当によかったです。この調子でSのペースで過ごせていけるといいなと思います。帰りは知人の家に寄り遊んでもらいました。夜はお父さんと車で遊びました。クルクルスロープの玩具で遊んでいるときは、お父さんのほうが熱中してしまい、どちらが遊んでもらっているのだろう……？と思う私でした。	

連絡事項		機嫌・健康状態
	ポリオの後のためか、普通便ですが回数が多くなっています。	よい　（ふつう）　わるい 鼻汁が出ます

②1歳5か月児

○　年　11　月　7　日（○曜日）天気：くもり

睡眠	食事（ミルク）排泄　入浴
5	朝ごはん　ごはん（のりの佃煮）、キャベツとほうれん草のスープ、ほうれん草入り卵焼き、牛乳
6	
7 45 便	
8	
9	おやつ
10	検温：37.1°C
11	食事　ごはん（1/2）、鶏ささみケチャップ煮はたべず、他はよく食べました。
12 00	
1	
2	
3 00 便	おやつ　よく食べました。
4	
5	
6	夜ごはん　ごはん、カボチャ煮、野菜卵とじ、はんぺんのみそ汁
7	
8	
9	おばあちゃんとお風呂
10 05	野菜果物ジュース、牛乳
11	
12	
・	
・	
・	
4	

保育所より	体温　37.1°C
昨日は砂場を使うことがなかったので砂が固まっていたのですがSくんはいつもより歩きやすいこともあり、お料理よりも砂場を歩くことを楽しんでいました。凹凸のあるところをバランスを取りながら保育者の「おっとっと」という言葉がおもしろいようで、笑いながら転ばないようにと歩いていましたが、砂場の中心に盛られた丘があることに気づき、今度は丘のぼりに挑戦。頂上に登ったときには「オー!!」と眺めのよさに歓喜の声を上げ、そばにいたYちゃん、Kちゃんに向かって「オー」と呼びかけて得意気な表情を見せていました。	

連絡事項		機嫌・健康状態
	10時過ぎころのオムツ交換時に腹部中心に発疹が出ていました。夕方に増えることもありませんでした。全体にはいつもと変わりありません。	（よい）　ふつう　わるい

家庭より	体温　37.0°C
夕方からいつものように毎週の出来事のように車で実家へ。今日は十分な睡眠のおかげで車でグズることもなく機嫌よく車内を楽しみました。実家につくといつものように、いとこのHちゃんとDちゃん、おじいちゃんが歓迎してくれ、数字の汽車を見つけると「電車、電車」と大喜び。ボールを見つけると、ちょうどサッカー試合をやっていたので、同じように遊ぶ元気なSでした。	

連絡事項		機嫌・健康状態
	発疹は家でもとくに変わりありません。ご心配おかけいたしました。	（よい）　ふつう　わるい

①②の共通点として、生活面の欄（左側）や機嫌・健康状態の欄・連絡事項の欄があるが、とくに乳児保育の場合は、家庭生活と保育所生活とが継続性をもっていることが大切であるため、家庭でどのように過ごしたかを把握して保育所などでどのように過ごしたのかということを伝えるために非常に重要な役割をもっている。食事・睡眠がどれくらいかなどをもらさず正確に記入するとともに、保育をしていて気になったこと（②連絡事項）、園での子どもの状態（①機嫌・健康状態）など、小さくてささやかな点でも、保護者が帰宅して子育てをする際に必要だと思う内容を記入しておくとよい。

4．個人面談・保育相談

あらかじめ日時を決めておく個人面談と、送迎時などに相談を申し込まれたときに行う保育相談とがある。いずれの場合もまずは、わが子を保育所などに託す保護者の揺れ動く思いを温かく受け止めることが大切である。

気軽に面談や相談ができるように、お迎え時間にティータイムサービス（茶話会）と称して定期的に保護者と保育者が向き合えるような場を設定しているところもある。面談カードや記録簿を作成し、担任保育者のみで判断できないときには、副園長や園長と相談した後に返答する。

いつでも気軽に相談できる実家のような保育所などの姿勢は、重要である。小さな疑問も積もり積もると「苦情」につながる。保護者の思いを受け止める時期は、些細なことでもできるだけ早いほうがよい。また、面談では、子どものよいところをたくさん伝え、家庭と園とで一緒に留意しなければならない事項は、保護者に理解が得やすいように、クラスの子どもの様子を具体的に伝えることが望ましい（ポートフォリオ・動画などを利用）。

　面談後の保護者からこのような話を聞くことがある。「もっと早くわが子の様子を教えてほしかった。先生に『半年前のことですが、落ち着かなかったけれど最近はよくなりました』と言われたが、半年前にこの内容を伝えてほしかった」とのことである。

　保育者の発言は予想以上に保護者には響くことがある。子どもや保護者の状態により、保育者は伝えるタイミングを迷うことも予想されるが、できる限り早く具体的な情報の提供に心がけ、その後、『お子さんのことを一緒に考えていきましょう』と具体的な家庭での接し方のアドバイスなども事前に用意しておき、話し合いを進めると円滑にいくことが多いようである。

　また、面接での情報が、今後の保育に活かされるように、記録をとることが大切であり、内容によっては、職員間の周知が必要である。

5．保育参加・参観・保護者会・試食会

　先述したが、今の保護者の多くは希薄な人間関係のなかで育っている。コンビニなどを利用すれば、一日中誰とも口を聞かずに暮らしていける社会のため、人間関係の育み方を知らずにいるとも考えられる。しかし、子どもは保護者・保育者・友達・さまざまな人間関係のなかで育ってこそ、子ども自身が人と健やかな関係を築けるようになっていく。今、「保護者同士の人間関係を育むこと」に大きな関わりをもてるのは、保育者である。保護者同士仲よくなると子ども同士も自然に仲よくなっていく。これはよくある話である。そのきっかけづくりに、保護者会や保育参加・参観・給食試食会などは有効である。

　たとえば、保護者会の自己紹介で「わが子自慢をしてください」と、もちかけてみる。長所が思いつかなくて苦笑する親も多いのであるが、肯定的な感情で人を見られる第一歩となる。祖父母の場合は、「ご自分の子どものころと今の子どもたちを見ていて思うこと」などをテーマにする。先人の知恵を教えてもらうだけでなく、多様な保護者の声を知るよい機会になる。

6. 園だより・クラスだより・ホームページ

(1) 園だより

　園全体として保護者全員に伝えておきたいこと、たとえば園の方針・行事、共有したい子どもの様子などは園だよりを活用する。

　園だよりは、楽しくかつ情報としても有意性があり、読みたくなるような構成・内容にすることが重要である。

【図表4-2】園だよりの例

(2) クラスだより

　クラスだよりは、できれば月に1回は発行したいものである。その際、数回に分かれてもよいが、かならずクラス全員の子の様子を書くことに留意する。保護者が一番知りたいことは、「わが子は園でどのような様子なのだろうか？」ということである。たとえば、1冊の絵本を読んであげたときに発した子どもたち一人ひとりの言葉に違いがあれば、その一言一言を取り上げる。それだけでも、保護者一人ひとりの気持ちに届くクラスだよりになる。

【図表4-3】クラスだよりの例

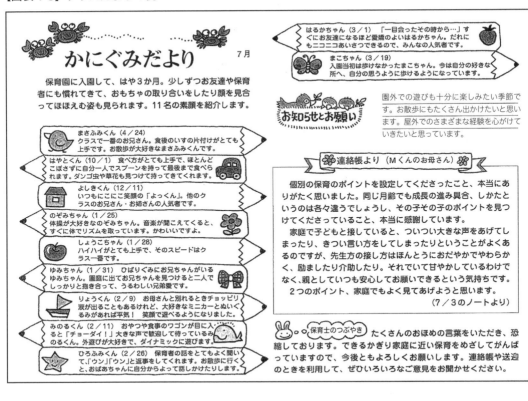

（3）ホームページの活用

最近、インターネット利用のホームページ（以下ＨＰと表現）に関心があるという保護者も多くいる。園生活や子どもの様子を理解してもらうためにも個人情報の漏えいにつながらないよう細心の注意をはらいながらＨＰを活用したい。図表4-4に０歳児クラスの事例を紹介する。

【図表4-4】０歳児の事例（ＨＰを活用して）

リーンリーン♪　鈴虫の合唱です
保護者から鈴虫を頂きました。
耳をすますとリーンリーンと綺麗な音色が響いてきます♪♪♪
子どもたちが虫かごをのぞくと、鈴虫はビックリして大ジャンプ!!!
それを見た子どもたちは更に興奮して体をピョンピョン揺らして真似っこしていますよ。大切にしていきますね。

※ 園のＨＰより、内容一部抜粋。
（協力園：小ざくら乳児保育園 ＨＰ 社会福祉法人クムレ　倉敷市）

このように写真入りでタイムリーな話題を発信し、さり気なく鈴虫をいただいた保護者に感謝の意をあらわし「虫（命）を大切にする保育を心がけていること」や０歳児がビックリして大ジャンプした鈴虫の反応に大喜びして体全体を揺らし楽しむ様子が目に浮かぶように、保護者に伝わっていく。このＨＰを見た０歳児をもつ多くの保護者が、子どもたちのために配慮する保護者や、それを保育に取り入れる保育者の子どもたちに対する思いにふれ、安心と信頼をもてるようにしたい。また、飼育の楽しさの気づきにつながる一助にもなる。

7．24時間を視野に入れた保護者支援

　子どもの発達に配慮し、一日24時間の生活が連続性をもって送れるように、職員と協力体制のもと、家庭と連携を密にし、生活のリズムや保健、安全面に十分配慮することは重要である。そこで以下の事例をあげながら紹介していく（図表4-5参照）。

　この例では、4時までほかの子どもたちとともに昼に保育所などで生活し、その後、同じ法人の夜間保育所で過ごしている。この夜間保育所は、約22時間開所しており、保護者の勤務時間＋通勤時間に応じて対応しているため、たとえば、看護師のように夜間勤務がある日は、その日のシフトに合わせて保育時間が変わってくる。

　注目したいのは、長時間にわたる保育を家庭的雰囲気と個別的な関わりを大切にして行うことを重視している点である。たとえば、個別の指導計画を保護者と一緒に『保育プラン書』として、作成し保育を行っている。4月入園時に面接をしたあと、保育者は家庭の様子を聞き、予想される「保育のねらい」を立案し、保護者に知らせている。

　ここでは、新しい環境や保育者に慣れる、手先の遊びを喜んで行う、の2点があげられている。さらに、「ねらいに対する具体的な取り組み」や「保育者の配慮と関わり方」も加えて、保護者に渡す。すると保護者は連絡帳に「保育への期待・要望」を記入する。その内容を保育者がスキャナーに読み込み、一枚の用紙・保育プラン書として作成する。そのなかには、個人の身体測定の結果や保育中の写真、「まとめと今後の課題」が月末に加えられて、保護者の手元に渡る。

　一人ひとりの子どもの理解にもとづき、一人ひとりの生活リズムへの対応がていねいに行われている。異年齢での生活のため、保育者は発達や状況に配慮した関わりをするとともに、生活の仕方にも配慮が見られる。このねらいを知らされることにより、家庭では気づかないわが子への配慮の仕方が保護者も理解できるのである。指導計画は保育所側からの一方通行になりがちであるが、『個別記録・個別の指導計画　保護者のコメント（往還性のある記録）』、この方法は、親保護者との双方向により、一人の子どもを24時間丸ごと受け止めることにつながる。

【図表4-5】保育プラン書

平成 30 年度　　　小ざくら夜間保育園　　保育プラン書　　　　　（プ－5）

平成 30 年　　7 月　　　　　　　　　　　ひよこ組　氏名　　　　（ 1歳　1ヶ月 ）
　　　　　　　　　　　　　　　　　　　　生年月日　年　月　日　性別　男

	ねらい	配慮事項	まとめと課題	
養護・生活	こぼしながらも一人でコップやスプーンを持って食べようとする 食前後の挨拶をして食べる	手を添え知らせながら、本児の意欲を大切にしていく。 保育者と一緒に「いただきます」や「ごちそうさま」の挨拶ができるよう	力加減が難しいが、コップやスプーンを使って口に運ぼうとしている。 食前後では、手を合わせて挨拶をしようとしている。	
あそぶ	身体をしっかり動かして遊ぶ	戸外や遊具を使ってしっかり身体を動かして遊ぶことが楽しめるようにしていく。	暑さの為、あまり戸外で遊ぶことが少ないが、公園に散歩に行くと、歩き回る姿が見られた。	保護者記入欄 保育の期待・要望 コップやストローから飲み物を飲むのが下手なので練習していきたいと思います。
情緒				保護者サイン （成長グラフ）
家庭との連携				
・家庭での様子を聞いたり、園での様子を伝えたりしていく。				
特記事項				
・特になし				
承認	担当	承認	担当	
橋本　昌子	田淵・中村・安田	橋本　昌子	田淵・中村・安田	
H30年　6月　21日	H30年　6月　18日	H30年　7月　26日	H30年　7月　23日	

2017.04.01

平成 30 年度　　　小ざくら夜間保育園　　保育プラン書　　　　　（プ－5）

平成 30 年　　6 月　　　　　　　　　　　ひよこ組　氏名　　　　（ 1歳　9ヶ月 ）
　　　　　　　　　　　　　　　　　　　　生年月日　年　月　日　性別　女

	ねらい	配慮事項	まとめと課題	
養護・生活	・簡単な着脱を自分でしようとする。	・手順を知らせ、必要な援助を行い、できた時はしっかり誉め、やる気を誘っていく。	・靴をひとりで履こうとして上手く履けない時に怒ってしまうこともあるが、保育者が手順を教えると、ひとりで履くことができている。ズボンを上げようとする姿も見られている。	
あそぶ	・保育者とのやりとりを楽しむ。	・絵本や手遊び等の保育者とのやりとりの中で、身近なものに興味をもち、少しずつ発語に繋がるようにする。	・絵本や保育者とのやりとりの中で「ワンワン」や「どうぞ」などの言葉が少しずつ出てきている。今後も発語に繋がるように関わっていく。	保護者記入欄 保育の期待・要望 着脱もやる気もあってするのですが、私も声かけのタイミングが悪いのか、違う〜と言われています。
情緒				保護者サイン 6/7 （成長グラフ）
家庭との連携				
園での様子を伝えたり、家庭での様子を聞いたりしていく。				
特記事項				
・特になし				
承認	担当	承認	担当	
橋本　昌子	安田・中村・田淵	橋本　昌子	安田・中村・田淵	
30年　5月　25日	30年　5月　23日	30年　7月　25日	30年　7月　24日	

2017.04.01

毎月1枚作成され、一年後には12枚の貴重な成長記録となる。保護者と保育所などがともに作成した指導計画と記録でもある。

現在、育児不安を抱える親の問題が浮上しているが、誰もが最初から親になれたわけではない、またそのニーズは24時間ある。必要な支援を必要な人に過不足なく実施していく。この姿勢がこれからの保護者支援に最優先されるテーマであると考える。

§3 地域との協働

1．地域子育て支援との連携

保育所や認定こども園などは、地域社会に密着する重要な社会資源であり、多くの住民が地域社会のなかで子どもを通じて身近に感じる、もっとも地域に根ざした福祉施設である。保育者の保護者支援は、保育所入所児童の保護者のみではなく、地域の子育て家庭の保護者に対しても行うよう保育指針に明記されている。さらに、地域の子育て家庭の保護者が共働き家庭の保護者より育児不安が高いといわれている。今、地域子育て家庭が望んでいる支援は、どのようなものなのかを以下に述べる。

2．地域に開かれた保育所・幼保連携型認定こども園として

保育所・幼保連携型認定こども園は、次のような8つの子育て支援がそろっている点で、地域の保護者が望んでいる支援をするに相応しいといえる。

① 園庭開放：定期的に園庭や施設を開放し、親子の交流をうながす
② 相談助言：日常的に相談できるが電話や面接による相談も可
③ 行事・イベント：行事等に参加しながら自然な交流をうながす
④ 情報提供：ホームページやポスターで子育て情報を発信する

⑤　一時保育：保護者の事情により一時的に預かってもらう
　⑥　中・高校生との交流：園児と生徒とのふれあい交流する
　⑦　新米パパママ応援：園で先輩パパママが新米パパママにアドバイスする
　⑧　高齢者との交流：園児と高齢者とが一緒に折り紙・手遊びなどをする

　実際、多くの保育所・幼保連携型認定こども園では、園や地域の実情に合わせて何らかの支援活動を実施している。ただそれぞれの保育所などが一時的、単発的に行っているだけでは、十分支援が行き渡るとはいえない。
　むしろ地域の地域にある、さまざまな資源をコーディネートし、協働しながら子育て支援をしていくのが望ましいといえる。市区町村、保育や子育て支援に関わる関係機関や関係者との連携が必要である。
　たとえば、地域子育て支援拠点や児童館、図書館、小・中・高等学校、保健センター、児童相談所、福祉事務所、家庭的保育事業、ファミリー・サポート・センター事業、ベビーシッター事業、関連NPO法人などである。そこには、保育士、教員、児童指導員、図書館司書、保健師、医師、看護師、助産師、栄養士、児童委員、子育て支援員、里親、ボランティアなどの豊かな人材があり、乳幼児・小学生・中学生・高校生・青年・高齢者を含む、あらゆる世代の人たちとの交流が生まれる可能性がある。そのような地域の人と人のつながりが、赤ちゃんや子どもの一番のセーフティネットになるであろう。

3．医療・保健機関との連携

　乳児保育においては、一人ひとりの子どもの健康と安全を守ることおよび集団全体の健康と安全の確保は、とくに重要である。保育指針の第3章「健康及び安全」には、嘱託医や医療機関との連携の重要性について述べられている。

①嘱託医との連携
　・入所時健康診断……入所にあたっては、健康診断の結果を提出する。食物アレルギーなどがあると認められた場合には、除去食について主任保育者・栄養士などと打ち合わせをする。
　・定期健康診断……子どもの心身の健康状態や疾病などの把握のために年2回（春と秋）の健康診断と年1回の歯科検診が行われる。結果を記録し保護者にも連絡する。
　・随時相談……保育中に何らかの疾病や障害が認められた場合、嘱託医などに相談し適切な処置を行う。

　このほか保育者は、子どものかかりつけ医や耳鼻咽喉科・整形外科など、地域の医療機関について知っておきたい。子どもの発達や健康状況については、母子健康手帳をもとに保護者が作成した児童状況票などを参考にして把握する。

②市町村保健センターとの連携

- 乳幼児健康診査……3〜4か月、1歳6か月、3歳の健康診査は、重要な発達の節目であり、受診率も高い。歯科検診や栄養相談もある。保育者は、園児の健診後発達についての情報を共有することも可能である。
- 予　防　接　種……いろいろな予防接種があるので計画的に接種している。病気にかかったものと予防接種をしたものの記録を把握する。
- 育児教室・各種講座……離乳食講座や遊び体験教室などがあり、父親や育児休暇中の保護者が参加している。
- 発　達　相　談……発達の遅れ・言葉のおくれ・障害などの心配がある場合には、保健センターや巡回相談を通して、療育センターなどの専門機関との連携ができる。

③医療・保健その他関係機関との連携

　ノロウイルスやインフルエンザなどの感染症、その他の疾病の発生の予防、または発生時の対応については、嘱託医および市町村・保健所などの関係機関と連携し、適切に対応する。発生時には感染を広めないように保護者に迅速に知らせることが重要である。

　子どもに不適切な養育の兆候がある場合は、健康観察を十分に行い、傷や表情などを確認する。もし、虐待などが疑われる場合には、ただちに園長や主任保育者に知らせて、市区町村・児童相談所などの関係機関に通告する。通告を受けた機関は、緊急度の判断を行う。緊急性が高いと判断された場合には、「立入調査」「一時保護」により、子どもの安全が確保される。

　緊急度がそれほど高くない場合には、在宅処遇となり、地域の機関が連携して虐待が起きないように家族を支援する。保育所なども「見守り・支援」を依頼された場合には、関係機関と連携しながら保育をする。

　これら地域の関係機関のネットワークとして「要保護児童地域対策協議会」があり、保育所などもその一員として役割を担っている。虐待早期発見ポイントとして、保育現場ですぐに活用できる「児童虐待防止ハンドブック」などを参考にしたい。

4．赤ちゃんとのふれあい交流事業

　少子高齢化・核家族化の進行とともに、子どもたちが赤ちゃんと触れ合う機会が減少している。厚生労働省の調査によると、約6割の子どもたちが、日常生活のなかで赤ちゃんと交流する機会がなく、約8割の母親が、はじめて抱く赤ちゃんがわが子であったという。こうした状況のなか、小・中学生が赤ちゃんとふれ合う機会を積極的に設けることで、子どもたちに「命」のバトンをつなぐ環境を整える必要があると考え、筆者は、この授業を30年近く推進・

継続している。以下に「赤ちゃんとのふれあい授業」の効用を5つあげる。

① 子ども時代に赤ちゃんに対する知識をもつ：子どもが親の思うようにいうことをきかないのは当たり前であるなど、育児に関する知識があれば、将来虐待防止につながるはずである。
② 自己肯定感を育む：生徒たちは赤ちゃんと触れ合いながら、自分も同じようにかわいがられて育ったことを想起する。また、赤ちゃんの世話をすることで、自分が役に立つことを認識する。
③ 赤ちゃん本位である：本授業は、赤ちゃん本位に進められる。赤ちゃんの生きる力を信じて、その力を引き出せるように環境を整えて待つ。
④ 赤ちゃんの行動から、生き方を学ぶ：赤ちゃんは、思いきり泣いて笑って「表現することの素晴らしさ」や、なめて触って、冒険して「興味をもって生きることの楽しさ」、不安になり甘えたいときに受け止めてくれる「安心基地"母親"の大切さ」を教えてくれる。
⑤ 赤ちゃんへの愛着：赤ちゃんが病気になれば心配したり、しばらく会えないと気になったりと、人間が人間に対して愛着を感じることは、もっとも大切なことである。愛着を感じ、人を信頼し、コミュニケーションを育んでいくことができる。

実際に「子どもが嫌だ」と語っていた男の子が、赤ちゃんと触れ合うことでわずか数分の間に笑顔に変化する場面を、筆者は何度も見てきた。とくに、男子生徒の気持ちの変容は大きく、約57％は肯定的変化をもたらしている。虐待防止への一助となり、赤ちゃんのもつ力の偉大さを痛感する。この事業（授業）には、保育者・児童館職員・保健師・児童委員・民生委員・保護者・養護教諭・教員・栄養士などが関わり、地域の人たちの協力により成り立っている。

このような環境をつくり上げていくことが保育現場に必要であり、保育者には地域の関係機関との連携を積極的に実施していくことが、まさに求められている。

第Ⅱ部

実践編

第5章　乳児保育の基本

第6章　生活や遊びを通しての保育とその環境

第7章　乳児の発育・発達を踏まえた生活と
　　　　遊びの実際

第8章　保育の全体的な計画と指導計画の実際

第5章 乳児保育の基本

§1 乳児の主体性を尊重した生活と遊びの展開

1. なぜ主体性を大切にするのか

　発達初期の乳児は、自身の内外に生起する、さまざまなことを自分自身のこととして意識することはできないが、他者とは異なる乳児自身の内面をもっている。本書は、乳児の内面の「わからなさ（欲求や思いが読み取りにくい）」を、その乳児の固有の世界と捉えて、そのありようを尊重すること（主体的存在）を前提としている。固有な世界をもった一人ひとりの乳児は、固有性（その人としてのまとまり）と、共同性（その社会を生きる上での行動様式や共同の規範）をもち合わせている大人に向き合われ、応答されることで、自らの固有性と、人としての共同性を同時に獲得していくと考えられる。

　主体性をこのようにとらえると、「人はみな同じ」だけではなく、「人はそれぞれ異なる」という異質（わかりにくい）をも前提とする人間観である。この人間観は、人（乳児）との関わりにおいて、わかりにくいことも多くあるが、わからないからといって、また、自分とは異なるからといって排除したり、わかろうとすることを放棄したりしない。わからなさも含み込んで、その人として向き合う努力をすることを重視する。

　このような関わりのなかで、乳児は同質（共同性）と異質（固有性）を獲得していくと考えると、乳児保育は、その関わりにおいて、保育者としての「私の望ましさの枠」だけで、乳児に向きあうことはできない。保育者の「私の望ましさの枠」を広げて、あるいは、乗り越え、真に乳児の最善を考え続けるものとして『保育所保育指針』がある。

　乳児は、自らに向かい合う保育者のありようを鏡にして、主体としての意識化の道のりを歩みだす。また、その意識化の過程（自己の獲得過程）は、他者の主体性を尊重するという価値観をも獲得していく道のりとも重なる。加えて、異質をもち合わせたもの同士が一緒に生活するための生活の仕方をも獲得していくことになる。なぜなら、乳児の主体性を尊重して関わる保育実践そのものが、異質のもの同士が一緒に生活するその居方を模索することであるからである。

2．主体性を尊重する保育とは養護と教育を一体的に展開すること

　次の事例は、めずらしく出足の遅い日で、早めに登園した2人の子どもと一緒にいる場面である。ゆったりした保育室で保育者が膝にＴくん（1歳6か月）をのせて、保護者からの伝言をメモしている。この事例を成り立たせているものは、保育者の子どもの発達過程の理解、これまでに経験してきている経験内容の理解（ＴくんとＭちゃん〔10か月〕はどんな遊びを喜んでいたか）、そして、この場で、2人の興味・関心から、2人の子どもが喜ぶ遊びをつくりだしたいという保育者の願いである。

　以下、事例の下線部を読み取りながら、養護と教育を一体的に行うということを具体的にみていくこととする。

【事例5-1】子どもの興味にあわせて遊びをつくり出す

　　　　　　　　　　　　　　　　Ｔくん（1歳6か月）とＭちゃん（10か月）
　①保育者がＴくんを外向きに抱いてメモしていると、Ｍちゃんが柵を伝い歩いてきて、保育者とＴくんの少し手前でドタッとお尻から座る。②保育者は、Ｍちゃんに向かって、Ｔくんを抱いたまま身体を左右に「ゆらゆら」と言いながら揺らす。すると、Ｍちゃんは大急ぎでもう少し近くまではっていき、その前ではいはいの姿勢のままとまってその様子を見ている。
　その内、③Ｍちゃんも保育者の身体の動きに合わせて、ゆらゆらと身体を左右に揺らす。それを見て、保育者がＭちゃんに向かって、Ｔくんの手を取り、「パチパチ」と言いながら両手を打ち合わせると、④Ｍちゃんは、はいはいの格好からおすわりになり、笑いながら同じようにパチパチする。

下線①
- 〇　保育室は安心できる場所、保育者は安心できる人（保育室の養護的環境と、ある程度、欲求が受け止められるという養護的な関わりの蓄積がある）である。
- 〇　Ｍちゃんは、保育者とＴくん（興味の源泉）に気づき、伝い歩き、座るなどの機能（できるようになったこと）を働かせて、気づいたこと（興味の源泉）に向かう（自らでおもしろさを探求する）。

下線②
- 〇　保育者は、Ｍちゃんの行動の背後の気持ち（Ｔくんと保育者の様子に興味をもったのかなど）を読み取り、はって来たことを肯定的に受け止める（養護的側面）。
- 〇　これまでに、Ｍちゃんも楽しさを経験している「ゆらゆらと体を揺らす遊び」を一緒に遊びたいねという気持ちから、動作で働きかける（教育的側面が前面に）。
- 〇　少しして、Ｍちゃんも、その動作の楽しさに共鳴するように動作をする。

下線③
- 　保育者は、Mちゃんが保育者からの遊びを受け入れ身体を揺らす楽しさに一緒に浸りながら、これまでに遊び込んでいるパチパチも楽しかったよね、それでも遊んでみようと、パチパチとTくんとも遊んでいることを意識して動作する（遊ぶ楽しさは保育者と一緒に、また、お友達と一緒にすることも楽しいねという気持ちの育ちへつなげる働きかけ――教育的側面が前面に）。

下線④
- 　Mちゃんは、できるようになっている力（はいはいの姿勢からお座りをして）で、同じ動作で楽しさを共有する（よりよい生活を営む）。

　保育室が安心できる場であると感じる経験の蓄積がある。それは、欲求・要求に応えてもらえるという日常の生活や遊びのなかで感得されていること（養護的環境）が前提にある。そのなかで、乳児は伸び伸びとできるようになったことを使って活発な探索活動を展開する。そのことが事例では、Mちゃんが「保育者とTくんのやり取りに気づき興味をもつ」にあたる。興味が引かれるものには積極的に接近する。興味が引かれることがものであれば、拾いあげ、なめたり振ったり打ちつけたりと関わるが、事例は人のつくり出す雰囲気という、ものと比較すると多少不確かなことであるので、その前でじっと様子を見ている。

　保育者は、Mちゃんが自分から興味を見つけ出し、それを実現しようと行動することを尊重し、その気持ちや態度を支えたいという思いから、自分から動き出すとおもしろいことがあるのだということを、ゆらゆらの遊びに託して働きかける。これは、子どもの今の気持ちを受け止めるという養護的働きかけと同時に、そういう行動は、楽しさにつながるのだということをゆらゆらの遊びで伝えようとする（教育的側面からの）働きかけも行っていることになる。

　その遊びの楽しさを共有したあとで、これまた日ごろ経験して楽しさを味わってきているパチパチの遊びを提案する。保育者は、Tくんの手でパチパチすることで、友達と一緒も楽しいよというように、二人の子どもの好きな遊びを展開するなかで、その遊びのねらいとすることも発展させている。Mちゃんの興味に添った遊びの楽しさの延長線上で、教育的な働きかけ（友達と一緒も楽しいよ）をしている。この事例は、子どもの了解可能な、少し先の未知の経験へ誘われることで、子どもは世界を広げていくことが理解できる。保育者は子どもの興味を読み取り、受容し、子どもの世界を広げることを手伝うという対応は、養護と教育が一体的に行われる保育といえる。

3. 周囲の環境の重要性
　―ものやこととの関わりから開かれる世界―

　主体性を尊重した保育は、環境を通して行うことを重視する。環境の重要性について、子どもの側に視点を置いて、保育者が構成した環境に、子どもはどのように関わり世界を広げていくのか、また、そのような子どものものとの関わりに、保育者がどのように関わるのかをみていきたい。

　ここでは、0歳児の生活や遊びを例に考えてみる。

（1）ものとの関わり（二項関係）

　次の事例を子どもの発達経験という視点から読み解きながら、そこに保育者がどのように関わるのか（実際に目に見える動きはないが、気持ちを寄せて見続けるという見守ることも関わることである）みていく。

【事例5-2】Oくんみたいに、触ってみたら

Tちゃん（11か月）

　ござにすわって無表情だったTちゃん。しばらくするとOくんがそばに来て、コンクリートの上の土を手でざらざらし始めた。手を左右に動かし、ざらざら感が不思議なのか、ときどき手を開いて眺めていた。その姿をじっと見ていたTちゃん。手を出すと中指と人差し指の先にざらっとした感じに触れた。びっくりしたように手をあげ、じっと手を見つめていたが、そっとまた指先をコンクリートに触れた。

　Oくんは保育室に入った。Tちゃんは一人になって、そっと何度も触れているうちに、体を乗りだし、手の平でふれだした。ざらざら感が不思議だったのだろう。両手で何度もさわっているうちに、笑顔になってきた。そのとき、動くものを発見。アリだ。アリに興味が移ったようで、前のめりになって、アリを捕まえようとしていた。

・Oくんの行動：自分から気づいて、手を左右に動かしてコンクリートの感触を体験　→　その手の感触を目でみて確かめようとする
・Tちゃんの行動：Oくんの姿に注目（興味が引かれる）　→　Oくんのしていることに触発されて、おそるおそる（中指と人差し指で）コンクリートに触れる　→　はじめての感触を目でみて確かめようとする　→　何度も試す　→　なじみの感触になっていく（学び）　→　おもしろい（体を乗り出し手の平で）ことをくり返す　→　楽しい感覚（感覚のレパートリーの更新）　→　アリに興味が移る

　この事例のTちゃんの内面の移り変わりに注目してみる。他児がコンクリートに触ってその感触をみて確かめようとしていることに気づく。その行動に注目し続け、自分でもやってみる。はじめての感触（ざらざら）に驚くが、少しずつ何度も触り（試し）ながら、その感触を自分のものにしていく（新しい感覚・ザラザラを獲得）。ものに関わってものの世界を広げていることが理解できる。直接に自らの身体で環境に関わり（直接体験）、ものを感覚的に理解することを通して、感覚そのものも発達していく。保育者は、静かに穏やかに遊んでいるという目に見える行動面だけではなく、その行動の背後の経験を重ねて変容していく内面のありようにも気を配ることになる。
　この時期の、Tちゃんの保育のねらいは何か、つまり育みたい資質・能力は何かを意識して、ものと関わることで、その感覚のレパートリーを広げ深めるとしたら、Tちゃんのためにどのような環境を用意するのか。また、その興味が持続するためには、どのように働きかけるのか。働きかけるとしたら、いつなのかなど、発達の見通しをもって関わることになる。
　たとえば、ざらざらに触って驚いたときに「ざらざらだね。驚いたね」というか、いわないか。あるいは、笑顔でコンクリートをざらざらしているときに、蟻に注意が向いたときに、どう対応するかなど、さまざまな対応を検討することになる。
　ものとの二項関係のなかで経験していることを、もっと充実させるように関わる時期なのか、それを媒介にして言葉でのやり取り、つまり、「それはざらざらっていうんだよ」というように、そこでの感覚的に体験していることに意味を付与し、言葉の世界へと方向づけする時期なのかなどである。

（2）人を介してものへの興味・関心の広がり（三項関係）

【事例5-3】私も入れる

Eちゃん（1歳児）

　Uちゃん（3歳）がペットボトルに砂を詰めていた。口が小さいので少しずつしか入らない。何度もくり返している。その様子を見ていたEちゃんが自分も入れようと器に砂を入れ始めた。しかし、Uちゃんの真剣なまなざしに圧倒されてか、Uちゃんのペットボトルには入れない。かたわらで砂をすくっては、上から下におろし、真剣

な顔で何度もくり返していた。Eちゃんの指の先にはイメージされたペットボトルがあり、そこに砂を入れているのであろう。

- Uちゃん：相当に手指が器用になってきているので、そのできるようになった力で、口の狭い器に砂を少しずつ入れる（器と砂の性質の感覚的な理解）　→　Eちゃんには注意が向かないほど、入れることに夢中である（興味の持続　→　いっぱいにするという目的をもつ）。
- Eちゃん：Uちゃんの夢中になっていることに注意・関心が集中　→　Uちゃんの夢中になっている世界に侵入することをしないが、その行為をなぞる（入れることに興味がある）。

　Eちゃんは、自分一人では思いつかない遊びをしているUちゃんの行為をなぞるところからはじまり、それをくり返すことで、自分でボトルに砂を入れることをするかもしれない。そして、それをくり返すうちに、夢中になるかもしれないし、このときだけかもしれない。興味は、その周囲のものなどに子どもが気づいて関わるが、その興味が持続するかどうかは、それ以降の保育者の関わりによるところが大きい。Eちゃんの今は、何を大切にして関わるのか意識することが重要になる。

　ものと関わる二項関係は、年齢の低い子どもたちだけがするのではない。年齢を重ねても、ものと関わることは重要な体験である。たとえば、小さな口に、より小さな砂は入るということは感覚的に理解している。くり返しているように見えることでも、子どもなりに考え工夫し（手を添えて入り口を大きくすると早く入るだとか、湿った砂だと感触が異なるとか）、砂の性質の理解、ものの大小の理解、砂ではないものを入れてみるとかをくり返すことで、さまざまな気づきを通して、法則などの発見にいたるという育ちの過程にあるのかもしれない。そのような見通しの上に立ったときに、保育者はどのようなものを用意するのか、いつ、どのように働きかけるのかなど検討することになる。

一方、Tちゃんは、Uちゃんのことに取り組む真剣さが醸し出す雰囲気に引き込まれて、Uちゃんのペットボトルの口に砂を入れようとするが、Tちゃんなりに、入り込んでいけない・邪魔してはいけないという無意識が働くのか、興味が引かれることのそばで、Uちゃんの行為をなぞるといったところである。

　この時期、「やりたい」気持ちが強くなること、また、他者への認識がまだあいまいであることなどから、ほかの子どもと欲求が対立したりずれたりして、トラブルが発生しやすいときである。それで、目が離せないといわれるが、子どもたちはやりたいこと、好きな遊びに夢中になっているときにはUちゃんのように、侵入者に気づかなかったり、また、Tちゃんのようにおもしろそうと感じても、相手の真剣さの前に、そこに侵入しないでおこうという無意識が働くこともある。興味が引かれる環境構成、夢中になって遊ぶことの重要性を再確認したい。

§2　一人ひとりの子どもの発達を理解する枠組

　子どもの育ちの過程は、まわりの世界と関わっていくこと（関係の発達）、そして、まわりの世界を知っていくこと（認識の発達）の2つの軸からなり、その軸の交点となる「関わる・知る主体」としての自己（私という一人称）を獲得していくことを加えて3つの様相から考えることができる。

　育つということの側面を考えると以上のようになるが、実際は、周囲との関わりの育ちが周囲を知る育ちを支え、また、周囲を知る育ちが、周囲との関わりの育ちを支えるという相互に支え合い、促し合う構造をもつことから、その交点として立ちあらわれる自己の発達もそれらに支えられ、そして、それらを支えるという、関わる－知る－自己（私）の三項の発達が相互に影響し合っている。以上のように考えると、その育ちは、これら三項の関係の全体像をとらえる、つまり、まるごととらえるということになる。

1．人生の出発点＝出生時の状態

（1）出生直後の乳児の行動レパートリー

　出生直後の乳児の行動レパートリーは、生得的に組み込まれたリズム的構造と反射に集約される。リズム的構造とは、たとえば、微笑反射に見られるように、自発的にほほえみそして、元の状態に戻るということが比較的規則的にくり返されるというように、かならずしも因果関係がはっきりしなくても生起するものをいう。

　一方、反射は限られた刺激で誘発されるものと、脳の活動状態に規定されたものがある。因果関係がはっきりしているものとして、たとえば、口のまわりへの刺激で起こる探索反射、そして、飲食物など取り入れることに関連して吸啜・嚥下反射、目のまえをゆっくりと動くものを目で追う追視反射、身体を支えて床に足を下ろすと、両足を交互に動か

す自動歩行などがある。

　脳の活動状態に影響されるものとして姿勢反射があり、それは、新生児の通常の姿勢として首がどちらかに向いた状態（非対称性緊張性頸反射）をとる。これらのレパートリーは原始反射とか新生児反射とよばれ、その多くは生後3か月ごろまでに意識的な行動へと組み替えられていく。

（2）外界を知る手段としての5つの感覚

　人はその胎内にいるときから、外界からの情報を受け取る器官を発達させているといわれる。味覚（甘さに対する志向性）や聴覚（人の声の抑揚を他のものと区別している）などがそれである。出生後も早い時期から乳汁に関連する匂いを心地よく感じ（嗅覚）、早くから目が見え（大人と同じようにではないが）、ヒトの顔に引きつけられる傾向をもっているといわれる。つまり、外界からの情報を受け取るための力がある程度発達して生まれてくる。

　しかし、感覚は、知覚・認知とは異なる。感覚器によって取り入れられた意味のあいまいな情報が、経験（意味を知っている他者と関わり）を重ねることにより、まとまりをもち、そのまとまりが意味をもち（認知）蓄えられることになる。

（3）情動表出

　人は、出生時から、その最後まで人との関係のなかで生活することになる。その意味で人の発達は、共同を本質とする。身体をもった個体として生きる（個別性）が、個体を超えて他者と通じ合うのは情動の働きによるところが大きい。

　エクマン（Ekman, 基本的感情理論の代表的研究者）によると、情動は、人がその生命を守るために必要な生理的な準備態勢に起源を発するものであり、適応上必要なシステムであるという。そして、出生時より表出されるものを基本的な情動とし、喜び、悲しみ、恐怖、怒り、嫌悪、驚きの6つをあげている（高橋雅延・谷口高士編著『感情と心理学』北大路書房、2002、p.82）。

　新生児の情動の表出（たとえば、泣くなど）は、おのずから身体の表面を変形させるに過ぎないが、すでに情動表出のレパートリーをもっている応答する保育者（養育者）に、ある意味をもって理解され、その情動状態に適した行動をとらせる力をもっている。これらの情動が、内実をともなうためには、情動状態を適切に読み取って共感的に応答する保育者（養育者）のありようが重要である。

　また、新生児期の身体的・生理的な姿や姿勢などについての参考例（以下同様）を図表5-1に整理している。これらの生理的な状態を大前提にしての生活を考えることになる。

【図表5-1】新生児のおおよその姿（参考）

- 出生時の体重と身長　約3000ｇ　約50cm
- 体温　　　　　　　36.7℃〜37.5℃
- 脳重量　約400ｇ
- 睡眠と覚醒の状態　多相眠（昼夜関係なく、寝たり起きたりをくり返す）
- 睡眠時間　16時間から18時間（昼8〜9時間、夜8〜9時間）
- 母体内から外界への変化　肺呼吸の開始　臍帯閉鎖と口からの栄養摂取等
- 外界への適応　生理的体重減少（出生時の7〜10％減）　生理的黄疸
- 外界認知の手段としての五感（視・聴・触・嗅・味覚）が、相当に発達した状態で生まれてくる。
- 生体にとって重要な行動基盤である原始反射（モロー反射、歩行反射、逃避反射、吸啜反射、追視反射、把握反射、微笑反射等）
- 他者と関わることを前提としている共鳴動作、エントレインメント（同期行動）

2．発達過程のイメージ

　乳児期の発達過程をどのようにとらえるか。それぞれの時期をある側面からではなく、丸ごととらえてみたい。図表5-2は発達の全体像（子どもの世界）をとらえようとした場合の発達過程のイメージ図である。

　図中の円（○）は、子どものその時期の姿をあらわす。年齢を重ねるごとに大きくなっていくのは、その発達全体の世界が広がっていくこと、さらに円を横切る点線は、過去に獲得した資質・能力が姿を変えて発達していくことをあらわす。たとえば、出生時の微笑反射は、いつまでも反射として現れるのではなく、周囲との関わりを通して、人との関係を結ぶものとして意識化され、意識化されたあとも微笑の意味は、深まり複雑になっていくというようなことである。

【図表5-2】発達過程のイメージ

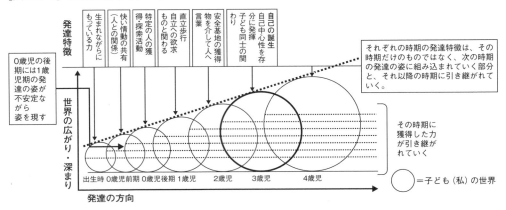

円の重なりは、たとえば１歳児は０歳児後半と２歳児の円の前半と重なっている。これは、１歳児の発達特徴（直立歩行・自立への欲求・ものとの関わりがじっくりあるいは活発になるなど）は、１歳児になっていきなり姿を現すのではなく、０歳児後半あたりから不安定ながら姿をあらわしていることを指す。同様に、２歳児になっても１歳児の発達特徴が消えてしまうのではなく、状況によってはその姿が現れることがあるということを指す。この状況を行きつ戻りつしながらとか、らせん状に発達するとも表現される。発達の姿は、何歳だからこうという単純なものではなく、そのときどきの状況と複雑にからまり合って出現すると考えられる。

　また、各円の上を斜めに引かれた点線と円の接点は、その時期の発達の姿の代表的なものとし、発達特徴としてあらわれているものである。それぞれの時期の発達特徴（それぞれの時期の発達体験を、その時期の発達の核として示す）を中心にして、一人ひとりの子どもの理解の枠組としての一般的な発達の姿を以下に概観する。

（１）０歳児の前半：発達の核　－快い情動の共有－

　図表5-2に示した、身体的・生理的な姿の乳児が、３か月頃になると図表5-3に示した身体的・生理的な特徴をもつにいたる。それらの発育と並行して、あるいは前後して、乳児自らで生まれながらにしてもっている力（生きようとする力）で周囲に働きかけ、それに応答される生活を開始する。３か月を過ぎたあたりの発達の姿を整理したのが、図表5-4である。

【図表5-3】生後３か月頃のおおよその身体的・生理的な特徴（参考）

・体重と身長　出生時の約２倍　約6000ｇ（毎日約15～20ｇ増加）、約60㎝
・体温　　　　　36.5℃～37.3℃（乳児）
・姿勢　　　　　首がすわる　活動は腹ばい　仰向けが中心
・覚醒と睡眠の状態　多相眠ではあるが、夜に睡眠時間が長く、昼に覚醒時間が多くなる
・睡眠時間　14時間～15時間（昼5時間、夜9から10時間）
・原始反射　社会・心理的な姿に組み込まれ意識的な行動へと変化していく

　内面の発達に大きく影響するのが、睡眠と覚醒の状態である。３か月も過ぎる頃には、目覚めている時間が長くなり、昼間に目覚めている時間が多くなる。目覚めている時間に、情動が安定したなかで周囲とのやり取りを十分にすることが発達を促す。

　この時期に大切な発達体験は、保育者と快の情動をやり取りすることである。たとえば、あやし－あやされ遊びでは、保育者との間に快の連鎖が起こり、そのなかで、全身で喜び（運動機能-大きな身体の動き）、情動を通して人と通じ合い（コミュニケーションの原型、言葉の獲得への体験）を体験することで、図表5-3の身体的・生理的な発育をも促す。また、受け止められる経験を通して、他者を肯定する感情や、自己を肯定する感情を育て

ているといえる。

【図表5-4】出生時から3か月頃までの発達の姿のネットワーク

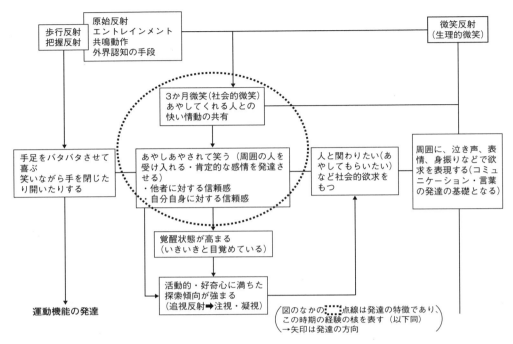

（2） 0歳児後半：発達の核 －特定の人の獲得と活発な探索活動－

図表5-5のような身体的・生理的発達も、日々の保育の影響を受けつつ、その発達を土台にしながら図表5-6にあらわした発達の姿がみられる。

【図表5-5】0歳児後半のおおよその身体的・生理的な特徴（参考）

- 体重と身長　約8000ｇ（毎日10～20ｇの増加）　約80㎝
- 先天免疫（免疫抗体）がなくなる
- 内臓機能が安定する
- 覚醒と睡眠の状態　ほとんど夜眠り、昼は起きている状態（昼寝は2～3回）
- 睡眠時間　11～13時間（昼3時間、夜9～10時間）
- 姿勢　　　仰向け　→　腹ばい　→　座位　→　立つへ（腹を軸にして回ることが可能、座位の姿勢を維持）
- 生歯　　　下の前歯　8～9か月頃
- 栄養　　　おもに半固形食および固形食から摂取するようになる

この時期の発達体験として重要なことは、特定の人を獲得することである。情緒的に結びついた人をよりどころにして、探索活動が盛んに行われる。生活や遊びを通し、座る－はう－伝い歩き－立つ、そして歩行へと発達していくというように身体の発達が著しい。
　また、身近なものと関わりながら、手指の発達も細かいものを握ったりつまんだりとその動きを細分化させていく。身近な人との関係は、人見知りがあらわれたり、信頼できる人の模倣をしたりしながら関係を深めていくとともに、一緒に生活している他児に対する興味をもち関わりが出てくる。言葉に関しては、喃語が盛んになり、手さし・指さしを使ったりして盛んにやり取りをしようとする。

【図表5-6】0歳児後半頃の発達の姿のネットワーク

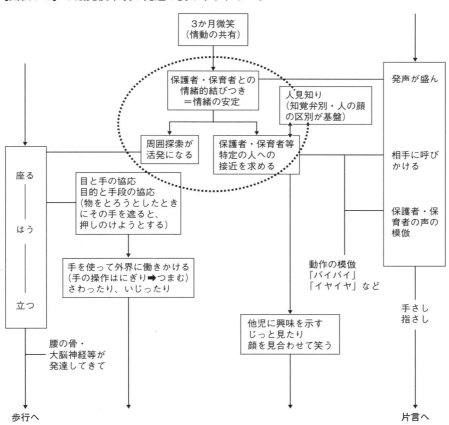

（3）1歳児頃の発達：発達の核
－自立への欲求の出現・じっくりとものに取り組む－

　ここでは、1歳の誕生日を迎えた頃の姿を、図表5-7、8にあらわした。身体的な発育に関しては、体重が出生時の3倍の9000ｇ、身長が1.5倍の75cmと著しい。姿勢は、人間の基本的な姿である直立歩行をしはじめ、言葉も片言・一語文が出現する。

【図表5-7】1歳3か月頃のおおよその身体的・生理的な特徴（参考）

- 体重と身長　約9000ｇ　約75㎝
- 姿勢　　　　直立姿勢　直立歩行
- 大泉門　　　1歳半までにはすっかり閉じてしまう
- 睡眠時間　　昼2回の睡眠　→　1回への移行期

【図表5-8】1歳3か月頃の発達の姿のネットワーク

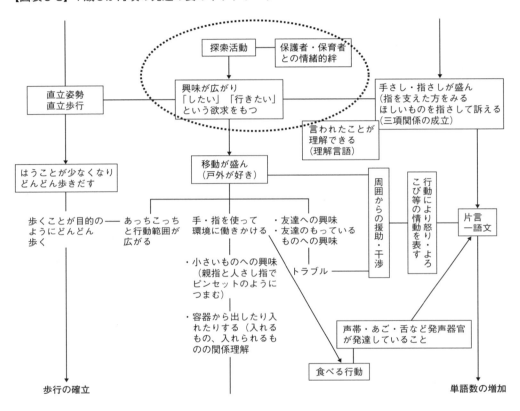

　0歳代の生活や遊びを通して蓄積された力を使って「やりたがる」ことが多くなる。こうして1歳代は、やりたがる（自立への欲求）を中心にして、保育の内容が組み立てられることになる。1歳代の育ちの姿を図表5-9、10にまとめた。
　できるようになった力を使って、自分の身の回りのことを自分でしようとする。食事は手づかみから、スプーンで食べられるようになる。
　たとえば、砂場での遊びをみてみると、手で砂に触れるから、道具を介して関わる。それが、思うようにいったりいかなかったりするが、何とかしようとあれこれ、試しながらじっくりと遊ぶ姿がみられる（0歳後半では興味がめまぐるしく変わっていた）。
　道具を使うことの延長で考えると、クレヨンや鉛筆で描くこともする。人との関係でい

うと、保育者との関係も深まり、友達との関係も複雑になってくる。保育者と一緒につもり遊びや見立て遊びをしたり、保育者が一緒だと、友達との遊びも展開されるようになる。

　なんといっても、1歳代は遅延模倣（目の前にないものをイメージして再現する）や象徴機能（目の前のものを目の前にないものに置き換えるなど）を獲得し、精神世界が豊かになる。また、毎日くり返されることならば、少し先を見通すことも可能になる。言葉に関しても、ものには名前があることに気づいて、わからないものを「これなに？」と質問したりして、単語を増やしていく。1歳半すぎの象徴機能を獲得したあたりから、急激に単語の数も増加する。

【図表5-9】1歳児の発達の姿のネットワーク

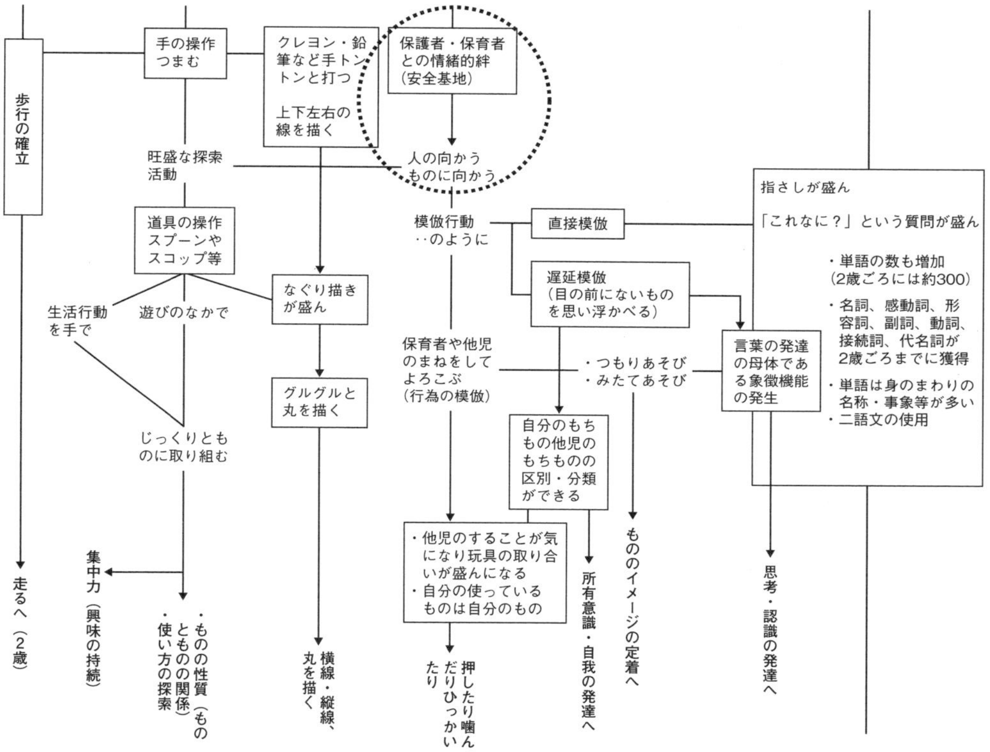

§2　一人ひとりの子どもの発達を理解する枠組

【図表5-10】 １～２歳頃のおおよその身体的・生理的な特徴（参考）

・体重	１歳から２歳の１年間で約２kgの増加
・身長	１歳から２歳の１年間で約10cmの増加
・脚	両下肢がO脚にみえる。O脚は１歳児に見られる生理的なもの
・足	扁平足　１歳児の約60％は扁平足であり生理的なもの
・体型	乳児体型から幼児体系への移行（一見痩せてみえる）
・生歯	最後の乳歯である上顎第二乳臼歯の萌出
・脳重量	１歳３か月で約700ｇ（成人の量の約２分の１）
・呼吸	乳児期の腹式呼吸から胸式呼吸へ（成人の胸式呼吸への移行期）
・体温	36.6℃～37.5℃（幼児）
・睡眠時間	11～12時間（昼１～２時間、夜９～10時間）、昼寝１回
・姿勢	姿勢の変化による身体バランスが巧みになる（くぐる、後ずさる、回転、つま先立ち等）

（4）２歳児頃：発達の核
　　　―子どもどうしの情動の共有と気持ちのズレを経験する―

　ものと関わり、好きな遊びを獲得した子どもどうしの生活は、好きな遊びや玩具が仲立ちになって、子ども同士の関わりが頻繁に起きる。保育者は、一人ひとりの行動の背後に育つものや、気持ちを気遣いながら保育をすることになる。

　この時期は、子ども同士の間で起きるさまざまな出来事にていねいに関わることで、その内面の育ちを豊かにすることが重要になる。そのような関わりのなかで自己主張が激しくなる。それは自らの気持ちがはっきりとし始めてきていることであり、自己の獲得には欠かせない育ちである。自己主張において、思い通りにならないことから、他者の存在を意識するようになる。

　安心できる保育者のもとで、思うように動く身体で、大型遊具に危なげなく取り組んだり、走り回ったり、まだしたことのない動作に取り組んでみたりと、体が思うように動く快さを感じているように見える。また、器用さを増した手指で、スプーンから箸に興味を移したりするが、思うようにいかなくてかんしゃくを起こしたりする。

　子ども同士の関係は、保育者が仲立ちになって、ごっこ遊びを十分に、あるいは一緒に絵本を読んでもらって、絵本の世界でイメージを豊かにしたりすることを通して、言葉が豊かになる（図表5-11参照）。一方で、お互いのイメージや気持ちのズレが生じて、取り合いが激しくなったりする。保育者に仲立ちしてもらいながら、楽しく遊ぶためのルール（黙って取られたりするのはいやだとか）に気づいたりする。

　こうして図表5-11のような２歳児の発達の姿をあらわし、また、身体的・生理的な発達は図表5-12のようになる。

【図表5-11】2歳児の発達の姿のネットワーク

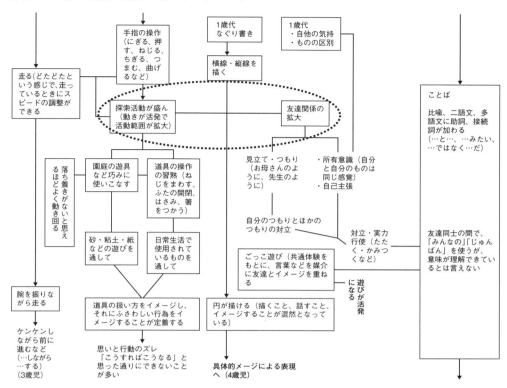

【図表5-12】2〜3歳頃のおおよその身体的・生理的な特徴（参考）

- 体重　　　2歳から3歳の1年間で約2kgの増加
- 身長　　　2歳から3歳の1年間で約7cmの増加
- 脳重量　　約1000g（成人の脳重量の約3分の2）
- 背骨　　　乳児のときのまっすぐな背骨が、この時期にほどよい弯曲を示す
- 脚　　　　2歳前後はO脚で転びやすいが、後期はすんなりとまっすぐになる
- 足　　　　土踏まずができてくる
- 顔型　　　下顎が発達し、幼児らしい顔つきになる
- 生歯　　　3歳頃で約20本（全部の乳歯が生えそろう）
- 呼吸　　　胸式呼吸へ移行する
- 身体全体のバランス　4頭身から5頭身へ

（5）3歳児頃：発達の核　ー自己中心的行動を十分に体験するー

　これまでに、0、1、2歳の生活や遊びを通して、発達する姿を概観した。その生活が3歳児代では、自分自身を獲得し、存分にその自己中心性を経験することになる。同じように自己の中心を獲得した子どもたちは、自分が経験して得たことから紡ぎ出される自分

なりの論理で、自己主張を激しくする。

とくに、自己中心的に主張するので、一緒に生活する上で周囲を困らせたり友達同士のトラブルが多発するが、その困ったことを解決する方法（どのようにお互いの主張に折り合いをつけるか）を保育者と一緒に考えることになる。思いが通らず悔しかったり、すねたり、困惑したりする経験もする。また、友達といっしょに遊んで楽しかったり、知らないことに出会ったり、おもしろいものを見つけたり驚いたり、考え込んだりしながら経験を積むことで、生きる上で必要な力を蓄えていく（図表5-13）。

【図表5-13】3歳児の発達の姿のネットワーク

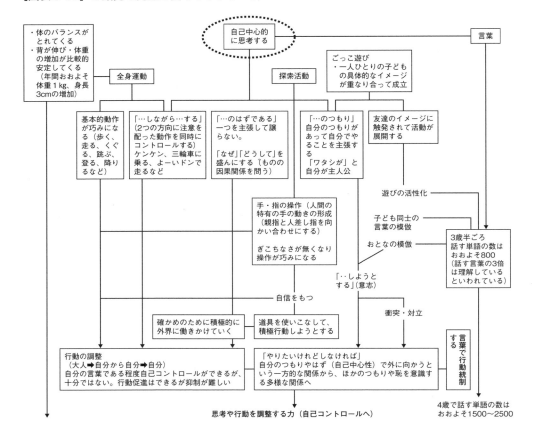

§3　発達過程に沿ったこの時期の対応の基本

先の発達過程に見たように、乳児が自分ではできない部分を周囲に手助けされて、欲求を充足することが乳児の当たり前の生活であり、それを大人から見ると保育ということになる。子どもの発達過程と保育者の関わりを切り離して論じることが難しいが、この関わ

りを前項の発達過程を下敷きにしながら、保育者の側に視点を当てて、関わりの基本を考える。

1．0歳児前半

子どもが、生まれながらにしてもっている情動表出を手がかりに周囲は子どもとの関わりを開始する。この時期の関わりを「授乳」を手がかりに考えると、次のようになる。

① 子どもが泣く（不快の情動表出）。
② 周囲が、その泣きの意味を読み取る（お腹がすいた）。
③ 子どもの欲求を満たす対応をする（授乳）。
④ 子どもは欲求が満たされる。

授乳についての関わりを整理すると①から④であるが、保育者がこの時期の子どもの欲求（情動表出）を的確に読み取るためには、世話を必要とする子どものありようを当たり前のこととして肯定し、そばにいることが必要になる。そして、子どもの情動状態（お腹がすいている－不快）に共感して、その状態が取り除かれることを願い関わることになる。このように関わることをめざしても、子どもの欲求をすべて読み取って完全に関わることは不可能であるが、そのような心持ちで関わることが重要である。

基本的に、以上のような関わりのなかから、子どもは「人と一緒にいることは快い」ということを獲得し、他者（保育者・保護者など）と「快い情動」を共有できるようになる。このことは子どもにとって重要なことであるが、そばにいる大人にとっても重要である。それは、この時期における献身的ともいえる関わりのありようが、子どもに受け入れられることからくる満足感をもたらすからである。

2．0歳児後半

前半における子どもとの関わりは、おもに直接的に身体を使っての関わりが多かったが、後半になるとはいはいなどの移動能力を獲得すること、また、手指が器用になるなどから、それらの力を十分に使える環境の構成が重要になる。

子どもの育ちや生活への願いを込めて環境を構成することになる。環境が整えば（特定の人との情緒的な絆が形成されることが土台になって）、子どもは、身体を使って活発な周囲探索（一人遊び）を開始する。

周囲を探索して獲得した事柄のかたまりの意味を理解するために、保育者と一緒に行動することが重要でもある。離乳食を食べさせてもらう、オムツを替えてもらう、汗を流してもらうなどはもちろんのこと、一緒に遊んでもらうことも重要になる。大人は、それぞれの場面でわき起こる子どもの感情に呼応するように、子どもの行動に意味を添えて関わる。「あーんして、おいしいよ」「あー、さっぱりした。気持ちいいねー」「赤いブーブー

いくよ」「それ、あぶないよ」「いたい、いたい」などのようにその状況にふさわしい言葉を添えて関わる。一緒に行動することは、食べ物・玩具などにお互いの視線を共有し、からませ合いながらことを共有する。具体的なものを介しての視線の共有は、ことや場の共有につながり、ことや場の共有（情動の共有）は、共感を基本にした人との通じ合いにつながる。

　こうして、人と意図や感情をからめて関わり合うことを始めた子どもは、葛藤を生じさせる場面（たとえば、見知らぬ人との出会いなど）では、その場面を察知し、絆が形成されている保育者のところに避難したり、さらに、その場面に対応している保育者の表情を見て（社会的参照＝socialreferencing：他者への問い合わせ）、気持ちをコントロールしたりする。大人の顔色を見ることは、この葛藤の場面で保育者がどうしているのかを参照し保育者と同じようにしようとしていることであるから、きちんと表情や言葉で対応することになる。

3．1、2歳児

（1）＜したがる＞ことへの対応

　安全基地（保育者と情緒的な絆を形成）を獲得し、十分に手足を使って周囲探索をすることを受け入れられた子どもは、運動機能の発達もともなって、なんでもやってみようとする気持ち（自立への欲求）が育っている。

　このやってみようとすることに対する対応の基本は、次のとおりである。

① やってみようとする行動を受け入れる。
② しかし、完全にはできないので、不完全な試行をくり返すことも受け入れる。
③ 保育者の関わりの基本は、子どものその気持ちを尊重しできないところを手伝うことである。
④ 子どもは、できないのにしようとしたがり、保育者の援助の手を振り払う。振り払われる（子どもが自分でしたいと主張しているととらえる）ことも受け入れるが、子どもの気持ちに添いながら、受け入れてもらえる働きかけを工夫する。
⑤ 子どもが十分に取り組めるように時間的なゆとりが必要である（計画に時間的なゆとりをもたせる）。
⑥ 一緒にすることも必要になる。

　①から⑥は、1、2歳児のやってみようとする気持ちへの対応であり、この時期の子どもへの対応の基本である。自分の身体を十分に使って思うままに、ときに援助してもらいながら、人・もの・ことと関わることを通して、「できるようになる（動作の自立）」のであり、また、物事に自ら取り組む意欲が形成されるのである。

(2) ＜甘え＞への対応

　発達的には、２歳前後に見られる行動である。この甘えは関係を確認する行動と解釈される。おおよそ、保育者の手を振り払い（自分でしたい）、物事に取り組んで、その動作が自立するころで、言葉でうまく気持ちを表現することがむずかしいこの年齢であらわれることが多い。

　人は能力の獲得のみに生きているわけではなく、関わりの豊かさのなかでも生きている。したがって、やればできるのだから自分でするよう促すことばかりではなく、ときに甘えを受け入れて、情緒的な絆を確認し関係を強化したい。甘えを受け入れてもらう経験を後々の他者の弱さを弱さのままに受け止める素地となる経験群として位置づけたい。人の心は共同を本質とするとしたら、共同の豊かさのなかに「他者に依存できること」も含めて考えてよいのではないかと考える。

(3) ＜かんしゃく＞への対応

　１歳のなかば頃から、子どもはそれまでの生活を通して、毎日くり返される事柄であれば、少し先を「見通す」ことが可能になる。また、象徴機能が獲得されて「見立て・つもり（今・ここにないものをイメージする）」行動が出現する。

　子どもは自分なりに「こうやればこうなる」という見通しをもち始める。しかし、思うように身体が動かず葛藤状態を引き起こす。その状態を解消しようとして「つもり」を通そうとするがうまくいかず、かんしゃくを起こすということになる。かんしゃくをこのように考えると、かんしゃくを起こしたときは、保育者は静かになぐさめることになる。

　こうやればこうなると考えて、一生懸命に取り組んで思うようにいかなかったのであるから、なぐさめるしかない。保育者のなぐさめは、子どもの次の活動のエネルギーに転化される。

(4) ＜とりあい・トラブル＞への対応

　この時期の子ども同士が一緒に生活する場面では、トラブルは避けられない。また、発達的にはトラブルを経験することに意味がある。

　思いのままに行動しているときは、自分自身の欲求（気持ち）に注意が向かわないが、その欲求が阻止されたときに、そこに自分自身の欲求が意識されてくる。つまり、気持ちのズレやそのトラブルのなかに異なる気持ち（対の一方の極）が意識される。このときにあらわれる強力な欲求状態の両極を、保育者によって言語化されることで、極の一方の気持ち、もう一方の極の気持ちに気づくことになる。このような場面を重ねることで、自の極（身体をもって実感される）と、他の極（身体から離れている）が分化されていく。

　保育者は、トラブルを避けることばかりに苦心するのではなく、それぞれの子どもたちが十分に欲求を発揮したときに起きる葛藤経験を読み解いて言語化する関わりが重要になる。

(5) ＜こだわり＞への対応

　十分に自己を発揮し（大人にとって都合のよいことばかりではない）、そこに折り合うよう

にていねいに関わってもらう生活を重ねることで、身体を中心に実感できる世界と、身体の関わらない理解できる世界（他者に属する）が3歳前後に分化してくる。この時期の子どもは、自身の実感の世界にこだわる。それは、自身の五感を使って手に入れた認識の世界であるからである。他者が何と言おうと実感の世界は強力である。その実感を土台にしているので、自分の「思ったこと」の確かさを主張する（こだわる）。

こだわることは、自分の目で周囲を見始めたことである。大人がこのこだわりの世界に深くつきあうと、子どもが周囲をどのように見ているかを理解する手立てになる。子どもなりの論理が見え隠れして、大人とは異なる世界の住人であることを実感させてくれる。

自の極を意識し始めるということは、五感を通して取り込まれた生の情報が、大人の目を通した認識を鵜呑みにするのではなく、それらの一つひとつを自らの世界をくぐらせることを通して、周囲を認識（世界について知る）し始めたということである。

4．3歳児

1、2歳児の世界を十分に生きた子どもは、3歳を過ぎる頃、「自己」を獲得する。自己を獲得するということは、自己の中心を獲得することであり、この中心から外界を見始める（考え始める）ということである。しかも、自らの欲求にもとづいて身体を使って一つひとつ確かめながら自分のものにした世界であるから、自信に満ちている。したがって、自己中心的にそれを主張して譲らない。

この時期の子どもには、同じような育ちの他児の存在が重要になる。お互いに自己の中心から互角に主張する経験を通して、折り合いのつけ方を身につけていくことになる。子ども同士のこのような関わりのなかに、保育者がどのようなタイミングで関わるのかそのタイミングが重要になる。また、ある程度任せて見守ることも積極的な保育行動である。たとえば、大人から見ると理不尽な問題解決をしたりすることも多くある。それらにいちいち保育者は関わらないでおくことも重要である。できれば、子どもたち同士で、その理不尽さに気づいて、それを主張できるように側面のサポートが必要になることもある。

日常の生活（保育）において、目のまえの一コマひとコマをどのようにとらえて関わるかということが、ここでの主テーマであるが、日常から少し離れて、時間の流れのなかで、育ちゆくことをも視野に入れて子どもの日常をとらえることもときには必要になる。

目のまえのことにのみ気を取られていると、その場がうまく流れること（トラブルもなく大人が思い描いたとおりに）への誘惑から逃れることがむずかしくなる。保育は、その場のやりとりの問題であるが、そのやりとりのもつ意味をある程度の見通し（予測できる近未来は現在に含めて考えてもよいのではないか）をもって関わることが、ゆとりを生み出すのではないかと考える。

さらに、保育者は、より高度に洗練された社会的－文化的存在として、子どもの振る舞いの意味を見いだし働きかけていく。子どもの振る舞いに意味を見いだすのは、一定の文化に枠づけられているが、保育者の子どもの育ちへの願いでもある。子どもへの対応において、保育者の子どもの育ちへの願いが問われる。

§4 子どもを理解した援助：受容的・応答的な関わり
―目の前の子どもの発達過程の理解と保育者の対応―

1．目の前の子どもの発達過程の理解

目の前の子どもの理解（その子どもの発達過程や今、何をしたいと思っているかなど）は子どもと関わる上での基本である。次の事例を子どもの理解という視点から考えてみる。

【事例5-4】まっててね

0歳児クラス

春が近くなり暖かい日差しが心地よい。しかし、外はまだ寒い。防寒具を着て外に出る準備をした。「お外に行く準備するからまっててね」と言いながら、3人順番に防寒具を着せ始めた。はじめに早く外に行きたいと意思表示をしたよちよち歩きのAちゃん、次に伝い歩きのKちゃん、最後にはいはいのMちゃんの順に防寒具を着せた。

すでに防寒具を着たKちゃんは、すぐに外に出ていきたいのであろうが、Mちゃんに着せるのを部屋の出口のところでじっと見て待っていた。しばらくしてベランダに出た途端、Kちゃんは"ずっと待ってたよ"というかのように、保育者に抱きついてきた。すぐに、満足そうにベランダへ行き遊びだした。3人とも保育者のまわりにいたが、それぞれに遊び始めた。

3人ともに、外に出られることを喜ぶが、喜び方が異なる。Aちゃんは、外で遊ぶイメージがもてることと、外に行くときには防寒具を着るということがわかるので、早くと防寒具を着せてと催促している。保育者は、Aちゃんの気持ちに最初に対応している。

Kちゃんも喜んでいるが、保育者のそば、または一緒にという気持ちが先に立ち、防寒

具を着せてもらったが、出口（内側にいる保育者と外遊びの外の中間領域－気持ちの揺れで、どちらにでも行ける場所）で、保育者を待っている。Mちゃんは、大きい子たち2人の喜びに感応するように喜ぶが、どちらかというと、外遊びのイメージや外に行くときには、防寒具を着るという保育者の働きかけに応じているというよう見える。

　同じ0歳児クラスといっても、月齢（発達過程）が異なることなどから、同じように「外行くよ」と働きかけられても、その感じ方や響き方が異なる。保育所などでは集団で（保育者と子どもの対比は0歳児では1対3）保育しているので、同時に3人の気持ちに応えることはできない。

　それでは、どのように対応するか、事例の保育者は、すでに保育室やその続きのベランダを安心できる場所、保育者との関係も安定してきていること、Aちゃんの外に早く行きたいという意思表示に先に応答している。次に、保育者との関係は安定してきているが、ベランダは保育室とは異なるところ（多少の不安定さをもった場所であるが、そこは魅力的な場所）なので、保育者と一緒にでたいという気持ちがあり、少しの間、欲求を先延ばし（待つ）できるKちゃんに防寒具を着せている。最後に、保育者が側にいることがすべての前提になっているMちゃんに着せている。

　保育者は、そのときどきの状況を瞬時に判断し、その場の最善の対応をしている。それは、そこにいて、子どもをみていれば可能になるのではなく、毎日の保育の振り返り（保育日誌を書くなど）で、その日の子どもへの対応などを振り返り、省察を加えることで、はじめて可能になる対応である。

2．受容

　乳児に限らず、他者と一緒にその生活をつくり上げていく上で重要なことは、その他者の人としての存在を受容することである。受容するとはどういうことかを検討するために次の事例を具体的に考えてみる。

【事例5-5】ジブンデ、タベル

Kちゃん（2歳1か月）

　昼食の時間。Kちゃんはよほどお腹がすいていたのだろう待ちきれずに食べ始めた。今にもお皿をひっくり返しそう。スプーンは握っているものの、下のほうなので、なかなか口に運べない。

　保育者は「上をもって」「お皿を真ん中に」といったが、「イヤ、ジブンデ」と頭をお皿の中に突っ込み、かきこむようにして食べた。保育者は、お皿だけ指でひっくり返らないよう支えて、Kちゃんのペースに任せた。少ししてから食べにくいと気づき頭をあげ、スプーンをひっくり返したり、もち替えたり、考え始めた。

この年齢では、生活の見通しをある程度もつことが可能で、食事の前にエプロンをして、テーブルの子どもがそろったら（あるいは、配膳がすんだら）、「いただきます」を保育者と一緒にしてから食べるという行動の流れを理解している。事例の保育者は、Kちゃんのお腹が空いて、今すぐに食べたいという欲求を受け止める。Kちゃんは、スプーンの操作がぎこちなく、うまく口に運べないでいる。Kちゃんにスプーンのもち方を伝える（口に食べ物を入れるためには、Kちゃんの思いを叶えるためには、Kちゃんが今とっている方法ではうまくいかない）。

　しかし、Kちゃんは、その善意の手を振り払い「ジブンデ」を主張する。保育者は、Kちゃんの自分でやりたいという気持ちを受け止め、しかし、皿がひっくり返るとKちゃんのお腹が空いていることを満たすことができないので、Kちゃんの思いのいたらない部分を支えることで、Kちゃんは自分で食べるという要求を実現することになる。

　子どもの自分でやりたいという要求に対し、その要求が大人から見て受け入れられないこと（みんなそろって「いただきます」する年齢だからとか、スプーンがうまく操作できないからといって、うまく食べられる方法を一方的に教えてしまうような）だからといって、あるべき姿を指導し、そうあることが子どものためだからといって伝える。そして、子どもがそれにしたがわないとき、いくら言っても言うことを聞かない年齢だからといって、また、好きにさせることで子どもが喜ぶからといって、子どもの好きにさせることは受容ではない。

　事例の保育者のように、Kちゃんの自分のやり方で食べたい気持ちを受け止めつつ、Kちゃんの要求（お腹を満たす）という点については、難しそう（テーブルからお皿が落ちてしまいそう）なので、そこを支えることがKちゃんの気持ちを受容する関わりである。そういう、Kちゃんのあり方（存在の仕方）を受容しつつ、うまく食べられる方法も伝えている。声かけしたそのときは断られるが、そのうち、Kちゃんが自分で食べながら、食べやすい方法を試し始める。

　この行為をKちゃんの内面に添ってみると、保育者の手伝いを振り払い自分で食べることを主張したことが受け止められる。自らの思いを受けとめられることで、保育者からの働きかけの「上をもって」「お皿を真ん中に」という働きかけの意味するところは理解できないが、うまく食べものを口に運ぶ方法を伝えてくれているということは理解でき、あれこれ試しだした。というように考えると、自分の今のありよう（存在）が受け止められることで、相手（保育者）からの働きかけが心に届いたというようにも考えられる。

　関係のなかでの受容ということは、受け止められ－受け止めることという関係であるといえる。つまり子どもが保育者の言うことを受け止めるということは、その前に、保育者によって受け止められるということがあるからである。

3．見通し

　子どもとの関係のなかで、あるがまま（存在）を受け止めることが、関係を発展させる上で重要であることを見てきた。しかし、養護と教育が一体となった保育において、子どもの気持ちを受け止めるだけでいいのかということを考えておかなければならない。

> **【事例5-6】ここの今を越える**
>
> Mちゃん（5か月）
>
> 　観察者が、Mちゃんを抱いて、壁にかけてあるプレイボードの前に座りそれで遊び始めた。すると、観察者に人見知り中のKくん（9か月）がはってきて、観察者の背後から肩に手をかけ、いつも保育者にするように膝に足をかけ座ろうとする。
> 　しかし、そのときに観察者の顔が見えて、慌てて足を乗っけるのを止めようとする。観察者は、かまわずに「クルクルクルーッ」と言いながら、ボードの部分を回して、Mちゃんに「ほら」と見せると、Kくんもそれを喜び、そのまま観察者の膝に座り、一緒にボードの別の部分をいじり始める。

　この事例の人見知り中のKくん、つまり、Kくんとクラスの保育者の間には信頼関係ができているので、その裏返しで知らない人には恐れや怖さを抱く。人との関係の発達において、人見知りは「知っている人ではない（信頼関係ができていない）」ことの重要な表現である。しかし、いつまでもそこに留まるのではなく、人との関係を拡大させ、深めていくことが、豊かな生活につながる。

　それでは、人見知りをどのように克服していくのか。たとえば、Kくんの知らない人に対する恐れや怖さに共鳴（共感）し、怖がらないように、見知らぬ人との接触をできるだけ避けるとか、そのほうを見せないようにするというのはどうだろうか。

　人見知りをしている人がいる場合、保育者は子どもを抱っこをしながら、見知らぬ人と笑顔（笑顔はこの人は大丈夫ですよというメッセージである）でやり取りする経験を重ねる。子どもは、保育者の笑顔の先の見知らぬ人を経験することを重ねて、知っている人を広げていくということも考えられる。その先には、知らない人と出会ったときに、なじみになり保育者の顔をみる（社会的参照）。保育者が、大丈夫であるというサインを明確に出すことで子どもは、人見知りを克服していく。

　また、保育者がいつでもそばにいてすぐに対応してくれるとは限らない。保育者との信頼関係ができていて、保育室が安心できる場所であるときは、少しの配慮があれば自分で人見知りを超えていくことができる。事例5-6における少しの配慮は、Kくんの好きな玩具で面と向かって遊ぼうと働きかけるのではなく、環境の一部として、ほかの子どももそのおもちゃで遊ぶことで、「一緒に遊ぼうよ」と働きかけて誘い、人見知りの顔が見えて退散しそうなときにも、大好きな玩具でほかの子と遊ぶことで誘う。

　Kくんは、好きな玩具のおもしろさにひかれて遊びだし、楽しい遊びのなかで人見知りの人は楽しい遊びをともにする人になっていくと考えられる。

　次の事例を見てみよう。

> **【事例5-7】さくさく、ひやひや、気持ちがいいね**
>
> Eくん（2歳児）
>
> 　砂の山に裸足で登った。保育者が、どんどん山を高くしていった。はじめのうちは見ていたEくんも、砂を手にもち、山のてっぺんに積み上げていった。砂の山に、どんと登った。砂に足が埋まって、さくさく、ひやひやして、とても気持ちがいいのか、「キャハーッ」「ウワッ」と声をあげた。
> 　3歳児が、勢いよく砂山を踏み潰した。「キャー、キャハー」と叫びながら一緒に踏み潰し、山を何度も高くしては踏み潰した。足がくすぐったくて、ひやひやして、もぞもぞもして、不思議な感じがしていたのだろう。

　保育者は、行動（砂山をつくる）を通して、子どもに遊ぼうよと働きかけている。Eくんは保育者の高い山をつくるという意図を共有して、自分も高くしようと山のてっぺんに砂を積み始める。高くするために山に登ると、足が砂に埋まったことがおもしろかったのか、砂の感触がおもしろかったのか、その内面の変化を「キャハーッ」と喜びの、驚きの、発見の声をあげて表現する。

　それを見た3歳児が、おもしろいことを思いついて（あるいは過去に遊んだことがあり、おもしろかったことを思い出して）山を潰す。E君も一緒に、「山を潰す－積む」をくり返して喜ぶ。砂の感触とともに、潰すことで感じる砂の感触を味わうかのように何回もくり返す。保育者も子どもの内面に湧き起こる感触や、思うように砂を操作する喜び（外界を思い通りにする）に共感しながら、そこにいるという対応をすることで、Eくんと3歳児の砂を積む－潰す遊びが持続したと考える。

　この事例の保育者は、砂場遊びはおもしろいよと行動でEくんを誘って、砂遊びのおもしろさを伝えようとしているとしたら、今は存分に砂を自在に取り扱うことを楽しんでいることを、共感して受け止めることになる。山をつくる遊びも楽しいよという次への働きかけをするとしたら、ある程度、自在にできる砂で存分に遊んでからということになる。

　保育者が最初にEくんたちとできるだけ高い砂山をつくりたいと思って始めたとして、山を潰そうとしたときに「一緒にお山つくろうよ」と優しくいったとしても、この時期のこの場面の子どもの気持ちを受容した対応にはならなかったのではないか。自在に砂を操作するって楽しいね。砂もサクサクして気持ちいいねという、もっとも感覚的で、砂の感触や動きと一体になる経験した先に、自在になる砂で高い山をつくりたいとか、川をつくりたいという気持ちが芽生えてくるのではないか。あるいは保育者からの働きかけに応答することができるのではないか。

子どもへの関わりは、子どもの気持ちを共感して受け止めるが、いつまでもそこでとどまってばかりいるのではないことを理解したい。子どもの気持ちに添い（保育者の気持ちを子どもに調律させ）ながら、人見知りや砂場遊びの今を超えていく見通しの上に立ち、子どもが受け止めてくれそうな少し先の過程を目指して働きかけることが重要である。

§5　家庭との連携　－生活の連続性のなかで－

1．保育所の6年間を見通して支援する

（1）保護者としての自覚化の過程のスタートをともにする

　保護者が自らの子育ての現実を肯定的にとらえていくためには、そして、子どもと生活をするという新しい生活様式をつくり上げていくためには、他者のある程度のサポートが必要となることが多い。

　保護者が保護者になっていくことを日常的に支えることに最初に携わるのは、保育所や認定こども園においては、乳児を担当する保育者である。乳児保育を担う保育者は、保育所（以下の認定こども園を含む）における乳児と生活をともにしながら、その24時間を視野に入れた実践となる。

　それは、新しく始まったとまどいのある保護者とその子どもの生活を十分に理解し、具体的なやりとりを通して「安定した生活」になるよう援助することも含まれる。保護者は、子どもとの生活が安定していくことで、先の見通しがもてるようになり、保護者としてのあり方に少しずつ自信をもてるようになっていく。それは「子どもはかわいい」とか「子育ては、つらいこともあるが喜びでもある」と思えるようになることである。家族内の多少の困難については、自分たちで解決できるようになることでもある。自分たちで解決できるようになるということは、家庭の現状からむずかしいことについては、他者の力を借りるということも含めてである。それは他者を信頼できるということでもある。

（2）「保護者としての自覚化の過程」に付き添う保育者のありよう
①育児不安を抱える母親へ　－保育所での対応－

　具体的な母親への対応について事例を通して見ていくことにする。

> **【事例5-8】母親の子育ての不安を受け止める**
>
> 　　　　　　　　　　　　　　　　　　　　　　　　　　0歳児クラス　5月
> 　0歳児クラスに5月に入園する。入園したばかりのころ（慣れ保育中[注]）は、子どももそれほど泣くこともなく慣れていった様子から、担当の保育者はとくに課題を抱えた親子とは認識していなかった。しかし、母親が仕事に復帰したとたんに、熱を出し

たりと具合が悪くなることが多く、母親は仕事が続けられるか不安に感じている様子である。入園直後は訴えていなかったが、不安が連鎖して「予定日より1か月早く生まれたこと」なども気になり出して、離乳食がうまく進まないことが、それと関係しているのではないかなど、さまざまに心配している。家での離乳食も何を食べさせていいのかわからない様子であった。

　母親の不安を感じた保育者は、はじめて集団生活をするので、さまざまな状況が出てくるのは普通のことであるので、それらを不安に思う母親の話に耳を傾ける。

　食事に対しては、栄養士を交えて話を聞いたり、アドバイスをする。保育所ではあまりいろいろの種類を食べないことと、おかゆのようにやわらかいものを嫌がったので、母親と相談しながら普通食に切り替えていくことにする。

　普通食への移行時にうまく進まず、野菜がとくに苦手のようで、口に入れてあげても出すという状態が続くと、母親は、それだけでは栄養が足りないから、家で飲ませているフォローアップミルクを飲ませてほしいという。保育者の判断では、体格的には十分に栄養が足りている様子である。保育所では、根気よく普通食につきあうことで、メニューにもよるが前よりは食べるようになる。保育所を休む回数が減ってきているので、母親も落ち着いている。そして、入園してから7か月目の12月では、子どもが具合が悪くなることがほとんどなく、毎日登園し、母親も仕事をつづけていくことに対して自信が出てきたようだ。登降園時に担当保育者が母親に会えたときには、子どもの成長の様子を伝えると、家庭での様子も話してくれる。家庭と保育所での子どもの成長を確かめ合えるようになってきた。

注：慣れ保育　保育所の入園にあたって、入園の当日から8時間や9時間の保育時間ではなく、新しい環境に親子が慣れるために、少しずつ保育時間を延ばしていくことをいう。

事例から考えられる支援を整理すると以下のようになる。

① 　母親は、最初から子どもを守り育てるという保護者としての母親ではない。子どもとの関わりを通して母親になっていく。このとき、側で見守ってくれる人（保育者）がいることが、不安を克服する上で大きな力になっていることが理解できる。保育者は、母親の不安に耳を傾けることが必要である。保育者から見て、どんな些細なことやよくあることでも、不安の当事者は母親であるから、「なんでもないこと」「よくあること」と片づけてしまわないことが大切である。

② 　母親の心配に対して、母親と相談しながら、保育所でできることを実践する。母親にのみ強要しないで、一緒に実践する。

③ 　保育所で、家で、食事がうまく進まないことからくる母親の心配、そんなに野菜を食べずに出してしまったら、栄養が足りなくなるのではないか。だから、フォローアップミルクを飲ませてほしいと、子どもの育ちを心配するので、実際は栄養

が足りていると保育者が思っても、それを預かり、食事量が足りなそうなときに実践する。つまり、母親の心配を聞き入れることで心配している母親を丸ごと受け止める。
④　保育所での持続した食事への取り組みで、少しずつ食事が食べられるようになる。お腹が満たされると、子どもは機嫌がよくなり遊びだすと考えられる。
⑤　連絡帳などで、日中の子どもの遊びや生活の様子などから子どもの成長を伝える。
⑥　子どもが、具合が悪くなることが減り、母親は仕事を休まなくてもよくなり、さらに、いろいろのことができるようになった子どもの姿を確認し合い、子どもを保育所に預けて働く生活に自信をもちだす。つまり、共働き（自分たちの生活）に対する見通しがもてるようになり、安定していく。

　この事例からは、母親が不安を解消して、子どもとの生活に自信をもてるようになったのは、子どもが熱を出さなくなり会社を休まなくてもよくなったことが大きいと考えられる。つまり、母親の不安、そのものが意味のないものであることを伝えたり、家庭での過ごし方や子どもへの働きかけ方について母親だけにアドバイスしてすませるのではなく、保育所において、子どもの成長に力を尽くすことが母親の不安解消に、またその母親の保護者としての成長に大きな意味をもつと考えられる。

②発達の遅れを気にしない母親へ　－他機関との連携－
　事例は、中学3年生を頭に、小学校4年生、2歳児クラス、そして、1歳の双子と、5人の子どもを育てる母子家庭である。

【事例5-9】子どもの生活を立て直すには

1歳児クラス　6月

　母親は仕事をしていないが、5人の子どもを一人で育てるという環境からくる、育児放棄（ネグレクト）がある。とくに双子の1歳児は、障害を疑うほどに発達が遅れている状態である。地域の児童委員から進められて、下の3人の子どもが保育所入園となり、保育所がこの事例に関わることになった。
　母親との1年以上のつきあいのなかで、母親が話したことは、母親自身、中学時代に相次いで両親をなくし、高校に行かずに働いた。兄や姉がいるが疎遠である。母親は、これまで一人で生きてきたという。結婚をし、子どもが生まれたが、夫と別れている。が、自分で子育てをしなければという意志は薄い。
　保育所での1歳児の双子の子どもたちは、食事はミルクしか飲んでいない。ミルクは一人で哺乳びんを抱えて寝ころんで飲んでいる。また、2人ともよく体調をくずし入院する。

この事例への対応として、第一に、子どもの生活を立て直すこと（保健所の理学療法士と保健師と相談し、身体の発育を促すための遊びをどのように保育に取り入れていくかを検討する。食事に関しては、栄養士・看護師と相談しながら進める）である。たとえば、食事は離乳食初期から始める。そして、体調をくずす回数を減らすことなどである。第二に、これまでに受けていなかった予防接種を計画的に受けるように勧めることを、病院の担当医と相談して対応する。母親が病院に嫌がらずにいけるように配慮する。第三に、母親が機嫌を損ねないで、保育所に毎日、通って来られるようにすること。そのためにも子どもの体調管理が重要である。第四に保育所では、子どもと温かい関係をつくれるように1対1の関わりを多くもつことをあげて取り組むことを考えている。

　その甲斐があって、2人の子どもは、保育所にも慣れ、保育者の膝まではって行ったり、食後のミルクを卒業したり、午睡を2時間は取れるようになった。しかし、子どもが育ってきて、動きまわるようになると母親は「双子はうんざり」と、子どもの育ちの意味が理解できない。保育者は母親の大変さに共感しながら、育ちの見通しについては「そのうちわかるようになるから」とやんわりと話す。

　このようなやりとりが、6〜7か月間つづけられるうちに、母親は朝の食事でミルク以外のものも食べさせるようになった。また、1歳6か月健診を受診し、自ら双子の発達の遅れを相談し、病院を紹介してもらう（保育者に促されてではあるが）などの変化が見られた。しかし、子どもの育ちの環境としては、まだまだ、整えていかなければならないことがあり、保育者は保育所修了ごろまでの長いスパンで、親子に関わっていくことを覚悟しているという。この親子には、長い月日をかけて、じっくりと関わることをしなければ、母親が、自身の生活（人生）を、5人の子どもを含めてつくり上げることがむずかしいと考えたからである。母親の生い立ちからすると、もっと長い年月を必要とするかもしれないとも保育者は考えている。

　虐待などのようにむずかしいケースについては、この事例のように、地域の専門機関と連携をとりながら関わる必要がある。保育所だけでは、抱えきれなくなる可能性（6年間ではむずかしかったり、専門の知識が不足していたりなどで）があり、親子にとって望ましくない状態がつづいたりすることもある。地域の社会資源をよく調べ、それぞれの資源がどのような機能をもっているのか、また連携するための手続きなどに精通しておくことも重要になる。そして、保育所（保育者）は、何より、親子を見守りつづける拠点として機能することが、重要な役割としてある。

2．一日24時間の見通しのなかでの保育

　保育所に通う子どもの生活は、家庭と保育所で展開される。さらに、3歳未満児の体調は、急変しやすい。保護者は保育所での生活に気を配り、保育者は家庭での生活を視野に入れた保育を展開することになる。図表5-14と15は、Kちゃんの11か月時のものとその1か月後の1歳の誕生日時点の連絡張である。

　連絡帳は一日24時間の子どものおおよその行動が理解できるようになっている。目安に

なるのが、睡眠（就寝‐起床、午前睡、午睡など）、食事の時間と量（食欲）、体調（体温・鼻水・咳・薬）、排便の有無などであり、毎日、書かれることになる。このような子どもの生活に関わる基本的な事項をもとに、保護者は保育所での生活をおおよそ理解し、保育者は家庭での生活をおおよそ理解して、それぞれの場での子どもとの生活を考えることになる。

　Kちゃんの11か月と1歳時の連絡帳をみると、生活のリズムは、夜は目覚めずに寝て、午前1回、午後1回の睡眠というリズムが整ってきていることがわかる。就寝時間が11か月では7時ごろになっていて、1歳では9時半になっているが、その前後の連絡帳を見てみると、おおよそ9時に寝ている。睡眠に関して、おおよそ整ってきているが、その日の状態（体調、活動量、行事など）で、多少をずれたりしている。

【図表5-14】連絡帳（11か月）

○月△日（□曜日）			(11か月時の連絡帳)
時間	内容	家庭から	
18：00	夕食（おかゆ、さわらのトマト煮、カボチャグラタン、みそ汁）	お迎え時間	18：00
18：20			
18：45	母乳	送迎者	母
18：50	就寝（睡眠）		
20：00		健康　鼻水　咳　薬服用（有・無）　体温（37.0℃）	
6：00		昼食を中期食にしていただいたようでありがとうございます。	
6：45	起床（目覚め）	夕食もほとんど食べませんでしたが、朝食を大分食べましたので、安心しました。おっぱいも少し飲みました。機嫌もよくなってきたのでかなり調子が戻って来たようです。	
7：00			
7：10	朝食（ツナうどん、ジャガイモのお焼き）		
7：30	便、母乳		
9：00	おやつ		
9：35	ミルク40cc		
9：52	入眠	園から	
10：15	目覚め	健康　鼻水　咳　検温（36.9℃）　与薬（　：　）	
11：00	昼食（ラクトウイユ風煮込み、サツマイモ甘煮―3分の2、豆腐とわかめスープ全、軟飯2分の1、人参ステック全）	今日は昨日よりもご機嫌で安心しました。動きも活発で笑顔も多かったです。食欲もあり、顔じゅうわかめだらけにしながらよく食べていましたよ。テーブルにつかまり立ちをして、保育者と一緒に「いないいないば〜」をして楽しみました。その内、友達も加わって、「いないいないば〜」を何回もくり返し、きゃきゃと笑い合う姿もとてもかわいかったです。絵本もよく見ていました。	
12：00	ミルク50cc		
12：20	入眠		
13：00			
14：00			
14：30	目覚め		
15：00	おやつ（バナナ、おじや全）		
16：00			
16：35	ミルク50cc		
17：00			
18：00			

　3歳未満児に関して、24時間の連絡張を用いている保育所が多いのは、これらの生活の基底になる部分が子どもの一日の生活のありように大きく影響するからである。たとえば、食事の量、いつも食べるのに、今日はあまり食が進まないのは、朝遅く食べてきているからとか、熱が少し高めで食欲がなさそうとか、家でもこの食べものは苦手で食べない

ようだとか、家庭での様子が書かれていると、それに沿った対応が可能になる。

　子どもの安定した生活を支える重要な情報のやり取りを連絡張で行い、込み入った内容に関しては、朝夕の送迎時に確認をするなどして、子どもの心地よい生活を考えることになる。それは、家庭でも同じである。

【図表5-15】 連絡帳（1歳）

○月△日（□曜日）　　　　　　　　　　　　　　　　　　　　　　　　（1歳と2日目の時の連絡帳）

時間	内容	家庭から	
18:00	夕食（ごはん、タマネギの味噌汁、鮭と大根の煮物、春雨のサラダ）	お迎え時間	18:00
18:30			
19:00	母乳	送迎者	祖母
19:30	便		
20:00		健康　　㋱鼻水　(咳)　薬服用（有(無)）体温（37.0℃）	
21:30	就寝	土曜日、1歳になりました。	
6:00	↕	昨日は、おじいちゃん、おばあちゃん、いとこが集まって誕生会をしました。歩きたいようで何回も挑戦しました。	
6:30	起床（目覚め）		
7:00	朝食（枝豆ご飯、カボチャのそぼろ煮、みそ汁）	また、咳と鼻水があるので、水浴びは残念ながら・・・今日は祖母がお迎えに行きますのでよろしくお願いします。	
7:20	母乳		
9:00	おやつ（りんご）		
9:45	入眠		
	↕	プール× 36.3℃	
		園から	
10:10	目覚め	健康　　㋱鼻水　(咳)　検温（36.7℃）与薬（11:25）	
11:00	昼食（魚のおろし煮全、なます煮2分の1、わかめと麸のすまし汁全、大根スチィク1本、軟飯2分の1）	1歳の誕生日、おめでとうございます。保育園でも両手でバランスをとりながら立とうとします。立てるととても満足した表情を見せてくれ、うれしいです。	
12:00		自分の思いもアピールするようになってきていて、お友達や保育者とのやりとりも少しずつ増えてきています。お姉さんですねー。	
12:23	入眠		
13:00	↕		
14:00		咳と鼻水はまだ出ているようですが、先週よりはとてもご機嫌で、昼食も顔や頭をわかめだらけにしながらも、おすまし汁は完食でした。	
14:25	目覚め		
15:00	おやつ（りんご、おじや全）		
16:00	ミルク100cc		
16:35		午後のおやつの後にトンネルくぐり遊具を出すと、すぐに見つけて、はいはいしながら何回もくぐっていました。また、タンスの陰に隠れて「ばー」をするのがお気に入りです。保育者が気づかないふりをして、ときに、バーと応えると、それがおもしろいみたいで、にこにこしながら何回もしました。	
17:00			
18:00		薬のスポイトを使用せずにスプーンで飲みました。	

　子どもの生活を支える情報をきちんと書き合うということは、保育者は保護者を、保護者は保育者を信頼することにつながる。毎日同じことのくり返しだからといって、省略をすることのないようにしたい。毎日くり返される平穏は日々で、子どもは安心感をもつことができ、未来は安心できるものであるという感覚（希望）をもつことになり、それは、保護者にとっても保育者にとっても同じことがいえる。

　さらに、それ以外に家での様子と、保育所での様子を書く欄がある。毎日、くり返さ

る生活の安心感（体調がすぐれないときは、抱っこや投薬、食事を体調に合わせて替えるなどの気遣い－保育の養護的側面）のもとで、子どもは自らの興味・関心に基づいて生活や遊びを展開する。このそれぞれの場でのKちゃんの様子を抜粋したのが図表5-16である。

家庭からの情報に保育所は以下のように応答している。

- 体調が戻り安心しました　－　体調が復活して本当によかったです。
- バナナとヨーグルトのみ口に……　－　午後のおやつのバナナをよく食べお代わりを……
- パラパラめくり（絵本を読んでいるつもり）　－　今日もパラパラめくりを、飽きることなく続けたがる

【図表5-16】11か月の1週間の連絡帳に見る家庭と保育園での子どもの姿

日	家庭での子どもの様子（家庭から）	保育園での子どもの様子（保育園から）他
1日目	体調が戻り安心しました。夕食もたくさん食べました。家でも棚の本を1冊ずつ出して、パラパラめくり（読んでいるみたいです）全部出します。朝食はまったく食べず、好きなバナナとヨーグルトのみ口にしました。母乳もミルクも飲まなかったので、午前中ミルクをお願いします。	体調復活して本当によかったです。今日もパラパラめくりを何回もしていました。お片づけしようとすると、フェーンと言ってもっとやりたそうでした。午前のおやつのバナナはよく食べお代わりもしました。午前中シャワーをしましたが、食事で再び汚れてしまったので、2回着替えています。シャワー後はすっきりするようで、ご機嫌で遊んでいました。
2日目	夕食はいっぱい食べました。食べながらずーとしゃべっていて絶好調のKちゃんでした。朝食もよく食べました。お腹がいっぱいなのかあまり、母乳は飲みませんでしたが、午前のミルクはなくて大丈夫だと思います。	すっかり元気な明るいKちゃんに戻ってきましたね。最近、眠くなると自分から布団に行きゴロン。その上にタオルケットをかけてあげると、にっこりして、本当に眠いときはそのまま眠ってしまうこともあります。今日も午前中の沐浴、午後もシャワーを浴びて、頭からシャワーがかかっても、平気です。むしろにこにこしています。
3日目	盆は山形に帰省し、いとこのお兄ちゃんたちにいっぱい遊んでもらいました。休み中、試しにミルクの回数を減らしてみましたが、問題がなさそうです。お昼の食べがいい場合は、試しにミルクを無しにして、午後のおやつのときにミルクをお願いできますか。朝食はサラダ以外はよく食べ、母乳も飲みました。	お休み、たくさん遊んでもらってよかったですね。きっとKちゃんはケタケタ笑って過ごしたんでしょうね。今日は実習生のお姉さんがクラスに入っていはじめ、あまり気にしていなかったのですが、少しずつ、見つめては泣きだし、すぐには馴染ませんでした。午睡後、テラスに出て水遊び、少しずつ触ったり、体にかけてもらったりして、大喜びで遊びました。食事、サラダ以外はよく食べたので、ミルク無しにしてみました。
4日目	家に帰ったら眠くなるかなと思いましたが、元気いっぱい遊び、夕食もいっぱい食べました。ミルクの件、食べむらがあったりするので、様子を見ながらよろしくお願いいたします。朝食は食べず、バナナをよく食べました。	とても機嫌よく遊んでいるかと思うと突然ワーと泣きだしたり、気持ちの変化の激しい一日です。でも午前寝の後、テラスで水遊びをするととてもご機嫌になりました。1歳クラスのプールまではいはいで進み、つかまり立ちでプールをのぞき込んだりしていました。遊びを終わって部屋に入ろうとするとまた、泣いて……。水遊びが大好きなKちゃんですね。今日の食事は完食とおもったら、大量のサツマイモが下に落ちていました。口に入らず下に落ちてしまっていたのが2分の1で、その他は完食でした。
5日目	家に帰るときから眠くなり、夕食までは何ともちこたえ、母乳を飲んだら寝てしまい、そのまま朝まで寝ていました。夕食も朝食もよく食べました。フォークにさして渡すと喜んでよく食べます。	午前寝を少しした後テラスで水遊びをしました。準備をしているときからテラスに出たくて仕方がないという感じです。テラスに出るとさっそく、手で水をパシャパシャたたいたり、カップのなかの水をじゃーっとこぼしたりしていました。隣で1歳クラスが水遊びをしているところにはって行き、一緒に遊びました。水遊びが大好きなKちゃんです。
6日目	驚かせたりすると大爆笑。機嫌よく遊びました。歯磨きになると大号泣でした。夕食も朝食もよく食べました。	水遊びでは本当に笑顔がいっぱい。頭からシャワーを浴びてもニコニコしています。たくさん遊んだから、今日は誰よりもパクパクたくさん食べました。今日はこぼす量が少なめで、ほとんど口に入れて食べきりました。下にはこぼれていなくても、顔から頭はわかめだらけで、服もエプロンも水玉模様、顔はわかめ模様で、とても賑やかに、たくさん食べました。

- 山形に帰省して……いっぱい遊んでもらいました　－　たくさん遊んでもらって……
- 朝食を食べなかったことを心配して午後のおやつの後にミルクを……　－　食事はサラダ以外はよく食べたので、ミルク無しにしてみました（朝食べなかったことを心配して、お願いしていることに対して、大丈夫よく食べましたよと知らせる）

また、園でのKちゃんの様子（育ちの姿）や、関わり方などを知らせている。

- 眠くなると自分から布団へ行き…（子どもの育ってきている様子を伝える）
- 実習生（見慣れない人）に泣くという人見知り…（育ちの姿を知らせる）
- Kちゃんの大好きな遊び（テラスでの水遊びに大喜び、ほかのクラスのプールまではって行って…、水遊びから次の活動に促すともっとと泣いたり、準備しているときから、水遊びが始まることを予測して…、）を通して、Kちゃんのさまざまな育ちを伝えながら、園生活を楽しんでいることを伝える
- 食事場面でも、Kちゃんの食べる様子（わかめだけ、完食かと思いきや下にさつまいもが…など）を肯定的に受け止め、それはこの時期の当たり前の姿であることを、さりげなく伝えるなどしている

　保護者からすると、自分と自分の子どもが保育園で大切にされていることを連絡張に書かれている内容を通して実感できるのではないか。連絡帳は、子どもの育ちを24時間のなかで理解することで、子どもにとっての最善の対応を考える手がかりになる。また、家庭での、保育所での子どもの日常のなかに育ちの姿を確認し、保護者に伝えることで、信頼関係をつくっていくことに寄与する。保護者からの家庭での子どもの様子も書いてもらえるようになると、より豊かな子どもの理解につながっていくものとなる。

第6章 生活や遊びを通しての保育とその環境

§1　生活や遊びを通して行う保育

　この時期は、心身のさまざまな機能が未熟であると同時に、発達の諸側面が密接な関連をもち未分化な状態にある。そのため、安全が保障され安心して過ごせるように、十分に配慮された環境のもとで生活や遊びの充実が図られる必要がある。

　乳児期から保育所などに入所する子どもの多くは、発達の初期から、保護者の就労時間より長い時間を園で生活することになる。子どもを取り巻く大人の愛情に包まれ、穏やかでゆったりとした生活であるように特段の配慮や工夫が必要である。

　保育者との出会いが家族以外で生活を支えてくれる大人とのはじめての関わりである。子どもはとまどっていることであろう。どんなベテランの保育者であっても、出会いから子どもの内面がわかるわけではない。子どもとの出会いからの数日は、手探りの日々である。数日もすると、じっと見つめる澄んだまなざし、かすかな微笑とともに生きる大人の一人として受け入れてもらえそうとうれしさがこみあげて、子どもとの関係が芽生え始めてくる。そのようにして乳児保育が始まる。

1. 生活の主体者として

　人間の子どもは、生理的早産といわれるように、未熟な状態で生まれる。未熟な状態のなかにあっても、お腹がすけば泣き、暑ければ不快を訴え泣く、心地よければ笑う。これらは誰に教えられたわけでもなく、子ども自身のもつ生きる力である。しかし、生きる力をもち合わせていても、その力だけでは生きることはできない。周囲の大人に受け入れてもらうことを前提にして、組み込まれている力なのである。

　発達の初期における乳児の生活のほとんどは、生理的な欲求を満たすことで成り立っている。乳児自身の内奥で生理的な欲求から巻き起こる動きと連動した表情や仕草などを、周囲の大人に読み取ってもらい、世話を受けることになる。しかし、泣き、表情やしぐさなどから乳児の欲求を的確に読み取ることは難しく、試行錯誤をしながら探りあてて関わ

ることになる。乳児の内面の「わからなさ（欲求や思いが読み取りにくい）」を乳児の特性であるととらえ、乳児との関わりを通して、乳児の欲求や思いを理解しようと努力しながら援助していくことになる。

　乳児は周囲の大人に欲求充足を手伝ってもらうことではじめて生きることが可能である。しかし、どんなにしてもらうことが前提であるとしても、欲求する主体は乳児である。子どもは、手伝ってもらいながらも、そのときにもちあわせている力を使うことで、そこに生じていることを体感する。その体感は、その後の"自らの力で生きる"ことの源となっていくのである。よって、保育者は一方的に働きかけるのではなく、主体としての子どもの願いを受け止めること（関わりのイニシアティブ）を保育援助の基本姿勢とする。子どもとの具体的な関わりを通して、子どもの願いが浮き彫りになることも多く、適切な援助は子どもが示してくれるといえる。

2．乳児の日課

　保育所などが開所している時間は、およそ11時間～12時間である。入所している乳児の多くは、目覚めている時間の大半を園で過ごしている。乳児には家庭と園の二つの生活の場において目覚ましい成長を遂げる。子どもの成長・発達に即した日々の生活において、保育者はどのような援助を行っているのか、日課に基づきながら理解を深めることとする。

　私たち人間は、生まれながらに生理的リズムをもっている。そして、大人になると一日24時間の生理的リズムに加え、社会的リズムなどを合わせもちながら生活の営みがなされるようになる。その生活の営みは、毎日何気なくくり返されているものが基本となる。たとえば、食事をする、排泄をする、睡眠をとるなどの生命維持に関わる営みはもちろんであり、服を着替える、歯磨きをする、洗濯をする、掃除をするなど、その人が毎日の生活を心地よく過ごすための生活文化の営みなどもある。これらの営みが一日の生活において、ある程度規則的に適切に行われることで、人間は初めて生活が心地よく、気持ちよく過ごすことができる。このような生活の基本となる営みのことを「日課」という。

　大人が大人としての生活の営みをくり返すなかに、子どもは生活するということにおいて未熟な状態で誕生する。乳汁を飲む、排泄をする、遊ぶなど、一つひとつの乳児の生活の営みには、その時期の生理的リズムを尊重した、大人のていねいな関わりが必要不可欠なのである。それらを保障することで、目の前にいる乳児の生命維持や人間としての成長が望めるのである。つまり、乳児期の子ども特有の生理的リズムを尊重した、大人の十分な関わりがあってはじめて、乳児にとってふさわしい生活ができる。

　乳児に関わる大人は、乳児が日が昇り日が沈むという自然環境に沿った日々の生活をともに生きることである。その結果、社会生活のリズムや習慣を身につけることができる。

　大人は「大人の日課」を過ごしながらも、乳児のもつ生理的リズムを尊重した「乳児としての日課」に合わせて生活をする。ここでは「大人の日課」と「乳児としての日課」のズレが生じる。しかし、子どもが人として自立するための基盤をつくっていくには、大人

がこの2つの日課のズレをもちながらも「乳児としての日課」に合わせながら生活するということが大切であり、そのような環境のもとで、子どもを守り育んでいく日々のくり返しこそが、乳児保育のもっとも基本的な柱であるといえよう。

目の前の子どもたちと密接に関わる大人である保育者は、乳児の生理的な欲求を前提によりよい人間的成長を望み（保育者の願い）、乳児期にふさわしい「乳児としての日課」をしっかり保障していかなければならない。

（1）日課（デイリープログラム）作成のポイント

デイリープログラムとは、登園から降園までの保育時間に沿って、毎日決まってくり返される大まかな生活の節目となる活動が記されたものである。保育所における保育時間は、およそ11時間を基本として、延長保育などを実施している場合は、子どもが保育所にいる時間帯の過ごし方を記すものである。

日課（デイリープログラム）の内容
- ○　子どもの一日の様子（いつ、どのように生活するのか）
- ○　そのときの保育者の配慮点（保育の視点や方向性）
- ○　保育者間の役割の確認および個人差への配慮
- ○　保育をするために必要な具体的な準備や片づけの内容と環境整備

以下に示した図表6-1（0歳児、p.126〜127）、図表6-2（1歳児、p.128〜129）、図表6-3（2歳児、p.130〜131）は、筆者が保育現場を想定して作成した各年齢のデイリープログラムである。各クラスの特徴と視点を押さえながら、参照してほしい。

①0歳児クラス　―図表6-1について―

0歳児の日課（デイリープログラム）は、保育実践において個別の日課となるが、クラス全体の保育の流れと保育者の連携を確認するため、おおまかなデイリープログラムを作成している。0歳児クラスは担当制、あるいはゆるやかな担当制を保育の基本としていることが多く、子どもの欲求に応じて随時、必要な援助を行っている。保育者間のクラス運営上の役割を決めるが、子どもの欲求への応答を第一に考えるので、役割は保育者間の連携により臨機応変に交替することになる。そのため連携が機能しないと役割が不明確になりがちになる。担当の子どもだけでなくクラス全体の子どもが、生活が過ごしやすく、心地よいものとなるようにつねに配慮して行動することが必要とされる。

睡眠・食事の援助を担当保育者が優先的に関わり、その他、哺乳瓶を洗う、食事の片づけなどの生活の準備や整理をほかの保育者が行うことになる。その作成にあたってもっとも大切なのは、そのクラスの担任間で、話し合いながら作成することである。これは話し合いをすることによって、子どもの園生活の一場面一場面あるいは保育室などで保育する自分たちを想定しながら、いつ・どこで・誰が・どのように保育者がいることが子どもに

とって望ましいのかを、より具体的にみんなで確認し合うことが可能になる。
　また、子どもからの欲求を理解した授乳や食事、オムツ交換、午睡などのとき、実際にどのように子どもに接していくことが望ましいのかということなどを話し合い、保育の基本的な方向性を同じにする上でも重要である。このような過程を経て作成することは、毎日の保育に追われる保育者にとって、とても大変な作業ではある。しかし、その結果として、子どもはどの保育者と接してもとまどうことなく、安心して生活できるようになる。つまり、保育者同士がその話し合いをしっかり行うことではじめて、乳児にふさわしい「乳児としての日課」を子どもに保障できるのである。したがって、この担任保育者同士が話し合う時間、デイリープログラムを作成するあるいは見通す時間をきちんと確保することで保育の見通しが立ってくる。

②１歳児クラス　─図表6-2について─
　１歳児クラスは、身体の発達だけに注目して見ても著しく個人差が見られる。たとえば、４月生まれの子どもは歩行もしっかりして、小走りもする一方で、３月生まれの子どもは１歳を迎えたばかりで伝い歩きはさかんだが、移動は、はいはいをしているといったことも予想される。食事では、乳児食にすっかり慣れている子どももいれば、完了食に移行したばかりの子どももいて、食事内容や食事時間が異なることも多い。つまり、同じ１歳児クラスでも目のまえの子どもの実態によって、デイリープログラムは大きく異なって当然であり、場合によっては０歳児クラスの生活と同じように考えていくことも必要となる。そのため、１歳児クラスにおいても、０歳児クラスのように担当制あるいはゆるやかな担当制を行う場合も少なくない。保育者は担任している子どもたちの心身の発達状況などを十分に把握したうえで、クラス全体の保育の仕事や保育者の役割などを、確認していくことが大切である。

③２歳児クラス　─図表6-3について─
　２歳児クラスにおいても、月齢差や個人差については、十分な配慮を必要とするが、少人数で遊んだり、簡単なルールのある遊びを楽しむ姿も見られ、少しずつ保育者と一緒に活動に取り組む機会をもつようになる。実際の保育では、図表6-3を見てわかるように、保育者の役割が１歳児クラスより明確に分担されるようになる。また、保育所での過ごし方が１歳児クラスと似てはいるものの、食事時間などの具体的な時間帯や、保育の方向性を示す配慮事項が異なっていることなどから、２歳児としての生活の特徴が理解できる。

　なお、一般的に複数担任の場合は、クラス運営上の役割をリーダーやサブ、フリーなどとよんで、それぞれの役割を明確に示すことが多い。しかし、本書においては、複数担任の保育者同士は、決められた役割に固定されることなく子どもに合わせて柔軟に対応するために、お互いの役割や仕事内容を把握して連携し合うための役割ととらえ、「Ａ保育者・Ｂ保育者……」とよぶことにする。

【図表6-1】0歳児のデイリープログラム

時間	子どもの生活	保育者の関わり	一日を過ごすための配慮・留意点
7:15	登園・健康観察・検温	・手洗い・うがい・身支度を整え受け入れ準備 ・室温・湿度・換気に留意し室内環境を整える ・健康観察用具を確認し、健康観察表を見て連絡事項を確認 ・保護者を笑顔で受け入れ普段どおりか確認する ・子どもと目線を合わせながら顔色や表情、機嫌を確認する ・体温計を受け取り体温を確認、記録する	・窓を開けて換気、外気温と室温差は5℃前後 ・体温・薬の有無・前日からの申し送り事項の把握 ・健康観察（顔色、表情、体温、傷の有無、爪の確認、前日や朝の様子を保護者に聞く） ・眠くなる子どもの睡眠準備 ・ポット70℃設定　哺乳瓶消毒後調乳準備
	遊び	・担当保育者や好きな場所や好みの玩具で遊ぶ ・他児にも関心を持ち遊べるように誘いかける ・あやし遊び、やり取り遊びを楽しむ	・玩具の内容、位置、清潔、安全など、子どもが安心して遊び、生活ができる環境を整える ・子どもの遊びに応じて保育者が役割を分担する
	授乳	・空腹のサインを見逃さずタイミングよく飲ませる ・冷凍母乳は手早く解凍し全部飲めるようにする ・低月齢児はげっぷをする ・飲んだ時間と量を記録する	・朝の1回目の授乳、時間と量を確認する ・多めに調乳し満足するだけ飲めるようにする ・哺乳瓶を消毒する
	おむつ交換	・表情やサインから察し、タイミングよくおむつを替える ・「おむつが濡れたね替えようね」と言葉をかけながら、全身状態も把握する	・おむつ替え用品の一式と衣類、衛生用品も準備 ・排便時には感染症予防のため手袋やエプロンをし、きちんと手洗いをする
	睡眠	・眠い子どもは自然に眠りに入れるように担当がつく ・睡眠チェックを行いきちんと記録する ・一人ひとりの寝入りのこだわりを受け入れる ・目覚めて汗をかいたら着替えをする	・保育室には遊んでいる子どももいるため、子どもの状態に応じて、遊びの場や内容を工夫し眠りの妨げにならないようにする ・睡眠時間を記録する
9:00	午前のおやつ	・月齢によって、はいはいやビスケットなどを食べる ・自分のおしぼりやエプロンがわかり、掛けてもらうと喜ぶ	・テーブルセッティング、おしぼり、エプロン準備 ・子どものテーブル、椅子のの確認とおやつ用コップと皿の準備
	授乳（欲求に応じて）	・哺乳瓶を見ると喜び、保育者に甘える ・お待たせしましたと心を込めてゆったりと飲めるようにする	・一人ひとりの授乳のタイミングや癖を理解して授乳をする ・冷凍母乳の解凍、温め、またはミルクの用意
9:30	室内・外遊び　散歩	・ひとり遊びを見守ったり、優しくかたりかけりする ・肌と肌のふれあいをたいせつにする ・戸外に出て自然物を見たり、触れたりなどを一緒に楽しむ ・片言や喃語にていねいに答え、やり取りをおこなう	・それぞれの空間を分けこじんまりとゆったりと遊べるようにする ・はいはい・歩く・触れる等見守りながら、援助のタイミングを見計らう ・好きなおもちゃが取り出しやすいように置く
	おむつ交換、 水分補給 睡眠 遊び	・表情やサインから察し、タイミングよくおむつを替える ・「おむつが濡れたね替えようね」と言葉をかけながら、全身状態も把握する ・一人ひとりにあった哺乳瓶、コップで湯冷ましを飲む ・おむつ交換は前記に同じ ・静かに安心して眠れるようにする 上に同じ	・おむつ替え用品の一式と衣類、衛生用品も準備 ・排便時には感染症予防のため手袋やエプロンをし、きちんと手洗いをする ・両手コップで飲める子どもはコップを使って一人で飲む ・引き戸を閉める、カーテンを引くなどぐっすり眠れるようにする 上に同じ
10:00	授乳	上に同じ	上に同じ
	おむつ交換、	・表情やサインから察し、タイミングよくおむつを替える ・「おむつが濡れたね替えようね」と言葉をかけながら、全身状態も把握する	・おむつ替え用品の一式と衣類、衛生用品も準備 ・排便時には感染症予防のため手袋やエプロンをし、きちんと手洗いをする
	離乳食（5〜6か月頃）	・特定の保育者が関わりながら、食べることが喜びとなるよう静かで落ち着いた環境づくりをする	・担当保育者が食事援助をし、子どものペースや好みに合わせる
10:30	離乳食（7〜8か月頃）	・一人ひとりの生育歴、好き嫌い、食べ方のくせや食事時間を把握したうえで、心地よい語りかけと援助をする	・スプーン、コップ、皿など子どもの手にあった使いやすい用品を準備する ・睡眠後の食事の場合、しっかり目覚めてから食べるようにすると美味しく食べられる
10:45	離乳食（9〜11か月頃）	・自分で食べたときの子どもの喜びをともに感じ「おいしいね」と温かく語りかけ、子どもの"自分で食べる"という意欲が続くようにする	・テーブル拭き、雑巾を洗濯に出す ・使用した哺乳びんを洗う（殺菌庫へ入れる）。
11:00	離乳食（12〜18か月頃）	・手づかみ食べや食具をつかって食べるようにする ・遊びながら食べることも楽しく食べると捉えゆったりと関わる ・離乳食後、ミルクを飲んで満腹感を味わうようにする	・テーブル用、床用のバケツを洗う ・調理担当者と連絡を密にして、一人ひとりの発達に合った調理方法、献立内容にしていくことで、子どもにとって無理のない離乳をすすめる ・咀嚼力に応じた食材、アレルギー反応など、食材については慎重に検討する
	着替え・おむつ交換	上に同じ	上に同じ
	遊び	・随時眠い子どもからベッドや布団に入り眠る ・抱っこや歩きで園舎内外の散歩をしたり、静かに遊ぶ	・それぞれの遊びの空間を分けこじんまりとした空間でゆったりと遊べるようにする ・主体的に自由に遊べるように見守りタイミング良く援助する

(「子どもにより睡眠と遊び」が9:30の行の右側に縦書きで記載)

筆者作成

時間	子どもの生活	保育者の関わり	一日を過ごすための配慮・留意点
12:00	睡眠	・離乳食を食べミルクを飲んだ後は、眠くなるのでおむつ交換をして、速やかに眠りに入れるようにする ・子どもの眠りの欲求に応じて、トントンしたり、子守歌を歌ったりして心地よい眠りに誘う ・特定の保育者が援助することで安心して眠る ・いつもの場所いつもの流れで眠れるようにする ・エプロンを外し、パジャマに着替え、ゆったりと眠れるようにする	・適宜果汁や白湯などを飲ませる ・子どもに合わせて抱っこやラックで寝かせる ・布団敷きをする・カーテンを閉める ・午睡室の室温、湿度の確認 ・カーテンを開ける ・午睡表記入 ・目覚め時はそばについて顔を見せる ・落ち着いてから検温
	午睡中に連絡帳記入	・体調や遊びの様子を含め、具体的に記入する	・各種記録を確認、連絡帳に転記する ・お便りを入れる
	目覚め	・やさしい声、語りかけで気持ちのよい目覚めを誘う	・目覚め時はそばについて顔を見せる ・落ち着いてから検温
	おむつ交換	・表情やサインから察し、タイミングよくおむつを替える ・「おむつが濡れたね替えようね」と言葉をかけながら、全身状態も把握する	・おむつ替え用品の一式と衣類、衛生用品も準備 ・排便時には感染症予防のため手袋やエプロンをし、きちんと手洗いをする
	着替え	・汗を拭き、パジャマから服に着替えさっぱりする	・衣類等の汚れ物の仕分けと洗濯
	水分補給	・一人ひとりの哺乳瓶、乳首を使用する。コップで湯冷ましを飲む。おむつ交換は前記に同じ	・両手コップで飲める子どもはコップを使って一人で飲む
	検温	・言葉をかけながら優しく検温する	・目覚めた後はリセットされた体であるため、顔色や表情も確認して検温する
14:00	授乳 離乳食（5〜6か月頃） 離乳食（7〜8か月頃） 離乳食（9〜11か月頃）	午前に同じ ・特定の保育者と落ち着いた環境のなかでゆったりと食べることが喜びとなるようにする ・一人ひとりの生育歴、好き嫌い、食べ方のくせや食事時間を把握したうえで、心地よい語りかけと援助をする ・自分で食べたときの子どもの喜びをともに感じ「おいしいね」と温かく語りかけ、子どもの"自分で食べる"という意欲が続くようにする ・手づかみ食べや食具をつかって食べるようにする ・遊びながらたべることも食事と捉えゆったり関わる ・離乳食後、ミルクを飲んで満腹感を味わうようにする	午前に同じ ・毎日同じ場所で同じ保育者と食べるようにする ・スプーン、コップ、皿など子どもの手にあった使いやすい用品を準備する ・離乳の過程に添って、少しずつゆっくり食べ、食習慣が身につくよう援助する ・テーブル拭き、雑巾を洗濯に出す ・使用した哺乳びんを洗う（殺菌庫へ入れる） ・テーブル用、床用のバケツを洗う ・調理担当者と連絡を密にして、一人ひとりの発達に合った調理方法、献立内容にしていくことで、子どもにとって無理のない離乳をすすめる ・咀嚼力に応じた食材、アレルギー反応など、食材については慎重に検討する
15:00	離乳食（12〜18か月頃）		
15:15	おむつ交換	・おむつ交換は前記に同じ ・随時、眠い子どもはベッドや布団に入り眠る	前に同じ
	水分補給	・一人ひとりにあった哺乳瓶、コップで湯冷ましを飲む	・両手コップで飲める子どもはコップを使って一人で飲む
15:30	遊び 睡眠（子どもにより睡眠と遊び）	・離乳食を食べミルクを飲んだ後は、眠くなるのでおむつ交換をして、速やかに眠りに入れるようにする ・子どもの眠りの欲求に応じて、トントンしたり、子どもの寝入りやすさに応じて心地よい眠りに誘う ・特定の保育者が援助することで安心して眠る。いつもの場所いつもの流れで眠れるようにする ・エプロンを外し、パジャマに着替え、ゆったりと眠れるようにする	・適宜果汁や白湯などを飲ませる ・子どもに合わせて抱っこやラックで寝かせる ・布団敷きをする・カーテンを閉める ・午睡室の室温、湿度の確認 ・カーテンを開ける ・午睡表記入 ・目覚め時そばについて顔を見せる
15:00	引継ぎ・遊び	・夕方の時間、保育者と一緒にゆったりと遊ぶ ・お迎えの子どもをみると親が恋しくなったりするので好きな保育者が意識的に関わる	・長時間保育と日中の保育がスムーズにつながるように、担任保育者と当番保育者で連絡を十分に取り合う ・保育パートへの指示
17:15	随時健康観察・降園	・「おかえりなさい」と保護者を明るく迎え、子どもと一緒に喜ぶ ・保護者が安心できるように子どもの一日の様子を具体的に伝える ・一日の保育を振り返り、明日の保育の準備を行う	・夕方保育当番へ連絡事項の引き継ぎ ・自宅に持ち帰る衣類等を整理し持ち帰りやすいように整えておく ・登園、降園児の記録表の確認
	全園児降園	戸締り等の確認	

§1　生活や遊びを通して行う保育

【図表6-2】1歳児クラスのデイリープログラム

時間	子どもの生活	安定して一日を過ごす配慮	配慮・役割分担 A保育者	配慮・役割分担 B保育者	配慮・役割分担 C保育者
7:15	朝保育開始 順次登園	◎一日のスタートが気持ちよく始まるように保育者は身支度をして気持ちを整える。 ・保育者は明るく温かい雰囲気をつくり、登園してくる子どもに笑顔や快いあいさつをして迎える。 ・玩具の内容、位置、清潔・安全など子どもが安心して遊び、生活できる環境を整える。 ◎保育者は子どもの家庭での過ごし方を参考にして、心地よく、無理のない生活リズムを心がける。	・健康観察(顔色、表情、体温、傷の有無、爪の確認、前日や朝の様子を保護者に聞く)。 ・子どもの受け入れ、保護者対応。		
8:30	当番より引き継ぐ 通常保育開始 室内で遊ぶ	・長時間保育と日中保育がスムーズにつながるように、当番保育者と担任保育者で連絡を十分に取り合う。 ・入室してくる子ども一人ひとりを「今日の機嫌はどうかな」としっかり見ながら、「今日も楽しく遊ぼうね」と思いを込めて受け入れをする。 ◎遊びの場面では子どもの要求を見極め、一人ひとりの遊びを大切にしながら、全員に目と心を配り、温かく見守り、機嫌よく過ごすよう配慮する。 ・共に遊びながら、甘えや依存を十分に受け止め、子ども一人ひとりの体調、機嫌などを確認しつつ、情緒の安定を心がける。	・連絡事項の引き継ぎ。 ・健康観察(顔色、表情、体温、傷の有無、爪の確認、前日や朝の様子を保護者に聞く)。 ・子どもの受け入れ。 ・連絡帳確認、保護者対応。 ・子どもと一緒に遊ぶ。 ・遊びの片づけ。 ・おやつの誘いかけ。	・室内整備、安全点検。 ・アレルギー児の食事の確認(欠席のときは調理室に連絡)。 ・子どもの受け入れ。 ・連絡帳確認、保護者対応。 ・子どもと一緒に遊ぶ。 ・遊びの片づけ。 ・おやつの誘いかけ。	(火)砂場掘り起こし。 ・室内、廊下、トイレ整備、安全点検。 ・おしぼりタオルづくり。 ・オムツかご、汚れ物かご等のセッティング。 ・テーブル拭き、雑巾等の準備確認。 ・ベランダ掃除。 おやつ準備。 ・テーブルを拭く。 ・エプロン、おしぼりの準備。 ・テーブル用、床用のバケツ準備。 ・ワゴン運び。
9:15	おやつ 排泄(適宜)	◎落ち着いた雰囲気のなかで「おいしいね」「食べたいな」という気持ちがわくような語りかけをする。 ◎排泄は個人差が大きいので、一人ひとりの排泄リズムを大切にする。 ◎排泄機能の発達を見極め、促しながら、子ども自らがトイレで排泄しようとする気持ちを育てる。 ・汚れたオムツやパンツを替え、不快感を取り除き、心地よさを感じるよう保育者はゆったりと接し、子ども自ら気持ちよく排泄に向かえるようにする。	・子どもにエプロンをして、おしぼりで手を拭く。 ・おやつ介助。 ・オムツ交換、トイレに誘う。	・子どもにエプロンをして、おしぼりで手を拭く。 ・おやつ介助。 ・オムツ交換、トイレの介助。	・おやつ配膳。 ・人数報告、出欠簿記入。 ・おやつ介助。 ・おやつ片づけ、床拭き。 ・ワゴン片づけ。 ・エプロン、おしぼりの片づけ。 ・コップ洗い。 ・テーブル拭き、雑巾を洗濯に出す。 ・テーブル用、床用バケツの片づけ。
9:40	遊び 遊び片づけ	◎一人ひとりの発達を大切にし、豊かな遊びが十分展開できるよう働きかける。 ・子どもの空間認知の範囲は狭いので、安全確保に留意する。 ・戸外で十分に身体を動かし、自然とのふれあいを多くし、子どもと喜びを共にする。 ・子ども一人ひとりの欲求、要求を見逃さず、温かく受け入れ、子どもの位置、目の高さ、心に合わせて対応する。 ・保育者との十分なふれあいを通し、まわりの子どもへの関心を広げられるようにする。 ・室内外での遊び、散歩の行き先、所要時間など、子どもの健康状態、クラス状況などを把握し、保育者間で確認して行動する。 ・子どもの成長を喜びとして受け止め、子どもの行動、語り、思いなどに温かく応答しながら遊びへ興味・意欲を大事にする。 ◎遊びから食事へと移るときはゆとりをもち、落ち着いた雰囲気で食事に誘うようにする。	・子どもと一緒に遊ぶ。 ・指導計画をもとに遊びを適宜導入する。 ・遊び片づけ。 ・食事誘いかけ。 ・適宜手洗いを促す。	・子どもと一緒に遊ぶ。 ・A保育者が遊びを導入しているときにはサポートする。 ・遊び片づけ。 ・食事誘いかけ。 ・手洗いを一緒に行う、確認。	・オムツ交換、トイレの介助。 ・オムツの仕分け。 ・子どもと一緒に遊ぶ。 ・保育室から出る活動の際は適宜準備をする(散歩リュック、帽子、上着、靴下など)。 ・室内整備。 ・子どもと一緒に遊ぶ。 ・戸外のときは足洗い用洗面器にお湯を汲み、足拭きタオルを用意する。 食事準備。 ・テーブルを拭く。 ・エプロン、おしぼりの準備。 ・テーブル用、床用のバケツ準備。 ・ワゴン運び。
11:10	食事	◎午前のおやつに準じた配慮を行う。 ・一人ひとりの食べる姿(喫食状況、喫食量、好き嫌い)を把握する。	・子どもにエプロンをする。 ・食事介助。	・子どもにエプロンをする。 ・食事介助。	・食事配膳。 ・布団敷き。

第6章 生活や遊びを通しての保育とその環境

引用）『よこはまの保育』横浜市福祉局保育運営課、2002をもとに著者作成

時間	子どもの生活	安定して一日を過ごす配慮	配慮・役割分担 A保育者	B保育者	C保育者
		・カミカミゴックン等、一緒にかむまねをして見せたり、かむことが身につくようにする。 ・自分でしようとする気持ちを大切にしながら、イスの座り方、スプーンの使用、茶碗に手を添えるなどを知らせていく。 ・一人ひとりの発達に合った調理方法を考え、調理担当者と連絡を取り合いながらすすめる。 ・口中をきれいにするためにも、食後に麦茶を飲むようにすすめる。		・エプロン、おしぼりの片づけ。 ・食事片づけ、床拭き。	・食事介助。 ・エプロン、おしぼりの片づけ。 ・食事片づけ、床拭き。 ・ワゴン片づけ。 ・コップ洗い。
	排泄 着替え	◎午前の排泄に準じた配慮を行う。 ◎着替えようとする子どもの気持ちに添い、その気持ちを大切にしながら援助する。	・オムツ交換、トイレに誘う。 ・着替え介助。	・オムツ交換、トイレの介助。 ・着替え介助。	・オムツ交換、トイレの介助。 ・オムツの仕分け。
12:00	午睡	◎子どもの体調を把握し、一人ひとりの状態に合わせて睡眠へと誘う。 ・身も心も安定した状態で眠りに入れるように、静かに語りかける。 ・やさしい子守歌やトントンされる快い響き、やさしい温もりのなかで安心して気持ちよく入眠できるようにする。 ・保育者は一人ひとりの眠りの状態をつねに観察し、適切な対応を速やかに行うようにする。	・眠そうな子どもから布団に誘う。 ・休憩②。 ・保育日誌記入。 ・連絡帳記入。 ・午睡表、午睡時健康チェック記入。	・眠そうな子どもから布団に誘う。 ・寝ていない子どものそばにつく。 ・休憩③。 ・連絡帳記入。 ・コップ洗い。 ・翌日のおしぼりのセット確認。	・休憩①。 ・寝ていない子どものそばにつく。 ・テーブル拭き、雑巾を洗濯に出す。 ・テーブル用、床用のバケツの片づけ。 ・午後のおしぼりをつくる。 ・早く起きた子どもと遊ぶ。 ・（木）オムツバケツ洗い。
14:45	目覚め（2歳まで検温） 排泄 着替え	◎明るく気持ちのよい言葉かけで目覚めを誘う。 ・布団のなかでのまどろみも大事にしながら、気分よく目覚め、排泄に誘う。 ・汗をかいたり汚れたときは衣服をまめに取り替え、清潔にする心地よさを感じ、快適な生活が送れるようにする。	・目覚めた子どもからオムツ交換、トイレに誘う。 ・2歳未満児は検温。 ・着替え介助。	・カーテンを開ける。 ・空気の入れ替えをする。 ・オムツ交換、トイレの介助。 ・布団片づけ。 ・（金）シーツはずし。 ・着替え介助。	・おやつ準備。 ・テーブルを拭く。 ・エプロン、おしぼりの準備。 ・テーブル用、床用のバケツ準備。 ・ワゴン運び。
15:00	おやつ	◎午前のおやつに準じた配慮を行う。	・子どもにエプロンをして、おしぼりで手を拭く。 ・おやつ介助。	・子どもにエプロンをして、おしぼりで手を拭く。 ・おやつ介助。 ・エプロン、おしぼりの片づけ。	・おやつ配膳。 ・布団片づけ。 ・（金）シーツはずし。 ・おやつ介助。 ・おやつ片づけ、床拭き。 ・エプロン、おしぼりの片づけ。 ・ワゴンの片づけ、清掃（麦茶もさげる）。 ・コップ洗い。 ・テーブル拭き、雑巾を洗濯に出す。 ・テーブル用、床用のバケツの片づけ。 ・延長保育児の荷物用意。
	遊び 順次降園	◎一日生活した満足感とともに身体疲労度も高くなっているので、けがその他に十分注意し、温かな雰囲気のなかで落ち着いて過ごせるようにする。 ・生活リズムを大切にし、園生活がそのまま家庭へとつながるように、一日の生活の様子を伝える。 ・子どもの一日を振り返り、「いっぱい遊んで楽しかったね」「また遊ぼうね」という気持ちでさよならをする。	・子どもと一緒に遊ぶ。 ・お迎え時の保育者対応。	・連絡帳記入、整理。 ・汚れ物入れ、オムツ入れ、エプロン入れを送迎用の位置に戻す。 ・子どもと一緒に遊ぶ。	
16:45	排泄（適宜） 保育室の移動	◎午前の排泄に準じた配慮を行う。	・オムツ交換、トイレに誘う。 ・健康観察。 ・子どもたちを夕方保育の保育室に誘導する。	・オムツ交換、トイレの介助。 ・オムツの仕分け。 ・子どもたちを夕方保育の保育室に誘導する。	・保育室の清掃、戸締り（掃除機、床拭き、棚拭き、玩具拭き、玩具洗い）。
17:00 17:50 18:15 19:15	引き継ぎ 遊び・順次降園 延長保育児はおやつのため保育室を移動する 延長保育開始 遊び 全園児降園	◎長時間保育と日中の保育がスムーズにつながるように、担任保育者と当番保育者で連絡を十分に取り合う。	・夕方保育当番へ連絡事項の引き継ぎ。 ・子どもと一緒に遊ぶ。 ・お迎え時の保護者対応。 ・保育パートへの指示。 ・スポット保育児の確認、延長保育、おやつへの誘導。 ・延長保育当番へ連絡事項の引き継ぎ。 ・子どもと一緒に遊ぶ。 ・お迎え時の保護者対応。 ・保育パートへの指示。	・スポット保育児の荷物用意。	・ゴミ捨て（保育室・トイレ）。 ・（金）土曜日保育の準備。

§1　生活や遊びを通して行う保育

【図表6-3】 2歳児クラスのデイリープログラム

時間	子どもの生活	安定して一日を過ごす配慮	配慮・役割分担 A保育者	配慮・役割分担 B保育者	配慮・役割分担 C保育者
7:15	朝保育開始 順次登園	◎一日のスタートが気持ちよく始まるように保育者は身支度をして気持ちを整える。 ・保育者は明るく温かい雰囲気をつくり、登園してくる子どもに笑顔や快いあいさつをして迎える。 ・玩具の内容、位置、清潔安全など子どもが安心して遊び、生活できる環境を整える。 ◎保育者は子どもの家庭での過ごし方を参考にして、心地よく無理のない生活リズムを心がける。	・健康観察(顔色、表情、体温、傷の有無、爪の確認、前日や朝の様子を保護者に聞く)。 ・子どもの受け入れ。 ・保護者対応。		
8:30	当番より引き継ぐ 通常保育開始 室内で遊ぶ 遊び片づけ	◎長時間保育と日中保育がスムーズにつながるように、当番保育者と担任保育者で連絡を十分に取り合う。 ・入室してくる子ども一人ひとりを「今日の機嫌はどうかな」としっかり見ながら、「今日も楽しく遊ぼうね」と思いを込めて受け入れをする。 ◎遊びの場面では子どもの要求を見極め、一人ひとりの遊びを大切にしながら、全員に目と心を配り、楽しく過ごすよう温かく見守る。 ・子ども同士楽しく遊んだり、言葉を交し合ったりできるよう保育者は仲立ちをする。	・連絡事項の引き継ぎ。 ・健康観察(顔色、表情、体温、傷の有無、爪の確認、前日や朝の様子を保護者に聞く)。 ・子どもの受け入れ。 ・連絡帳確認、保護者対応。 ・子どもと一緒に遊ぶ。 ・遊びの片づけ。 ・おやつへの誘いかけ。 ・適宜手洗いを促す。	・室内整備、安全点検。 ・アレルギー児の食事確認(欠席児は調理室に連絡)。 ・子どもの受け入れ。 ・連絡帳確認、保護者対応。 ・トイレに誘う、介助。 ・子どもと一緒に遊ぶ。 ・遊びの片づけ。 ・手洗いを一緒に行う、確認。	(火)砂場掘り起こし。 ・室内、廊下、トイレ整備、安全点検。 ・おしぼりタオルづくり。 ・テーブル拭き、雑巾等の準備確認。 ・ベランダ掃除。 おやつ準備。 ・ワゴン清掃、運び。 ・テーブルを拭く。 ・エプロン、おしぼり準備。
9:20	おやつ 排泄(適宜)	◎落ち着いた雰囲気のなかで「おいしいね」「食べたいな」という気持ちがわくような語りかけをする。 ・子どもたちの会話も交えてみんなで食べる楽しさを一人ひとり味わえるようにする。 ◎一人ひとりの排泄をしたいという素振りや意思表示を受け止め、子ども自ら気持ちよく排泄に向かえるように応じる。一人で排泄したときは、満足感をもてるようにほめる。 ・保育者はゆったりとした気持ちで、一人ひとりの子どもの特性や発達に十分留意して対応し、手洗いなど自分で清潔にしようとする気持ちがもてるようにする。	・子どもにエプロンをする。 ・おやつ介助。 ・エプロン、おしぼり片づけの介助。 ・トイレに誘う。	・子どもにエプロンをする。 ・人数報告、出欠簿記入。 ・おやつ介助。 ・トイレに誘う、介助。	・おやつ配膳。 ・おやつ片づけ、床拭き。 ・エプロン、おしぼり片づけの介助。 ・ワゴンの片づけ。 ・テーブル拭き、雑巾を洗濯に出す。 ・ワゴン片づけ。 ・コップ洗い。 ・トイレの介助。 ・オムツの仕分け。
9:40	遊び 遊び片づけ	◎子どものエネルギー、興味・関心を十分に満たし、子どもたちの遊びが展開するような環境づくりを行う。子ども自ら「楽しそう」「一緒に遊ぼう」と遊びに入り込めるような遊びの工夫を心がける。 ・保育者も共に遊びながら友だちと遊ぶ楽しさを伝えるようにする。気持ちがぶつかり合うときには、お互いの気持ちを受容しわかりやすく仲立ちをして、根気よく友だちとのかかわり方を知らせていく。 ・子ども一人ひとりの要求を見逃さないよう温かく受け止めて、子どもの位置、目の高さ、心に合わせて対応する。 ・遊びの感激や喜びを子ども同士や保育者と共有し合い、伝え合いながら豊かな感情や意欲を育てていく。 ・運動機能の発達と共に活動的になり、予測できない行為、衝動的な動作などが多くなるので子どもの行動から目を離さないようにする。 ・行動の結果を子どもと確認しながら、自分でコントロールする力が養われるようさまざまな経験を大切にする。 ・天気のよい日は戸外で十分身体を動かす。 ・子どもと一緒に自然を感じるようなふれあいを多くする。 ・「あー楽しかった」「また遊ぼうね」という気持ちをもって、片づけることが自然に身につくような語りかけと環境づくりをする。	・子どもと一緒に遊ぶ。 ・指導計画をもとに遊びを導入する。 ・遊び片づけ。 ・食事の誘いかけ。 ・手洗いを促す。	・子どもと一緒に遊ぶ。 ・A保育者が遊びを導入しているときにはサポートする。 ・遊び片づけ。 ・食事の誘いかけ。 ・手洗いを一緒に行う、確認。	・保育室から出る活動の際は適宜準備をする(散歩リュック、帽子、上着、靴下など)。 ・室内整備。 ・子どもと一緒に遊ぶ。 ・戸外のときは足洗い用洗面器にお湯を汲み、足拭きタオルを用意する。 食事準備。 ・テーブルを拭く。 ・エプロン、おしぼりの準備。

引用）『よこはまの保育』横浜市福祉局保育運営課、2002をもとに著者作成

時間	子どもの生活	安定して一日を過ごす配慮	配慮・役割分担 A保育者	配慮・役割分担 B保育者	配慮・役割分担 C保育者
		◎遊びから食事へと移るときはゆとりをもち、落ち着いた雰囲気で食事に入れるようにする。			・テーブル用、床用のバケツ準備。 ・ワゴン運び。
11:15	食事	◎午前のおやつに準じた配慮を行う。 ・喫食量に個人差が生じたり好き嫌いが出やすいので、一人ひとりの心身の状態を把握し、嫌いなものも「食べてみようかな」という気持ちになるよう誘う。 ・子どもたちの意欲を大切にしながら、イスの座り方、スプーンの使い方や食べこぼしにも気づき意識できるような言葉をかけて、気持ちよく食事が進められるようにする。	・子どもにエプロンをする。 ・食事の介助。	・子どもにエプロンをする。 ・食事の介助。	・食事配膳。 ・布団敷き。 ・子どもの人数により食事介助に加わる。
	エプロン・おしぼりの片づけ	・口中をきれいにするためにも、食後に麦茶を飲むようにすすめる。		・エプロン、おしぼり片づけの介助。 ・食事片づけ、床拭き。	・食事介助。 ・エプロン、おしぼり片づけの介助。 ・食事片づけ、床拭き。 ・ワゴン片づけ。 ・コップ洗い。 ・テーブル拭き、雑巾を洗濯に出す。 ・テーブル用、床用のバケツを洗う。
	着替え	◎子どもの体調、心の状態（甘えたい、やってほしい）を把握し援助しながら自分でしようとする気持ちを大切にする。 ・自分でできたときの喜びや満足感を十分に受け止め、自信につなげ、意欲を引き出すようにする。 ・脱いだパジャマなど、自分のものと友だちのものの区別に気づいたり、置き場所等もわかるような環境を整える。	・着替え介助。	・着替え介助。	
	排泄（食後適宜）	◎午前の排泄に準じた配慮を行う。	・トイレに誘う。	・トイレに誘う、介助。	・トイレの介助。
12:30	午睡	◎子どもの体調を把握し、一人ひとりの状態に合わせて睡眠へと誘う。 ・心身ともに安定した状態で眠りに入れるように、静かに語りかける。 ・やさしい子守歌やトントンされる快い響き、やさしい温もりのなかで安心して気持ちよく入眠できるようにする。 ◎保育者は一人ひとりの眠りの状態をつねに観察し、適切な対応を速やかに行うようにする。	・午睡に誘う。 ・休憩②。 ・保育日誌記入。 ・連絡帳記入。 ・午睡表、午睡時健康チェック。	・午睡に誘う。 ・休憩③。 ・連絡帳記入。 ・子どものコップ洗い。	・オムツの仕分け。 ・休憩①。 ・寝ていない子どものそばにつく。 ・午後のおしぼりをつくる。 ・（木）オムツバケツ洗い。
14:50	目覚め 排泄	◎明るく気持ちのよい言葉かけで目覚めを誘う。 ・布団のなかでのまどろみも大事にしながら、気分よく目覚め、排泄に誘う。	・目覚めた子どもからトイレに誘う。 ・カーテンを開ける。 ・空気の入れ替えをする。	・トイレに誘う、介助。 ・布団片づけ。 ・（金）シーツはずし。	・おやつ準備。 ・テーブルを拭く。 ・エプロン、おしぼり準備。 ・ワゴン運び。 ・トイレ介助。
	着替え	◎汗をかいたり汚れたときは衣服をまめに取り替え、清潔にする心地よさを感じ、快適な生活が送れるようにする。	・着替え介助。 ・子どもにエプロンをする。 ・介助。	・着替え介助。 ・子どもにエプロンをする。 ・介助。	
15:00	おやつ エプロン・おしぼりの片づけ 遊び	・午前のおやつに準じた配慮を行う。 ・午前の遊びに準じた配慮を行う。 ◎一日生活した満足感とともに身体疲労度も高くなっているので、けがその他に十分注意し、温和な雰囲気のなかで落ち着いて過ごせるようにする。	・おやつ介助。 ・子どもと一緒に遊ぶ。	・おやつ介助。 ・エプロン、おしぼり片づけの介助。 ・連絡帳記入、整理。 ・延長保育児の荷物用意。 ・子どもと一緒に遊ぶ。	・おやつ配膳。 ・布団片づけ。 ・（金）シーツはずし。 ・エプロン、おしぼり片づけの介助。 ・ワゴンの片づけ（麦茶も下げる）、清掃。 ・子どものコップ洗い。 ・テーブル拭き、雑巾を洗濯に出す。
	順次降園	・生活リズムを大切にし、園生活がそのまま家庭へとつながるように、一日の生活の様子を伝える。 ・子どもの一日を振り返り、「いっぱい遊んで楽しかったね」「また遊ぼうね」という気持ちでさよならをする。	・お迎え時の保護者対応。		
16:45	排泄（適宜） 保育室の移動	◎午前の排泄に準じた配慮を行う。	・子どもと一緒に遊ぶ。 ・健康観察。 ・子どもたちを夕方保育の保育室に誘導する。	・トイレに誘う、介助。 ・子どもたちを夕方保育の保育室に誘導する。	・トイレ介助。 ・オムツの仕分け。 ・保育室掃除（掃除機、床拭き、棚拭き、玩具拭き）。
17:00 17:50	当番へ引き継ぐ 夕方保育開始 遊び 延長保育児は保育室を移動しておやつ	◎長時間保育と日中の保育がスムーズにつながるように、担任保育者と当番保育者で連絡を十分に取り合う。	・夕方保育当番へ連絡事項の引き継ぎ。 ・子どもと一緒に遊ぶ。 ・お迎え時の保護者対応。 ・保育パートへの指示。 ・スポット保育児の確認、延長保育、おやつへの誘導。	・スポット保育児の荷物用意。	・ゴミ捨て（保育室・トイレ）。 ・（金）土曜日保育の準備。
18:15	延長保育開始 遊び		・延長保育当番へ連絡事項の引き継ぎ。 ・子どもと一緒に遊ぶ。 ・お迎え時の保護者対応。 ・保育パートへの指示。		
19:15	全園児降園				

§1　生活や遊びを通して行う保育

（2）日課を支える保育者の仕事

　先述したデイリープログラムの記述からもわかるように、保育者は「乳児としての日課」に合わせて毎日多くの細かな仕事を行っている実態が理解できる。たとえば、食事を始める場面においては、テーブルの用意、テーブル拭き、床拭きなどの雑巾準備、ワゴン運び、配膳、おしぼり準備など、保育者は日々の子どもの様子を見ながら時間やタイミングを見て適宜食事準備をする。オムツ交換の場面では、オムツ交換マットのカバーの設定や確認、オムツバケツの用意、汚れたオムツの仕分け、排便などの処理に必要な準備や片づけ、汚れてしまった場所の衛生管理など、いろいろな状況を想定して子どもたちができるだけ気持ちよく交換できる環境を大切にしなければならない。それは、一緒に遊んでいるときのように直接的に子どもに関わるのではなく、一見目立たない"雑用"のようにも見える細かな仕事である。

　しかし、この一つひとつの目立たない"雑用"のように見える仕事がなされなかった場合を考えてみよう。たとえば、食事準備を考えてみる。保育者が食事準備をしていなかったら、食事時間になっても食卓が整わず、子どもがお腹をすかして泣いてしまったり、イライラしてしまったりして、気持ちよく生活するということには程遠くなってしまう。オムツ交換についてはどうだろうか。気持ちよくオムツ交換したとしても、汚れたオムツを片づけずそのまま山積みにし床に置いたままにしてしまったら、その場所周辺はたちまち悪臭や汚い菌だらけになり、気持ちよくオムツを交換する場所ではなくなる。子どもの健康においても危険な場所になりかねない。つまり、その目立たない"雑用"のように見える仕事こそ、子どもたちの心地よい生活をするためになくてはならない乳児保育にふさわしい「乳児としての日課」を支える仕事なのである。子どもにとっては、その生活を支えるこのような環境構成がなされてこそ、自分に寄り添ってくれる保育者との生活になるのである。だからこそ、保育に携わる保育者の仕事には、"雑用"は存在しない。子どもの生活に関する仕事すべてが保育であり、それらがあって初めて子どもの生活といえることを十分に認識する必要がある。

　保育者と子どもがともに生活するなかでは、直接やり取りするだけでなく、保育者をモデルとして見て、まねて育っていくことが多い。先述の調乳や食事のセッティングはもちろん、おしぼりを洗ったり、片づけの様子を見ていてまねて手伝おうとしたりする。それは、子どもが興味をもって関わることは遊びといってもよいものであり、さまざまな体験をとおして生活に必要なことを身につけていく。

> テーブルセッティングをして食事の準備をする。調乳をし、哺乳瓶に子どもの名前をつける。離乳食後のミルクを準備しておく。離乳食を食べ、ミルクを飲み、十分に満たされた子どもは、気持ちよく眠りの世界に入っていく。一人ひとりの子どものタイミングを察して、準備が整えられることで、食べたり、飲んだり、心地よく眠ったり、機嫌よく遊ぶことができる。子どもの心身の成長・発達の保障につながる。

3．3歳未満児の生活

　日々の生活において生理的な欲求が満たされ、心地よい状態であれば子どもは自然に遊びこむ。遊びが充実するための基本は、身近な大人との信頼関係（愛着関係の形成）を結ぶことから始まる。

　図表6-4を参照にすると、運動の発達、睡眠・食事の発達過程および排泄の自立の過程は密接にからみ合っている。たとえば、寝返りやお座り（座位）ができる6か月頃は、下の歯が生え、離乳が始まる。排泄の自立は、離乳が完了し、幼児食が食べられるようになった頃から始まる。歩きはじめ（移動行動）が可能になった時期から始まっていく。

（1）睡眠

　睡眠は、生命を維持するため、覚醒時に正常な脳の活動を行うために必要なものである。0歳児の生活は、眠りの保障から始まると言っても過言ではない。夜も昼もない小刻みな眠りから、昼夜の区別がつき、午後1回の午睡になるまでは1年以上かかる。「そのもとは体内時計に支配されたサーカディアンリズム（概日リズム）がある。このリズムは本来24時間を数分越えた時間であるが、生後、明暗などの環境要因により、われわれの生活にあった24時間のリズムに同調していく。われわれの社会は、ほとんどが日中活動する状況にある。したがって、乳幼児期から日中活動し夜間睡眠をとるという習慣をつけることは、24時間のリズムに体内時計を同調させ、生活リズムを形成するのに大切である」（西村昴三編著『わかりやすい小児保健』同文書院、1998）。

　昼は起きて活動し、夜は眠る。このリズムは生まれたときから備わっているものではなく、家族や社会のなかで育つことによって確立してくることである。乳児保育はそのリズムを獲得する時期である。とくに0歳児期は、複数の乳児が同じ保育室で生活しながら24時間の社会的リズムを形成していくことを支える保育が求められている。月齢や個人差によって時間的ズレのある睡眠を一人ひとりの欲求に応じて保障し、目覚めてからの遊びを充実したものとすることが、昼と夜のリズムの獲得につながる。

①心地よい生活リズムづくりは"睡眠"から

子どもの生理的欲求（眠い、お腹がすいた等）は乳児自身の内奥から湧きおこる欲求である。一人ひとりの生理的なリズムが尊重され、十分に寝て、よく飲み、食べ（飲み）、そして目が覚めたらしっかりと遊ぶことで起きている時間が充実する。心地よい雰囲気のなかで気持ちよく眠りにつくと、ぐっすり眠ることができる。寝る前にぐずぐずして不快な気持ちを引きずったり、眠るタイミングを逃して、もう限界と泣きながら眠りにつくとちょっとしたことで目覚めたり、目覚めもスッキリしないことが多い。「睡眠」「食事」「遊び」の一つでもリズムが崩れるとほかにも影響してしまう。「睡眠」のタイミングや質は子どもの生活全体に影響をおよぼすことから、家庭での過ごし方や、これからの生活に思いを馳せて考える必要がある。

　月齢によって、睡眠のリズム、食事の時間や内容、排泄のリズムは、子ども一人ひとり

【図表6-4】運動・遊び・睡眠・食事の発達過程、排泄の自立の過程

月齢	運動	遊び		睡眠の発達過程
1	ベッドでねんね・首がすわる	見える・聴こえる	・ガラガラやメリーなど動くものを見つめる。	眠り中心の生活の時期
2			・保育者の歌声などを聞くと喜んで声を出す。	・生活の大半を眠ってすごす。 ・昼夜の区別がついてない。 ・眠りと目覚めをくり返しながら次第に目覚めている時間が長くなってくる。 ・お腹がすくと目覚め乳汁を飲み、お腹がいっぱいになると眠る。
3			・抱っこをして散歩をし光や風にあたる。	
4	寝返り・お座りをする	さわってみたい	・手を出してつかみ、振ったりなめたりして確かめる。	昼夜のリズムが確立する時期
5			・ガラガラ、プレイジム、ぬいぐるみなどで遊ぶ。	・昼間目覚めている時間が増え、少しずつまとめて眠ることが多くなる。 ・昼夜のリズムが確立し、夜間の睡眠時間も次第に長くなる。 ・寝入りばなや目覚めにくずったり、泣いたりする。
6			・「いないいないばあ」やくすぐり遊びを楽しむ。	
7	はいはい・つかまり立ちをする	確かめたい	・ブロック・ガラガラなど両手に持ち、なめたりして確かめる。	午前の睡眠と午後の睡眠の時期
8			・絵本を読んでもらい保育者の表情や仕草をまねる。	・一日の睡眠時間が14時間前後となり、午前と午後の眠りになってくる。 ・眠くなると特定の保育者を求め、安心して眠る。 ・自分の眠る場所がわかり、その場所であると安心して眠れる。 ・目覚めたときなじんだ保育者を求め、見つけると安心する。
9			・風呂敷などを使って「いないいないばあ」を楽しむ。	
10	伝い歩き・よちよち歩き	何度もやってみたい	・太鼓など音の出るおもちゃを何度もたたいて遊ぶ。	
11			・指先でつまんで入れたり出したりして遊ぶ。	
12			・保育者と「バイバイ」などの身ぶり手ぶりで遊ぶ。	

月齢		食事の発達過程		排泄の自立の過程
1	準備期　乳汁中心（飲ませてもらう）	・授乳のリズムが整わず不規則である。 ・空腹になると不快を感じてグズグズしたり泣いたりする。	おむつの時期	・腎臓の働きや消化機能が未発達のため、頻繁に排泄をする。 ・乳汁を飲むとすぐに排泄する。 ・おもに水分を含む水様便で回数が多い。 ・排便反射による排便で、乳児が便意を感じることはなく回数が多い。 ・おむつかぶれになりやすい。
2				
3		・離乳食のスタートまで授乳のリズムが整ってくる。 ・食べるものを見ると声を出したり、食べさせてほしいという表情をする。 ・果汁、野菜スープになれる。 ・スプーンなどの感触になれる。 ・手に握ったものを口にあてなめたりする。		
4				
5	離乳期（食べさせてもらう）	・離乳食午前1回食べる。 ・舌の突き出し反射が消え、食べ物を見るともぐもぐする。どろどろ状のものを食べる。 ・歯が生えはじめ、よだれが多く出て食べたがる。 ・舌を前後に動かし、口唇をとじるようになり飲みこむ。 ・物をにぎり、何でも口にもっていこうとする。 ・食べ物を見ると手足をばたばたして喜ぶ。		
6				
7		・離乳食2回（午前・午後1回）食べるようになる。 ・舌で食べ物をつぶして食べられるようになる。 ・全粥など舌でつぶせるやわらかさのものを食べる。 ・スープは具なしから少しずつ具の入ったものを食べる。 ・はじめて食べる味や形態は拒む。 ・食べたいもの指差したり、手づかみ食べをする。 ・食卓を見ると食事が始まるのがわかり反応する。 ・食べるリズムや食べ癖などに合わせて、食べさせてくれる保育者だと安心して食べる。		・排尿の間隔が長く、規則的になってくる。 ・10か月頃になると、個人差はあるが排尿回数は一日10〜16回、排便は1〜2回程度となる。 ・膀胱に尿がたまると反射的に排尿し子ども自身でコントロールはできないが声を出したりもぞもぞしたりする。 ・排便をするとき反射的に腹圧をかける、いきんだりする。 ・軟便から固形便となり、次第に回数も少なくなる。
8				
9	離乳期（手伝ってもらいながら食べる）	・離乳食一日3回食べる。 ・離乳食3回とも乳汁より離乳食のほうを多く食べる。 ・唇を閉じたり開いたり舌を左右にしたりしながら食べる。 ・全粥から3分粥へ、青魚・牛肉などを食べる。 ・前歯で噛み切って食べる。 ・食欲にむらがあったり好きな食品や嫌いな食品が出てくる。 ・手づかみで食べたりコップで飲んだりしようとする。 ・フォークやスプーンを使って食べようとする。 ・食事後のミルクは飲まないがおやつのときにミルクを飲む。		
10				
11				
12				

月齢	運動	遊び		睡眠の発達過程	
13	とことこ歩き・のぼる	行ってみたい・確かめたい	・戸外に出ると興味のあるものに向かって歩いていく。 ・鍵やボタンなどをどのように使うか確かめて遊ぶ。 ・絵本などを通して保育者とやり取り遊びを楽しむ。	午後の睡眠に移行する時期	・日中の眠りが定着せず、その日によって眠る時間に違いがある。 ・午前の睡眠と午後の睡眠を繰り返しながら、午後1回の睡眠の日が多くなってくる。 ・昼食時間に眠くなり、機嫌が悪くなったりする。 ・睡眠時、特定の保育者とのかかわりを求め特定の保育者だと安心して眠る。 ・眠りの前の絵本やお話を楽しみに待つ。 ・自分の眠る場所にこだわり、その場所で安心して眠る。
14					
15					
16					
17				午後1回の睡眠の時期	・午後1回まとめてぐっすり眠る。 ・ぞんぶんに遊んだときはぐっすりと眠る。 ・眠りに入る前の絵本やお話を楽しみに待つ。 ・ときには保育者を求めるが、だいたい一人でも眠られるようになる。 ・一緒に眠りたい友達ができてくる。 ・睡眠の準備や身支度ができるようになる。
18					
19					
20	すたすた歩き・走る	動きたい・話したい	・ボールを投げたり、しゃがんだりなど全身活動を好む。 ・砂や水などいろいろな素材に触れ、感触を楽しむ。 ・友達との遊びを好み、トラブルになることもある。		
21					
22					
23					
24					

月齢	食事の発達過程		排泄の自立の過程	
13	離乳完了	・離乳食完了、普通食（一日3回）が食べるようになってくる。	（おむつの時期 つづき）	
14		・ご飯を食べ牛乳を飲む。 ・顎が自由に動くようになり唇を閉じて食べ物を左右、上下に動かして食べる。		
15		・コップや汁椀をもって飲む。 ・フォークやスプーンをもって食べられるようになってくる。		
16		・食べたい、食べたくないがはっきりしてくる。		
17	普通食（一人で食べる）		便器に慣れる時期	・排泄の間隔がおおよそ一定になり定着してくる。個人差はあるが回数も少なくなってくる。
18		・幼児食から普通食を食べるようになる。 ・ご飯やおかずなど、さまざまなものが食べられるようになってくる。		・尿意を感じても予告したり我慢することはできない。
19		・もぐもぐと食品の味わいを楽しんだり、飲み込んでしまったりと、さまざまな食べ方をするようになる。		・大便のとき、いきんだり、オムツに手を当て排尿後に「チッチッ」などと知らせるようになる。
20		・促されると、ごはんとおかずを交互に食べようとする。		・便意を感じ随意的に排便をコントロールできるようになってくる。
21		・スプーンやフォークをもって食べるが、箸にも興味をもって使ってみようとする。		・トイレに興味が出てくる。
22		・食べる・食べないがはっきりしてきて、食べたくないものは拒み続ける。		
23		・好みのものを見つけると、それを一番に食べたいと主張するようになる。		
24				

月齢	運動	遊び		睡眠の発達過程	食事の発達過程	排泄の自立の過程	
25	蹴る・のぼる・ジャンプする・バランスをとる	まねしたい・一緒に遊びたい	・高いところから飛び降りたり、ぶらさがったり、全身を使って遊ぶ。 ・リズムに合わせて手足を動かしたり、指先を使うような遊びに夢中になる。 ・ごっこ遊びが盛んになり、その役になりきって遊ぶ。	（午後1回の睡眠の時期　つづき）	（普通食（一人で食べる）つづき）	おむつの外れる時期	・排尿の間隔が長くなり、尿間隔がながくなる。おおよそ1時間半～2時間ぐらいになってくる。 ・おむつにしたり、トイレで排泄したり、おもらしをしたり、排泄の場が定着しない。 ・遊びの途中でおむつ交換されたりトイレに誘われるのを嫌がるようになる。 ・特定の保育者に排泄にかかわってほしいとこだわったりトイレの特定の場所にこだわったりする。
26							
27							
28							
29							
30							
31							
32		使ってみたい・なりきりたい	・三輪車をこいだり、平均台をバランスをとって渡る。 ・ハサミ、ノリなどの道具を使ってつくることを楽しむ。 ・イスや積み木などを使って電車やトンネルに見立て遊ぶ。			トイレで排泄する時期	・トイレで排泄する。 ・尿意を感じ排泄前に保育者に知らせることもある。 ・遊びに夢中になると間に合わなくおもらしをすることもある。 ・「おねしょ」はまだ続くが、タイミングよく誘えばトイレでできるようになってくる。排泄後、手洗いもするようになる。 ・トイレットペーパーを使って拭こうとしたりする。
33							
34							
35							
36							

異なる。複数の子どもが共に暮らす保育所では、睡眠・食事・排泄・遊び等が、一つの保育室内で並行して営まれていることが多い。スペースを区切り、緩やかに隔離され、安心できる環境の下で、一人ひとりそれぞれの営みが十分に満たされるような工夫や配慮が必要である。一人ひとりの生理的リズムが十分に満たされ、心地よい生活を重ねることで、身体機能の成長とあいまって生活のリズムが形成されていく。乳児の生活リズムは心地よく眠ることから形成されていくといっても過言ではない。睡眠への大人の援助は必要であるが、その大人がよかれと考えて整えるものではなく、乳児の生理的欲求が十分に満たされた生活を通して自ずと整っていくものである。

②乳児期の睡眠の発達過程と保育者の援助

乳児期の一日の睡眠のリズムを見ると、新生児期は授乳、排泄、入浴のとき以外はほとんど眠っている。短い眠りと目覚めをくり返している。夜も昼もなく一日のあらゆる時間帯に分散して睡眠をとっている。この時期の睡眠は、脳波上は目覚めているが身体は眠っている、いわゆるレム睡眠が多く、睡眠時間は15〜16時間で一日の60パーセントは眠っている。

生後10週を過ぎる頃から、外界のリズムに合わせるように昼寝が少なくなり、夜に長い連続した眠りが徐々に表れるようになる（図表6-5参照）。睡眠は、いろいろなホルモンの分泌と関係しており、とくに発育期の成長ホルモンは眠りのはじめに分

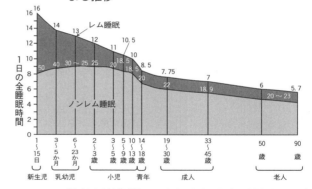

【図表6-5】総睡眠時間、レム睡眠、ノンレム睡眠の年齢による推移

（松本園子編著『乳児の生活の仕方と保育』樹村房、2006）

泌のピークにあることから熟睡できるように眠りの環境を整えることが必要である（図表6-6、p.140参照）。

図表6-4からもわかるように睡眠の発達過程と食事（授乳・離乳）は、連動したものであり、加えて、排泄の援助も一連の流れのなかで営まれている。月齢の異なる子どもが一緒に生活する場において、個々の睡眠の保障の環境、食事のスペース、排泄援助の空間の確保は保育環境の重要な課題となってくる。

乳児期の生活の始まりは、眠りを軸に展開しながら食事・排泄・遊びと連動している。心地よい生活が、子どもの発達を保障する。一人ひとりの睡眠のリズムに合わせ、明るさや温度の調節など環境を整え静かな場所でぐっすりと静かに眠れるようにしておくこと、睡眠時も子どもから目を離さず睡眠時の呼吸・顔色確認などを行い記録しておくことが大切である。

【図表6-6】睡眠の発達過程と保育者の援助

区　分	月　齢	子どもの姿と保育者の援助
眠り中心の生活	1～3か月	眠り中心の生活であり、一日の大半およそ16時間以上、眠って過ごす。昼夜の区別がついていない。一日中、飲んでは眠りをくり返し、眠りと目覚めをくり返しながら次第に目覚めている時間が長くなってくる。眠りに入るときは、ゆったりと優しく声がけをしたり、肌に触れたりして、安心して眠れるようにする。
昼夜の眠り（リズムが確立する時期）	4～6か月	昼間目覚めている時間が長くなり、眠りが持続している。一日の睡眠時間は、およそ14時間から15時間となる。昼夜のリズムが確立されてくる。日中の目覚めている時間が長くなってくるが授乳後、満腹になると眠ってしまう。この頃までは、お腹がすくということと眠ることが一連の流れになっている。眠りに入る子どものさまざまな癖や習慣を温かく見守るとともに、表情やしぐさから眠いのかどうか判断し、眠いときは自然に眠れるようにする。
午前睡と午後睡をする時期	7～12か月	一日の睡眠時間がおよそ13時間から14時間となる。午前睡と午後睡のリズムが次第に定着してくる。目覚めて遊ぶ時間が長くなり、眠りの時間が一定の時間に定着するようになってくる。目覚め後の機嫌のよい時間を見て離乳を開始する。この時期になると特定の人を求めたり、場所にこだわったり、癖が表れるようになってくる。これらのこだわりに添ってもらうことを積み重ねながら、生理的な睡眠のリズムが、生活リズムへと定着してくる。「眠い」という子どもの体感をタイミングよく察知し、眠る場所を一定とし、そこにいれば自分の布団があり安心して眠れるようにする。
午後睡に移行する時期	12か月以降	日中の眠りはまだ定着してはいないが、午前睡と午後睡を繰り返しながら、15か月以降になると、午後1回の睡眠のリズムに定着してくる（個人差はあるが）。一日1～2回、同じような時間に眠るようになってくる。安心してぐっすり眠ることができる。人や場所やコトにこだわりが見られるようになってくる。だれがどのように眠りに誘えば寝入りやすいかがわかり睡眠援助もしやすくなってくる。子どもの生活リズムに即して睡眠を考え眠い時は眠れるようにする。午前中は体を動かして遊べるようにもし、少しずつ午後寝に移行していく。

（2）乳児の食事

　乳児期は、人の一生のなかで、もっとも急激な発育・発達をする時期でありながら、消化吸収機能や代謝の働きも未熟であることを十分に理解し、必要な栄養や食行動の発達を知り、乳児の食生活を考えることが大切である。

　「日本人の食事摂取基準（2015年版）」の推定エネルギー必要量（kcal/日）によると、1～2歳は男児950kcal・女児900kcalであり、成人（18～29歳）男性2650kcal・女性1950kcalと比較してみると、体重1kgあたりのエネルギー摂取量は成人の3倍以上である。また、食物から供給されるエネルギーの比率は、炭水化物、脂質、たんぱく質の1gあたり、それぞれ4, 9, 4kcalとされている。子どもが摂取するエネルギー比率は、たんぱく質13～20％、脂質20～30％、残りを炭水化物からが望ましいとされている。離乳期のたんぱく質の摂取量が多いと、小児期から肥満傾向になりがちなので、過剰摂取にならないことが望ましいとされている。

　乳児期における乳汁期の栄養は、母乳またはミルクである。3歳未満児の食事は、乳汁中心の生活から離乳食を食べる時期、そして、幼児食を食べるようになる時期と発達に応じて、食事の形態や内容が変わっていく。

図表6-4（p.135参照）に示されているように、乳汁期から離乳完了の時期までは2か月～3か月ごとに食事の形態が変わり、食材が増えていく。個人差も大きく、揺り戻しもあることから、一人ひとりの食事の発達に応じた援助が求められる。

①乳児期は"食べる意欲"の基礎づくり時期
　厚生労働省「授乳・離乳の支援ガイド（2007年）」の「発育・発達に応じて育てたい"食べる力"について」（図表6-7参照）には、生涯における「食を営む力」を育むために、乳汁期・離乳期にはどのような食べる力を育んでいけばよいかを示されている。乳汁期・離乳期は、安心と安らぎのなかで、乳汁を飲み、離乳食を食べる経験を通して、食欲や食べる意欲という一生を通じての食べることの基礎をつくる。誰と、どのように食べるのが大切で、食に対するイメージがつくられることが読み取れる。
　「発育・発達過程に応じて育てたい""食べる力"について」に示しているように、授乳期・離乳期の食事は、生涯における食習慣の原点となる重要な時期である。"安心と安らぎ"のなかで"食べる意欲"の基礎づくりの時期であるとしている。
　それは、離乳期は、おなかがすいたという体感や、食べたい・美味しそうという感じ、そうした生活のなかで、見て、触って、自分で食べようとすることである。ことに離乳の始まりは、視覚・触覚・嗅覚・味覚など五感を通して味わうことが重要である。保育者は日々の生活において、子どもの生活リズムを整え、子ども自らが食べたくなるような環境づくりが重要である。
　乳児期の食事は、生命を維持するための栄養素の摂取や、乳児の満足感を満たすだけでなく、食事を通して、生活の仕方や人との関わりを身につける場であることから食事場面での関わりの一つひとつに保育者の細やかな配慮が求められる。

②0歳児の食事　―はじめての食品との出会い―
　0歳児期の保育における生活の柱となる「睡眠」「食事」「遊び」のなかでも、その形式が大きく変わるのは「食事」である。0歳児期の後半からである。離乳食は子どもの健康状態に応じて進める。日々の体調の把握、子どもの機嫌、新たな食材の取り込みなど、保護者、看護士、調理担当者など、子どもに関わる人々の総力を結集して離乳に取り組むことが大切である。
　離乳食が開始されると、子どもの「摂食様式」が変化してくる。子どもにとっては新たな経験の始まりである。視覚的にはもちろん、味覚、嗅覚、触覚など、これまでに経験したことのないような感覚との出会いが始まる。加えて、他者に食べさせてもらう、手伝ってもらいながら一人で食べるなどの新たな対人関係様式の始まりでもある。

●産休明け児の栄養
　昼夜に関わらず目覚めれば授乳を求め、疲れれば眠ってしまうような生活の産休明けの子ども（生後57日目から）が保育所には入所する。そのような産休明け児の保育でもっとも重要な保育内容は授乳である。妊娠中、母乳で育てたいと回答した母親は9割を超え

【図表6-7】発育・発達過程に応じて育てたい"食べる力"について

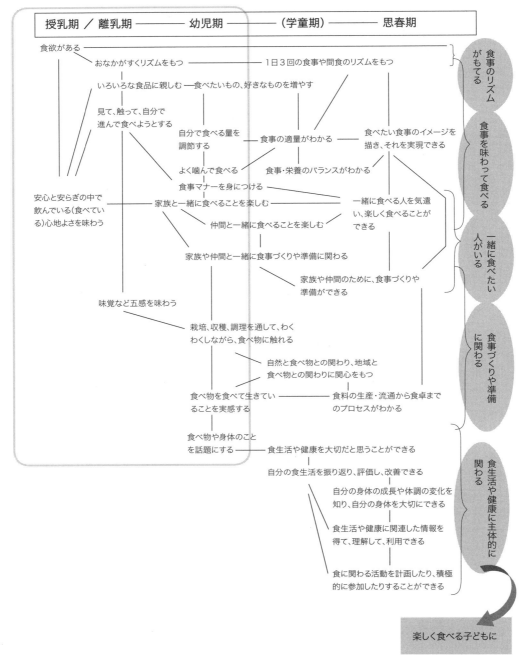

厚生労働省「授乳・離乳の支援ガイド」の「楽しく食べる〜食からはじまる支援ガイド」2007年*

* 「授乳・離乳の支援ガイド」は、2019年3月に改訂版が厚生労働省より刊行されている。本書では、2019年版をもとに述べているが、一部必要に応じて2007年版の資料を用いているものがある。

（厚生労働省「授乳・離乳の支援ガイド（2019年）」）、出産後1年未満の就業者の49.3％が母乳育児を行っていた（厚生労働省「平成27年乳幼児栄養調査」より）。このようなことから母乳を飲んでいた乳児の保育を受け入れることも少なくない。母乳を続けるという希望があれば、母親に通園してもらって授乳をしてもらう。あるいは、冷凍母乳を預かるなどして、母乳育児を続けられるように工夫をしたい。

乳児の栄養は、乳汁によるものでその栄養摂取の方法は、母乳栄養（母乳だけの栄養）、人工栄養（母乳以外の乳汁およびその加工品による栄養）、混合栄養（母乳とそれ以外のものとの併用による栄養）の3つに分けられる。乳児は母乳で育てるのが自然であり、母乳は乳児にとってもっとも優れた食品であるといわれている。1970年代からWHO（世界保健機関）による母乳推進の運動、厚生労働省の「授乳・離乳の支援ガイド（2019年）」にも母乳育児の支援を行うよう示されている。

母乳の栄養が見直されつつある。母乳栄養には、さまざまな長所がある。

① 必要な栄養が揃っていて、生後5か月までの栄養は母乳だけで十分発育する。
② 消化吸収がよく、栄養効率がすぐれている。
③ ミネラルが少なく、たんぱく質の分解産物も少ないので、飲みすぎても腎臓に負担がかからない。
④ 母乳中に多くの免疫グロブリンAが含まれていて病原体の増殖を抑制するのに役立つ。
⑤ 牛乳にはアレルギーが生じることがあるが、母乳はアレルギーの心配はない。
⑥ 母乳は乳房を清潔に保つ限り、分泌される乳汁は衛生的である。
⑦ 母子間の心理的安定が形成され、乳児の情緒面や人格形成に影響を与える。
⑧ 母乳栄養は経済的で、簡便で手間がかからない。

以上のように、母乳栄養は精神面・身体面にわたりよい影響が母子両者におよぶことから、母乳栄養を続けられるようにしたい。冷凍母乳の取り扱いには十分に配慮しなければならないが、環境を整備し、解凍手順を明確に明示し授乳できるようにする。

母乳の授乳が禁忌の場合もある。母親の病気が感染する危険のある場合、授乳により母親の健康が損なわれる場合、服薬を始めた場合など医師と相談をしてもらい、その上で対応を考える。母乳の取り扱いと解凍方法については、以下を参考にしてほしい。

③冷凍母乳の取り扱いと解凍方法（図表6-8）
1）保育所では1日分の母乳パックを預かる。保護者が持参してきたものを、母親の名前、日付、時間を確認し、すぐに－18℃以下の冷凍庫に入れ保管する。
2）解凍は、40℃くらいで湯煎し、哺乳びんに移し40℃の湯煎で人肌（35～37℃）まで温める（電子レンジや熱湯での解凍は、母乳成分が変化することがあるので使用しない）。
3）母乳は細菌が繁殖しやすいので、搾乳、保存、解凍、授乳の手順において、消毒や温度管理など衛生的に行う。
4）母乳パックは処分、使い捨てとする。

【図表6-8】冷凍母乳の解凍方法

① 手洗いをする（石けんと流水でよく洗う）。

② 冷凍庫から取り出す（名前・日付・時間を確認する）。

③ 解凍する（水を数回取り替える）。
※ 熱湯・レンジでは解凍しない。

④ 湯煎で温める。使用後のボール（ビーカー）は、そのつど洗浄し、殺菌庫に入れる。

40℃くらいの湯

⑤ ハサミで切る（バッグ専用の消毒したハサミで切る）。

切り口を消毒綿で拭く。

⑥ よく溶かす。
乳首・キャップカバーは消毒バサミ（ピンセット）を使ってつける。

⑦ 授乳する（名前をもう一度確認する）。

④ミルクについて

　乳児保育を行う上でミルクに関する知識は必須である。一人ひとりの乳児がどのようなミルクを飲んでいるのか、何が適しているのかも理解しておく必要がある。

【図表6-9】 ミルクの成分と使い方

ミルクの名称		ミルクの成分と使い方
調製粉乳	育児用ミルク	生乳・牛乳が主原料で母乳に近い成分組成となっているので母乳の代替えとして用いられる。母乳に少ない鉄やビタミンKが含まれている。
	フォローアップミルク	牛乳よりたんぱく質が消化しやすく、脂肪酸を調整してあるので、生後9か月以降に牛乳の代替品として用いられる。鉄・各種ビタミンが添加されている。
	ペプチドミルク	乳清たんぱく質を分解してアレルゲンを低減してある。アレルギーの予防や疾患用ではない。
	低出生体重児用粉乳	出生体重が2.5kg以下で、入院治療が必要な乳児に用いられ、育児用粉乳に比べエネルギー・たんぱく質・糖質・ビタミン類が多く、脂肪酸が少ない。
	粉末大豆乳	大豆を主原料として、大豆に不足している成分を添加・強化している。牛乳アレルギー、乳児下痢症に使われる。
	特殊ミルク	先天性異常症の疾患対応のミルクで、市販されず医師の処方により使われる。

　育児用粉乳は、母乳により近い内容に改良されていて、調製粉乳と呼ばれている。ほかに治療のためのミルクが開発されている。低出生体重児のための粉乳、牛乳アレルギー児のための粉乳、牛乳アレルギー・乳糖不耐性のための大豆乳、先天性代謝異常症のための特殊ミルクなどがある。

　子どもにどのミルクを飲ませたいのかは保護者が選択する。それは、親になってはじめての子どもへの贈り物でもある。保護者の選択を尊重したい。おもに育児用ミルクである。子どもによっては治療のためのミルクを飲ませなければならないこともある。そのような場合は、保護者や担当者および看護師、栄養士、さらに嘱託医との綿密な連携のもとに、子どもにとって、もっとも適切なことは何かという観点のもとに判断したい。

　フォローアップミルクは、離乳が順調に進んでいる場合は必要ない。離乳が進まず鉄欠乏のリスクが高い場合や適切な体重増加がみられない場合に、医師と相談のうえ、必要かどうかを考える。それらを受けて保護者と話し合って使用する。

⑤調乳の仕方

　家庭では、おもに台所で調乳が行われるが、乳児保育を行う保育所には、調乳室が設置され、調乳は調乳室で行われる。調乳室はつねに清潔に保たれ、調乳に必要な器具・用具を使いやすく整えておかなければならない。ミルクはつくり置きしておくことはできない。子どものおなかがすいたというサインにすばやく応じられるよう、衛生的にかつ手順よく使えるよう調乳用具を整えておくことが必要である。

　前もって消毒した哺乳びんをできるだけ汚染しないように、身支度を整えて十分手指を消毒し調乳に入る。用いる粉乳の説明書に指示されたとおりに行う。開缶後はふたをしっかりして衛生的な湿気のない場所に保管する。10日くらいで使いきる。ミルクのつくり方は、次のとおりである。

　授乳には、時間を決めて定期的に行う時間制授乳（規則授乳）と、乳児が空腹を訴えたとき授乳する自律授乳がある。乳児の空腹感はある程度規則的であり、結果として、時間制

【図表6-10】調乳の仕方

① 手をよく洗い消毒する。指先、爪もきちんと洗う。

② 哺乳びんに70℃以上のお湯（一度沸騰したもの）をでき上がり量の2/3入れる。
※ 一度沸騰したものを30分以上放置しない（70℃以下になる）。

③ 粉ミルクを量を正確に測り（専用スプーンですりきり）入れる。

④ 振って溶かす（泡を立てないように軽く振る）。

⑤ お湯を足す（でき上がり量まで入れる）。

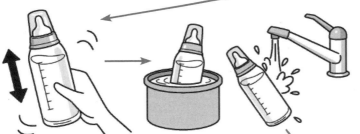

⑥ フードをかぶせ、粉ミルクを溶かす（上下にゆっくり振る）。

⑦ ミルクをさます（人肌程度、30〜40℃）。
※ 中身が汚染しないよう冷却水は哺乳びんのキャップより下にあてる。
※ 腕の内側に少量のミルクを垂らして授乳に適した温度になっているか確認する。

⑧ 授乳する保育者に渡す。
※ 複数調乳した場合は確認する。
※ ただちに授乳する。
※ 授乳後、残ったミルクは捨てる。

　授乳も自律授乳も同じような時間（たとえば2時間〜3時間おきというように）の授乳になっていくが、個人差があり、1.5時間で空腹を訴える乳児もいれば、3時間の乳児もいる。
　自律授乳は、一人ひとりの欲求を尊重することであり、生理的充足感と安心感を与えることができることから、乳児にとって望ましいといえる。乳児が空腹を感じて欲求する、その訴えを聞いて授乳する。この関わりのくり返しのなかで、空腹感が満たされるという

【図表6-11】ミルクの飲ませ方

◎できるだけ同じ保育者が授乳を行い、子どもの気持ちを受け止めながら行う。

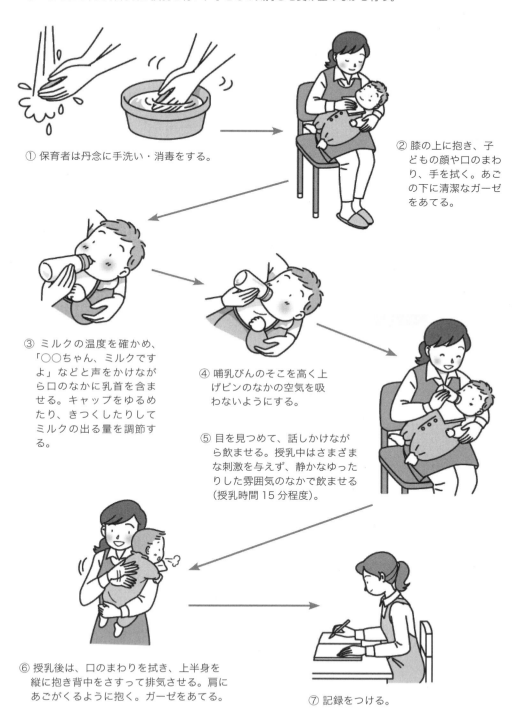

① 保育者は丹念に手洗い・消毒をする。

② 膝の上に抱き、子どもの顔や口のまわり、手を拭く。あごの下に清潔なガーゼをあてる。

③ ミルクの温度を確かめ、「○○ちゃん、ミルクですよ」などと声をかけながら口のなかに乳首を含ませる。キャップをゆるめたり、きつくしたりしてミルクの出る量を調節する。

④ 哺乳びんのそこを高く上げビンのなかの空気を吸わないようにする。

⑤ 目を見つめて、話しかけながら飲ませる。授乳中はさまざまな刺激を与えず、静かなゆったりした雰囲気のなかで飲ませる（授乳時間15分程度）。

⑥ 授乳後は、口のまわりを拭き、上半身を縦に抱き背中をさすって排気させる。肩にあごがくるように抱く。ガーゼをあてる。

⑦ 記録をつける。

§1 生活や遊びを通して行う保育

身体の感覚と、訴えれば欲求が満たされ、人との関わりがあるということを学習していくのである。やさしく声をかけられ、目と目を合わせ、ゆったり飲むことで子どもの心は安定し、食欲が育まれることになる。

　授乳は、栄養摂取とともに人との関わりを身につけていくことが理解できる。授乳を通して保育者と子ども（母子）のスキンシップが図られるようにしっかり抱いてやさしく声かけをし、温かいふれあいが大切である。泣いたり、ぐずったりする空腹のサインを見逃さずタイミングをよく、機嫌よく十分に満腹するまで飲めるようにする。1回の授乳で飲む量、睡眠のリズムなどによって、一日の授乳回数は子どもによって異なるが、保育中の授乳回数は5～6回である。回数にはこだわる必要がなく、一日の哺乳量、機嫌、体重の増加など子どもの健康状態全体を通して考えるようにする。

　朝の1回目の授乳から3～4時間後ぐらいに空腹を訴えるが、一人ひとりのリズムに合わせた授乳を行う。家庭と保育所が連続した生活のなかで授乳のリズムを調整していくことが必要である。日々の連絡帳の記入や送迎時の保護者との話し合いは、乳児の生活を支えるために必須である。ていねいに記録をし、話し合ったりすることで保護者との間に信頼感ができ、質の高い保育が可能になっていくのである。

⑥離乳

　離乳とは、乳汁の栄養から幼児食に移行する過程である。液体栄養から固体栄養へ、乳汁栄養から雑食栄養へとの過渡期の栄養である。乳汁を吸うことから、食物をかみつぶして飲み込むことへと移行していく。この間に、食品の量や種類が多くなり、献立や調理の形態が変化していく。離乳食の進め方の目安は、以下のとおりである。

　図表6-13は、離乳の進め方と保育者の援助を示しているので参考にしてほしい。

⑦離乳の目的と保育者の援助

　離乳には、以下のような意義がある。

① 離乳の目的は乳汁だけでは不足する栄養を補う（栄養摂取）
② 母乳やミルク以外の味に慣れる（味覚）
③ 固形物をかむようになる（咀嚼）
④ 人に頼らないで食べられるようになる（自立）
⑤ 食事の習慣を身につける（生活習慣）
⑥ 食事はコミュニケーションの場である（人との関わり）

　離乳は、生きていくための自立の過程そのものでもある。加えて食事の習慣を身につけるという社会的、文化的意味合いもある。食事はコミュニケーションの場でもあるので、食べるか、食べないかに捉われ過ぎず、食べる楽しさを体験していくことができるよう子どもとの関わりを大切にしたいものである。子ども自身が食べるのであって、保育者はその援助をするのである。

【図表6-12】離乳食の進め方の目安

		離乳の開始 ━━━━━━━━━━━━▶ 離乳の完了			
		以下に示す事項は、あくまでも目安であり、子どもの食欲や成長・発達の状況に応じて調整する。			
		離乳初期 生後5～6か月頃	離乳中期 生後7～8か月頃	離乳後期 生後9～11か月頃	離乳完了期 生後12～18か月頃
食べ方の目安		○子どもの様子をみながら、1日1回1さじずつ始める。 ○母乳や育児用ミルクは飲みたいだけ与える。	○1日2回食で、食事のリズムをつけていく。 ○いろいろな味や舌ざわりを楽しめるように食品の種類を増やしていく。	○食事リズムを大切に、1日3回食に進めていく。 ○共食を通じて食の楽しい体験を積み重ねる。	○1日3回の食事リズムを大切に、生活リズムを整える。 ○手づかみ食べにより、自分で食べる楽しみを増やす。
調理形態		なめらかにすりつぶした状態	舌でつぶせる固さ	歯ぐきでつぶせる固さ	歯ぐきで噛める固さ
1回当たりの目安量					
Ⅰ	穀類（g）	つぶしがゆから始める。すりつぶした野菜なども試してみる。慣れてきたら、つぶした豆腐・白身魚などを試してみる。	全がゆ 50～80	全がゆ 90～軟飯80	軟飯90～ ご飯80
Ⅱ	野菜・果物（g）		20～30	30～40	40～50
Ⅲ	魚（g）		10～15	15	15～20
	又は肉（g）		10～15	15	15～20
	又は豆腐（g）		30～40	45	50～55
	又は卵（個）		卵黄1～全卵1/3	全卵1/2	全卵1/2～2/3
	又は乳製品（g）		50～70	80	100
歯の萌出の目安			乳歯が生え始める。	1歳前後で前歯が8本生えそろう。	
				離乳完了期の後半頃に奥歯（第一乳臼歯）が生え始める。	
摂食機能の目安		口を閉じて取り込みが出来るようになる。	舌と上あごで潰していくことが出来るようになる。	歯ぐきで潰すことが出来るようになる。	歯を使うようになる。

※衛生面に十分に配慮して食べやすく調理したものを与える

（厚生労働省「授乳・離乳の支援ガイド」2019より）

　乳汁以外の新しい食品にふれることは、乳児にとって大人の想像以上に戸惑うことなのかもしれない。子どもは戸惑いや不安を保育者に受け入れてもらいながら安心して食べられるようになることが大切である。
　何を、いつ、どのくらい食べさせるかということと同様に、どういう雰囲気のなかで、誰と、どのようにして飲んだり食べたりできたのかが重要である。

【図表6-13】離乳の過程と保育者の援助

月齢	子どもの姿	保育者の援助
離乳の開始 5～6か月	歯が生え始める。唾液の分泌が増え、よだれが多く出るようになる。大人が食べている姿を見るともぐもぐと口を動かすようになる。舌の突き出し反射が消えてくるなどが、離乳を始めるタイミングとなる	離乳食は一日1回で乳汁以外の舌ざわりや味に慣れさせることが目的である。乳汁以外の新しい味にふれることは乳児にとって衝撃的な出来事であるかもしれない。何よりも大切なことは、心地よく離乳のスタートができるように配慮することである。授乳のリズムを整え、乳児の機嫌のよいときを選び食べさせる
7～8か月	はいはいなどの移動行動ができるようになるとともに、人見知りをするようになってくる。乳汁だけでは栄養が不足してくるので、離乳食からの栄養摂取を行う	離乳食は午前と午後の2回食乳汁は離乳食後に与える。食材の種類や量を徐々に増やし、さまざまな味に慣れるとともに、卵、鶏肉などの動物性たんぱく質もとれるようになってくるので、はじめの一口は家庭で食べさせてもらいながらアレルギー反応が出ないかどうか、保護者と保育者で確かめながら加えていく慎重さが必要である
9～11か月	はいはいからつかまり立ちや伝い歩きができるようになり運動量も増し、離乳も進み、食べられる量も多くなってくる。指差し行動にも現われるように子どもの欲求が保育者にも伝わりやすくなってくる	離乳食は一日3回で食事場面において子どもは食べさせてもらうというどちらかというと受け身の立場から、食べる主体者として保育者に能動的に関わっていくようになる。保育者と子どもの関わりに少しずつ変化が見られるようになってくる。いわゆる、子どもの意思が食事場面の舵を取るようになってくるのである。保育者や友達とともに楽しく食べるようにする
完了期 12～18か月	上下の歯が生えそろい、これらの歯でかみ切った食物を口の奥のほうでリズミカルにかみ、飲み込めるようになる。離乳食が完了、普通食に移行する。スプーンやフォークを使って食べるが、まだまだ使いこなせないので介助が必要である	コップから一人で飲もうとするが、傾け方の加減がわからずこぼすことも多いので、コップに入れる量を1cm程度として、何回かに分けて入れる。保育者は手を添えて角度を知らせていく、飲みきったら「おいしかったね」「もっと飲もうか」など、子どもを励ます言葉かけをする。この時期は、子どもが一人で食べようとする意図や行為を受け入れながらも、さりげない援助が保育者に求められる

　離乳は保育者にとって非常に神経を使うことであり、子どもの反応や表情から目を離すことはできない。子どもにじかにふれ、そのやりとりをとおして、子どもと保育者の愛着関係を形成するための場面でもある。

（3）排泄

　子どもはこの世に生を受けたとき、すでにおむつに排尿・排便をしている。おむつになじんで生活してきた乳児が、おむつから便器での排泄ができるようになるまでには、おむつの時期→便器になれる時期→おむつの外れる時期→トイレで排泄する、のプロセスを経ていく。そのプロセスのなかで、子どもは未知の経験をたくさんしなければならない。

　健康な大人は、トイレで排泄することは自然なことであり、とくに努力を必要としない。しかし、子どもはトイレで排泄できるようになるには、生まれたときから使っていたおむつを外す、トイレになれる、パンツを脱いだりはいたりするなど、大人にとって容易

なことでも、子どもにとっては驚くようなことばかりである。はじめての経験のなかで生じる戸惑いや不安を大人に察してもらいながら、ていねいに受け止められ、支えられ、励まされてようやくトイレでできるようになっていくのである。

　乳児は、新生児期の反射的排尿便から成長するにしたがって尿意・便意を自覚し、制御し、適切な排泄行動がとれるようになるまでに、個人差があるが、およそ36か月を要する。おむつの期間は1年以上あり、トイレットトレーニング期間は2年近くを要する（図表6-4、p.134～138参照）。

　乳児保育において排泄の自立は、離乳と歩行が完成してくる1歳以降に取り上げられる保育内容である。排泄の自立は訓練より生理的成熟を待つことが大切であるとしながらも、排泄は目に見える形で結果として現われるものだけに、保育者のやる気が優先し、子どもの育ちとかみ合わないことも生じやすいことから排泄に関しては、とくに発達に即した保育を進めなければならない。

①乳児の便と排便のメカニズム

　乳児の便は、一般には薄い黄色である。母乳栄養児は卵黄色のねっとりした便を排泄する。人工栄養であっても、現在の育児用粉乳は組成が母乳に近くなってきているため、便性は母乳栄養に近くなってきている。腸内が酸性であるとき、空気に触れ緑便となることもある。授乳が進むと便の色は変化してくる。離乳食以降は、食物の内容、量、消化機能の成熟度により便の性状は変わってくる。色、においなども大人の便に近づいてくる。

　大腸の運動により、糞便がS状結腸にたまってくると、直腸に送られる。直腸の壁が便で伸展すると、脊髄の中枢に刺激が伝達され、排便反射が起こり、内肛門括約筋が開いて直腸が収縮し、便が排泄される（2018年　西村）。

　1歳を過ぎる頃から次第に便意を感じるようになり、随意的にコントロールできるようになる。これは排便抑制の刺激を大脳に伝えると、それに対して大脳から刺激が脊椎の排便中枢に出され、排便反射を抑制するからである。排便の用意が整うと、体外に便を排出する。排便の排出には、横隔膜や腹筋を緊張させて腹圧をかける「いきみ」といわれる協調運動が、反射的に誘発される。

②排尿のメカニズム

　膀胱に尿がある程度以上に貯留すると、膀胱にある神経受容器が作動し、脊髄の排尿中枢、延髄の排尿中枢に伝えられる。乳児では陰茎機能が未発達であり、排尿反射を抑制できずそのまま排尿が起こる（2018年　西村）。

　1歳を過ぎる頃から無意識に排尿を抑制する機能が出てくるようになる。膀胱に貯められる尿量を増加させていく。ある程度以上、膀胱に尿が貯留されるようになると、その情報は延髄から大脳皮質まで伝わり、尿意を知覚するようになる。尿意の知覚が確実になると、自立が可能となっていく。

　排便・排尿のメカニズムからもわかるように、内臓機能と神経系統の発達に基づいていることがわかる。離乳が完了し歩行移動が可能になる、1歳以降に取り上げられる保育内

容であり、排泄の自立は生理的成熟を待ちながら行うことが大切である（図表6-4、p.134〜138参照）。

③おむつの替えの意義

　新生児期は、腎臓機能や消化機能が未発達なため排便・排尿の回数は多い。排便・排尿後は毎回おむつを交換し清潔を保つ。また、授乳のたびにおむつを替えさっぱりと気持ちのよい状態を保つことが大切である。汚れたときにすぐに取り替え気持ちのよい状態を保つこと、子どもが心地よい状態を味わうことを覚えることが大切である。やわらかい肌は、おむつかぶれになりやすいので、つねに清潔にしておく。

　おむつの取り替えは清潔な状態を保つことだけが目的ではない。子どもと保育者が見つめあったり、ほほえみをかわしたり、肌にふれあうことでコミュニケーションをとることが大切なのである。「気持ちよくしようね」「ほら、いい気持ちでしょう」と語りかけながら表情豊かに接していくうちに、子どもは保育者の表情やしぐさから保育者の内的メッセージを受け取り、それを読み取っていくようになるのである。

④おむつの種類と特徴

　おむつには布おむつと紙おむつの二種類があり、最近のおむつの使用状況は、家庭では紙おむつが多く使われている。そこで、紙おむつと布おむつの特性を踏まえて、どのような使い方が望ましいのかを把握しておく必要がある。

【図表6-14】紙おむつと布おむつ

種類	素材	特徴	利点	課題
紙おむつ	高分子吸収剤	○排泄部分に高分子吸収体を含み水分を吸収し、肌触りがよい。 ○赤ちゃんの月齢に合わせた豊富なサイズがある。 ○テープタイプとパンツタイプがある。	○軽く小さくまとめることができ携帯に便利。 ○濡れたことを感じずにぐっすり眠れる。	○使い捨てのため、ごみ、環境問題がある。 ○濡れたことの感受性や、関わりが減少する。
布おむつ	木綿生地	○薄いさらしタイプ・成形タイプがある。 ○通気性があって肌触りがよい。 ○洗濯して繰り返し使える。	○洗濯してくり返し使える。経済的。 ○濡れたことを感じやすく感受性を育む。	○おむつカバーが必要。携帯に不便。 ○洗濯を頻繁に行わなければならない。

　一日に何度も子どもと密接にふれあえるのがおむつ替えである。手を温め、視線を合わせ、温かい言葉をかけながら心地よいひとときがおむつ替えであるようにする。

　保育所によっては布の貸しおむつを使っているところもある。それぞれの特徴や利点・課題を知り状況によって使い分けるとともに、保護者の就労状況や洗濯や処理の問題など多方面から考えていくようにする。どのおむつを使っても保育所においては、子どもに適切なものを選ぶとともに、おむつ交換を通して保育者と子どもの一対一で関われる貴重な

営みであるということも意識して援助を行いたい。

⑤おむつの替え方

　おむつの替えはおむつの交換台であったり、床におむつ替え用マットを敷いたりなど、保育所によってさまざまである。交換台の場合は、高さがあるので転落事故のないように子どもから目を離さないこと、また、その場を離れない。そのためには、おむつ替えに必要な用品をすぐ取り出せる場所に置いておくことが大切である。床での取り替えの場合は、他児がよってきて子どもの顔を触ったり、排泄物や用品に触ったりしないよう十分な配慮が必要である。どの場で取り替えようと事前に、安全に心をかよわせながら手早くできるよう工夫が必要である。おむつ交換の場所は、保育室のなかでも一定の場所に定まっていることが望ましい。

　おむつの替え方は図表6-15（p.154参照）のような手順で行う。

⑥排泄の自立の過程

　排泄の自立は、成熟要因によるのか、学習要因によるのかとしばしば論議されるところであるが、乳児期から試みても排尿は偶然で持続しないことや、早い時期におむつをはずしてもお漏らしがある時期までつづくことから、生理的成熟を待たなければならないことがうかがえる。内臓機能や脳神経の成熟に加えて、尿が出ることを伝える言語や対人関係の発達も必要となってくる。排泄と、言葉と、場所とが結びつき、そこに大人の見守りを感じられるようになったとき教えられるようになってくるのである。

　津守（乳幼児精神発達診断法）は、「自分から、小便や大便をあらかじめ知らせる段階に達する前に、排泄物に興味をもってみること、小便をした後で知らせるという段階がある」と述べている。便意や尿意を知らせ、トイレでできるようになるまでは、ある程度の時間を要する。

　このことから、トイレットトレーニングを始めるのは、排泄物への興味をもつようになり、排尿後「チッチ」などのしぐさが見られるようになってくる20か月頃が一つの目安と考えられる。子どもは、およそ36か月の間におむつをする、便器になれる、おむつがはずれる、便器に排泄するとの経過をたどっていく。短い期間に、新しい経験をしながらトイレで排泄できるようになっていくのである。排泄の自立は個人差が大きく、加えて、揺り戻しをくり返しながら自立に向かっていくことから、子どもなりに小さな胸を痛めていることも少なくない。大人にとって当たり前のこととして働きかけられる一つひとつのことが、子どもにとって驚きや不安の出来事である。そのことをくみとりながら排泄の自立に向けての援助をしたいものである。

　とくに歩行の完成は子どもの行動半径を広げ、活動的になる時期である。さまざまなものへの興味や関心は探索活動を活発にし、おむつ交換やトイレへの誘いは、楽しい遊びの妨げになったりするので、「いや」と拒むことも多くなる。「〜したい」との自分の意思や欲求にもとづく生活体験を十分にすることが必要であるこの時期の保育において、排泄の自立が生活の軸になりこの時期に大切にしたい活動ができないということがないように配

【図表6-15】おむつの替え方

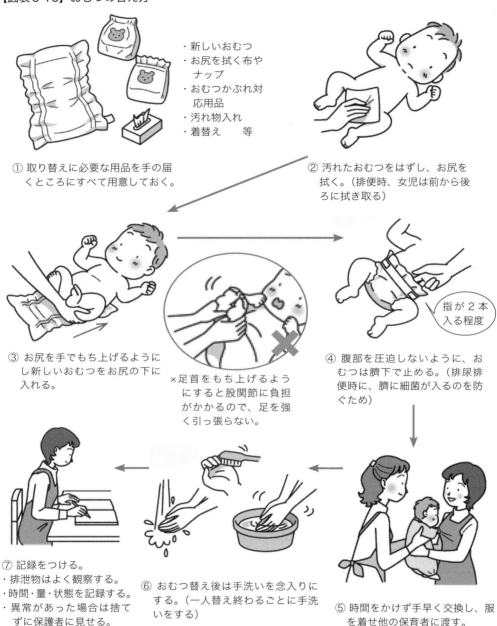

① 取り替えに必要な用品を手の届くところにすべて用意しておく。

・新しいおむつ
・お尻を拭く布やナップ
・おむつかぶれ対応用品
・汚れ物入れ
・着替え　等

② 汚れたおむつをはずし、お尻を拭く。（排便時、女児は前から後ろに拭き取る）

③ お尻を手でもち上げるようにし新しいおむつをお尻の下に入れる。

×足首をもち上げるようにすると股関節に負担がかかるので、足を強く引っ張らない。

④ 腹部を圧迫しないように、おむつは臍下で止める。（排尿排便時に、臍に細菌が入るのを防ぐため）

指が2本入る程度

⑦ 記録をつける。
・排泄物はよく観察する。
・時間・量・状態を記録する。
・異常があった場合は捨てずに保護者に見せる。

⑥ おむつ替え後は手洗いを念入りにする。（一人替え終わるごとに手洗いをする）

⑤ 時間をかけず手早く交換し、服を着せ他の保育者に渡す。

慮したいものである。

　日々の日課には、保育者の心づもりとして「トイレに誘う」と取り上げているが、排泄は個人的なものなので、一人ひとりのタイミングに応じて誘いかけるようにする。自己主張をするようになるこの時期、子どもとの折り合いどころを見定めながら進めていかなければならないのが排泄の自立に向けての援助である。

⑦トイレットトレーニング

　おむつは誰のために、何のためにあるのだろうか、考えてみたい。衣類や部屋を汚さないようにしたいという大人の都合や便利さのために子どもはおむつをさせられているのである。子どもからみれば窮屈で、体を動かすのも不便なものでないほうが動きやすく気持ちがいいはずである。子どもがおむつをしないまま楽に動きまわれることや、トイレで排泄をしたときの気持ちのよさを体感できれば、自然におむつを必要としなくなってくると考えられる。

　排泄の自立は、子どもの生理学的な成熟を待たなければならない。内臓の働きも充実、排便回数も定着し、子どもは尿意を感じ何らかの形でサインを出せるようになってくる。子どもの様子をよく見ていると子どもの排泄のリズムがわかるようになってくる。もじもじしたり、オムツのまえに手をあてたりするので、「シーシ出たの、きれいにしようか」とトイレに誘ってみる。

　すでにオムツがぬれている場合もあるが、便器に座ることや、水を流すこと、トイレットペーパーを引き出すことなど、トイレに興味をもたせることから始める。たまたま尿が出たときは「シーシ出たね、いい気持ちだね」とおおいにほめ、一緒に喜ぶ。午睡前や午睡の寝起きのときも「トイレに行ってみようか」と誘いトイレや便器になれるようにする。トイレに子どもの興味のもちそうなものを準備し、子どもがトイレに行きたくなるようにするのも一つの方法である。

　子どもは、入ったことのないトイレという空間や初めて座る便座に違和感や不安を感じ、なじむまでには時間がかかる。子どもの新しい経験に対する驚きや不安を受け入れながら、無理のないトイレットトレーニングを行うことが大切である。

【事例6-1】先生と一緒なら

Kちゃん（2歳4か月）

　Kちゃんは、現在、便座に座ることはできるが、排尿する感覚に不安を感じているようだった。また、排尿するまでに多少時間を必要としていた。

①午睡から起きてトイレに行くが、トイレにいた保育者に「おしっこでない」と言って、便座に座ろうとしない。はいているオムツはぬれていないので、保育者が「座るだけ座ってみたらどうかしら？」と言うと、「でない、でない！」と首を横に振って嫌がるので、保育者は「わかった、わかった、じゃあ今度にしようね」と言う。Kちゃんは「うん、今度にする」と言って保育室にもどる。

②午睡から起きてトイレに行く。はいているおむつがぬれていないので、「おしっこしてみる？」と聞くと、Kちゃんは上を向いて少し考える。「せんせー、てぇーつないで」と言う。保育者が「手をつないでどうするの？」と不思議そうに聞くと「せんせーとすわるー」と言う。「そうか。おててつないでおしっこするのね、いい

よ」と保育者は言って、Kちゃんのズボンとおむつを脱がせて両手をつないで、Kちゃんを便座に座らせた。Kちゃんは目を見開いて身体を緊張させて少し震えながら、しばらく便座に座る。すると、Kちゃんが「やっぱりでない」と言ってつないでいた手を離して立ち上がる。保育者は「よく座ったね。すごいね」と言う。

③午睡から起きてトイレに行く。「せんせーとてぇーつなぐ」とKちゃんから言ってきたので、「いいよ、一緒に座ってみよう」と言って、両手をつないで座る。やはり目を見開き身体を緊張させて少し震えていた。保育者が「大丈夫？ 無理しなくてもいいよ」と言うと、Kちゃんは首を縦に振る。しばらくすると、Kちゃんは不安そうな顔をして涙があふれてくる。それと同時に排尿した。「Kちゃん、おしっこでたね。気持ち悪かったのかな？ 大丈夫よ。先生いるからね」と保育者が話しかけると、「うわぁ～ん」と泣き出す。排尿がすんで保育者が始末をして、「はい、おわり、よくがんばったのね、こわかったね」と言いながら抱きしめると「こわかったぁ～」と泣きながら保育者の服をぎゅっとつかむ。

　この事例は、トイレではじめて排尿するまでのKちゃんの経過である。Kちゃんはおしっこが「でない」と便座に座るのを拒み、次は、先生と手をつないでなら便座に座れると訴え、その次に、両手を握ってもらいながら便座に座り「無理しなくてもいいよ」と保育者に受け入れられ緊張が解けたとき、おしっこがでそうになってきた。それは今まで体感したことのないものであった。排尿が終わったとき「こわかった」と泣きながら保育者の服をぎゅっとつかんでいることから、大人に受け止めてもらいながら自立に向かっていることがうかがえる。
　保育者は、目覚めであること、おむつがぬれていないのでトイレでの排尿を促しながらも、子どもの気持ちに添いながら折り合いどころを探っていることがうかがえる。排尿後「こわかった」という感情を吐露したのも、「無理しなくてもいいよ」「気持ち悪かったの、大丈夫」と受け止められている安心感があるからこそであろう。
　トイレットトレーニングは、排泄の自立を願いながらも、子どもと保育者の絆を深める営みでもありたいものである。

⑧一人でトイレに行く
　排尿間隔は、1時間半～2時間ぐらいと長くなり、よほど遊びに夢中になっていない限り粗相もしなくなってくる。おむつを汚さずトイレでできるようになるのはとても誇らしいことである。ときには「自分でできる」「あっちにいってて」などと保育者の介助を拒む場合も出てくるようになったりする。そんなときは「そうか、もう一人でできるんだものね」と気持ちを受け止め、介助できる位置から様子を見ていて、助けを求めてきたら、そこまでできたことをほめ、後始末をする。
　いったんは一人でできるようになったといっても揺り戻しをくり返しながら自立に向

かっていく。おむつに戻ったり、体調やその日の気分で保育者と一緒でなければできなかったり、遊びに夢中になって間に合わず粗相をしてしまうことも少なくない。粗相をしないようにとトイレに行くようにと何度も促すことは、子どもの遊びの妨げとなり、楽しい空気を壊すことになりかねない。促す必要がある場合は、子どもの様子を見てタイミングを見計らって声かけをする。指示的な口調のうながしは子どもには逆効果になる場合もあるので、誘うようなうながしでありたい。

【事例6-2】急いだけど

Yくん（3歳0か月）

①デュプロブロックで遊んでいると、急にズボンをつかんで走り出すが、廊下で立ち止まる。「Yくん、どうしたの？」と聞くと、そのままの状態で「おちっこ……、でた……」と言う。Yくんの下をみると、水たまりが広がっていた。保育者は「トイレに行こうとしたのね。今、タオルもってくるね」とおもらしタオルをもってきて廊下を拭く。「自分でトイレ行っておしっこしようとしたのね。すごいね」と保育者が言うと、「うん」と少ししょんぼりした表情で答える。

②汽車をレールに走らせて、寝転びながら遊んでいる。急に無言で立ち上がって走り出し、保育室を出て行く。保育者がYくんを追いかけると、トイレに行ったことがわかった。Yくんは急いでズボンとパンツを脱いで、便座に座って排尿している。「すごいね。トイレでおしっこしたね」とほめると、「おしっこでたよ」と得意気に言う。しかし、保育者がYくんのパンツとズボンを手にすると、少しぬれていた。保育者は「あ～、ちょっとだけ残念！　パンツとズボンが少しだけぬれちゃったから、取り替えようね」と言って、新しいパンツとズボンをもってくる。そして、パンツとズボンをはかせながら「おしっこ、トイレでしてえらかったね。今度はもう少し早く行ってみようね」と保育者は言うと、「うん、もしゅこし早く行く」と答える。

　トイレットトレーニングとは、単におむつが外れればいいということを意味するのではない。自分でおしっこをしたいという感じをつかんで、一人でトイレに行き排尿をすることをいうのである。子どもが遊びの途中で尿意を感じ、その遊びを中断してトイレに行くためには、気持ちの切り替えが必要である。タイミングが合わず粗相をすることもあるが、その経験をしながら、いつ、どのようにすればよいのかを学習していくのである。

　トイレットトレーニング中に粗相はつきものである。粗相は失敗ではなく、粗相しながら自立に近づいているのである。粗相を子どもの失敗としてとがめることは、子どもを深く傷つけることになる。粗相に大騒ぎをしている大人を見て子どもは、ただごとではないと感じて、その後に排尿をがまんしたり、汚れても黙っていたりすることになるので、

「大丈夫、すぐきれいになるからね」と着替えをしてから、まわりの始末をする。あわてふためいたり困った顔をしないことが大切である。

⑨トイレに行かない
　排泄にはまだ介助が必要な年齢である。子どもが尿意を感じトイレに行こうと保育者の姿を求めても、あわただしくしている姿を見て、ぎりぎりまで待つか、一人でがんばらなければならないことを子どもなりに考えるのである。このような経験は、おしっこをしたくない、トイレに行かないという子どものイメージをつくり上げることになりかねない。
　またトイレに対するイメージは、大人がつくってしまうこともある。トイレは心地よくない汚い場所、行きたくない場所というイメージである。子どもはおしっこやウンチを汚いものだと思っていない。汚いとわかるのは、大人が汚いと教えることによるものであると考えられる。トイレが特別な場所ではなく日常の生活空間であると伝えていくことも、トイレ嫌いにならない要因の一つであると考える。
　トイレットトレーニング中は、おむつ替えやトイレに行くことは、保育者も子どもにとって時間的、心理的に大きなウェイトを占めている。しかし、子どもの生活のほんの一部分にしか過ぎないのである。この時期はもっとも甘えたい時期でもある。甘えを受け入れつつ、トイレに行こうという気にさせていく細やかな配慮が子どもと保育者の関係をつくる重要なポイントであると考えられる。

⑩「今はいや、あとで！」
　トイレットトレーニングの始めころは、トイレや便器、流れる水やトイレットペーパーなど、目新しいものがあるので喜んでトイレに行く。しかし、しばらくすると興味が薄れトイレには行かなくなってしまう。トイレに行く必要がなくなってしまうのである。子どもは遊んでいるとき、トイレに誘われたり連れて行かれたりする。楽しいことが「トイレ」によって中断されるのである。保育者が子どもをトイレに誘うのは、排尿したくなっているだろうという時間か、生活の流れの節目の時間である。子どもの尿意は、子ども自身にしかわからない。保育者の排尿のリズムの読みと子どもの尿意がずれることは少なくない。
　トイレに誘われることは楽しいことではないと気づき始め、トイレに行かないと拒むようになってくる。拒むことも自己主張のあらわれであり発達の過程である。楽しいことが中断されることだけでなく、排尿の際の緊張感や恐怖感などもあり、子どもにとってトイレは心地よい場所ではないとの子どもの言い分なのである。それらの言い分が伝わっているとの体感に子どもは励まされ、支えられてトイレになれていくのである。パンツになり一人で排泄できるようになったけれどもトイレにいかない。促すが拒んで間に合わなくなりおもらしをしてしまうことがある。友達との遊びが盛り上がってきているとき遊びを中断したり、おもしろそうなことを発見したものをさておいてトイレに行くことはできないのである。遊びが中断すると終わってしまうのではないだろうかという不安をもつ。そのため、ぎりぎりまでがまんし、ようやくトイレに行く。

日々の生活のなかで、子どもなりに試行修正をくり返しそのなかで、トイレで排泄することが自然な営みとして身についてくるのである。

4．3歳未満児の遊び

　乳児は、情緒的な結びつきのある特定の人とのつながりを土台にして、身近な環境に関心をもち、探索活動を中心にして、それぞれ発達に応じて遊ぶようになる。その乳児の遊ぶ姿を見てみると、生活（食事・睡眠・排泄・着脱・清潔などの生きていくのに最低限必要とされると考えるもの）と遊びは未分化で混沌とした状態であり、子ども（乳児）には、これは生活であれは遊びというように区別されていない。

　たとえば、離乳食を食べるときに、食品を手で握ってぐちゃぐちゃにし食感や味を確かめたり、わざと手から離して落としてみたり、スプーンで皿をカチカチ叩いて音を楽しんだりといった0歳児の姿がある。食品を玩具に置き換えてみると、玩具を口に入れて感触を確かめる、玩具を手にとって近くで見たり感触を確かめる、玩具を手から離して落としてみるなど、玩具で遊んでいる姿と同じであることがわかる。つまり、乳児の行動は、広義の生活をすることそのものなのである。

　そして乳児は、このように遊びと生活が混沌としている時期に、身近な人やものと十分に関わっていくことで、さまざまな新しい経験を積み重ねていく。その結果として、大人が考える生活とそれ以外のものとして遊びの違いに気づいていくようになる。

　しかし、実際には保育者の概念として、乳児の遊びと生活を混沌とした状態のまま保育の方向性を具体的に示していくことは難しいため、この時期の子どもの発達過程を十分に理解したうえで、あえて遊びを「大人が理解する生活以外の活動」としていることが多い。本書でも、そのような立場に立ち、述べていくこととする。

　以上のようなことを踏まえた上で、乳児が遊ぶということを、保育者はどのように考えていけばよいのだろうか。乳児が遊ぶということは、大人の考える生活以外のものに乳児が主体となって、身近な環境に自発的および意欲的に関わっていく行為そのものであり、それを通してさまざまな経験を重ねていくことが、子どもの豊かな育ちにつながるといわれている。そのように考えると、保育者は、乳児が自発的に関わりたくなるような環境を構成していくことは、保育において非常に重要な意味をもつことや、乳児が主体となって遊ぶときには、細やかな配慮をしながらていねいに関わっていくことが大切であることが理解できる。

（1）乳児期の環境と遊び

　子ども自身が楽しみを見つけ遊びを発展させていく要素は、生活のなかにたくさん存在している。玩具や絵本だけでなく、風に揺れる木々の揺れ動きや雨だれの音も、子どもにとっては発見であり、興味が引かれるものである。日々の生活において、子どものまわりにあるさまざまなものやことはすべて遊びの環境といえる。倉橋惣三は、「子供の自己活動の最も正当なまた最適当な資料として自然のごとくいいものはない。理屈なく教え、教

えずして活動せしむるもの、自然にしくものはない」（倉橋惣三『倉橋惣三選集第2巻　幼稚園雑草』フレーベル館、p.53）と述べている。

　乳児の遊びのスペースは、発達の特性から保育室などの室内空間になりがちであるが、保育所での保育は長時間になることから、できるだけ、散歩に出かけたり、園庭で遊んだりする機会をもつようにしたい。

①探索活動が存分にできる保育室やホール
　保育室やホールなどでは、走れるスペースも必要であるが、隠れたり、のぞいたり、くぐったりなど、探索活動ができるようにしたい。玩具は子どもの手の届くところにあることで、興味に応じて自由に使えるようにしておきたい。散らかしているように見えるが、玩具を取り出して試す、目についたものに興味・関心を寄せ確かめるというのも探索活動であり自発的に遊ぶ姿といえる。保育者が必要に応じて片づけ、安全に遊べるかどうか、さりげなく確認をしておく。

②戸外に出て自然に触れる
　0歳児であっても抱っこをしてもらいながら、草木がそよぐのを見たり、砂や水たまりに手足をつけてみたりする体験が必要である。芝生の上をはいはいしたり、木肌を触ってざらざらを感じることも大切である。

③生活の場として暮らしをともにする人々に触れる
　保育時間が長時間になるので、保育室から出る機会を多くもちたい。園舎内のホールや幼児組の保育室などに行き、さまざまなものを見る・触れる・聞く機会をもつようにしたい。子どもがどのような場所で生活しているのか、どんな人々がいるのかなどに触れるようにしたい。給食室などものぞくことも、食への関心を高めることになる。幼児組の遊んでいる姿を見て、体をのりだし目をキラキラ輝かせたり、一緒に遊びたいと入っていくこともある。コミュニケーションをとりながら仲間としての関係を結んでいく機会にもなる。

④近隣の人々とのコミュニケーション
　散歩も近隣の人々に声をかけられたり、保育者が挨拶を交わす姿に触れることをとおして、子どもなりにどのように関わっているのかを学んでいる。乳児期から保育所で生活する子どもにとって、保育所の限られた空間での生活が長いことから、出会いの場から遊びへと発展していくような新鮮な機会を経験できるようにしたいものである。

（2）乳児の遊びを捉える視点
　人間の赤ちゃんはいつから遊んでいるのであろうか。生まれてすぐであろうか、それともベッドのなかにいても、手足が動かせるようになってからであろうか。
　人間の赤ちゃんは、すでに胎児のうちから遊んでいることが科学的に証明されている。

人間の子宮内にはたっぷりの羊水があり、そのなかで自由に手を動かしたり、指しゃぶりをしたりしていることが明らかになっている。すでに、胎児の頃から、自発的に自らの感性のアンテナを活用して遊んでいる。ゆえに、遊んでもらわなければ遊べない存在ではないということが理解できる。

もし、遊んであげなければ子どもは遊ぶことができない、という子ども観をもっているとしたら、大人は遊んであげる、遊ばせてあげなければという思いが先立って、子どもの表情や仕草から、思いや願いを察することが難しくなりがちになる。しかし、子どもは、自発的・主体的に遊べる存在であるととらえ、子どもの姿を見つめるならば、子どもの願いに寄り添った援助が可能になってくるといえる。

（3）五感をフル回転させる乳児の遊び

ルソーは『エミール』のなかで、「人間の悟性に入ってくるものすべては、感覚を通して入ってくるものだから、人間の最初の理性は感覚的な理性だ。それが知的な理性の基礎になっているものだ。わたしたちについて学ぶ最初の哲学の先生は、私たちの足、私たちの手、私たちの目なのだ」と述べている（ルソー著、今井一雄訳『エミール』岩波文庫より）

『0歳児のすべてがわかる』において井桁は、「感じることは違いがわかること、違いがわかることは考えることにつながっていきます。つまり、学ぶ、考える、解るということは感じることから身に付いていき、それがやがて知性となり、自分自身をコントロールし相手の立場に立つことができる理性の基礎になっていくのです」（網野・阿部、明治図書、2012年）と述べている。

日常生活のなかで、見る・聴く・触れる・味わう・嗅ぐなど多様な体験をとおして感じ・考え、子ども自身がわかっていくのである。乳児は生活そのものが遊びであり、遊びながら学んでいる。大人にとって都合の悪いこと、困ってしまうようなこともあるが、子どもはそこで発見し、考え、工夫し、充実感や達成感を味わっていく。

無意味なように見えること、回り道しているように見えることも、子どもにとっては一つひとつが"今、ここがすべて"であり、その体験の積み重ねを通して、やがて、自己肯定感や自己有能感につながっていくのである。

（4）学びの芽生え

図表6-4（p.134～138参照）に示してあるように、運動機能の発達と遊びは密接に関わっている。身体機能を駆使したくなるような保育環境との出会いがある。子どもの心に立ちあがる興味や関心、そして喜びなどが沸き上がり、その表れとして遊びが目に見える姿となるということに着目したい。たとえば、はいはいやつかまり立ちをして、移動行動が可能になると、身の回りにあるものに"なんだろう"という気持ちが湧きおこり、それらを確かめたいという願いが、そこに向かうことや、なめて確かめたり、振って音を聞いたりする遊びになっていく。遊びは子どもの心の軌跡の表れであるともいえる。

赤ちゃん（0歳）にも人格がある。"赤ちゃんはみな同じ"ではなく、一人ひとり個性や性格がある。生まれながらにしてもっている力を使っての外界へのアプローチも一人ひ

とり特性がある。子どもは保育者との安定した関係をよりどころに、自分を取り巻く環境にその身体を通してふれ、さまざまな外界の刺激を感じ、驚きや喜びをもって受け止めている。生活のなかでさまざまなことやものに関心や好奇心を広げていく。

　1歳から2歳にかけては、歩行の完成、言葉の獲得、自己を主張することなどを通して自分自身（自己）を獲得している。周囲に働きかけ、人・モノ・ことに興味・関心をもち関わっていく。子どもが不思議と感じたことや、もっと知りたいと思う心は学びを深め、感性や好奇心や意欲が生まれ育つことにつながっていく。

　いろいろなものに触れたり関わったりすることをとおして、さらなる好奇心を高めていく。やりたがっている行為が大人から見ると無意味のように見えることもあるが、子どもにとってはすべてのことが意味のあることなのである。加減や調整を学ぶために知りたがっている行為なのである。子どもがくり返しやりたがることのなかには、必ず学びの要素がある。

　感じたり受け止めたりしたことを表情や声など体全体を使って表すことによって子どもの心身の発達を促す。加えて、子どもは自らのまなざしの向こうにあるものを徐々に感じとり、周囲の世界への認識を深めていく。はじめての世界を全身で感じながら、目の前に自分と同じ何かをもつ人がいて、その人はなぜか心地よさをもたらしてくれることを体感している。

　保育者は、子どもの気づきや発見、そしてこだわりなど、子どもの行動を温かく受容・共感し学びの芽生えを育んでいくようにする。

（5）乳児の発達と遊び

　乳児の発達特性を理解することで、遊びの環境づくりや援助が明らかになってくる。ここでは、乳児の発達の特徴を、子どもの育ちがイメージしやすくするために、運動（からだを動かす育ち）、認知（まわりのものをとりこむ育ち）、社会性（ひとと関わりをもつ育ち）と表し、それぞれの育ちにおいてどのような遊びを体験していくのかを示す。図表6-16～6-24については、運動、認知、社会性の発達の特徴は、『見る・考える・創りだす乳児保育』（CHS子育て文化研究所、萌文書林）を参考に、子どもの遊びは、筆者の保育所での観察記録をもとに作成したものである。なお、それぞれの月齢区分と遊びは、図表6-4（p.134～138参照）に基づいている。

【図表6-16】3か月未満児の発達と遊び

	運動	認知	社会性
発達の特徴	母胎内から外の世界の環境に適応させていく。寝たままの状態で首の向きを変えたり、手足を頻繁に動かすようになる。腹這いにしてもらうと少しの間首をもち上げる。	音のする方向や動くものや興味のあるものを目で追ったりじっと見る。外の世界の「ヒト」「もの」からの刺激を感じとるようになる。	自分の欲求や生理的な快・不快を泣く・微笑するなど表情や体の変化で表す。身近な大人が働きかけると喜びを表しその人に愛着を寄せる。
見える・聞こえる	光や動くものに反応しじっと見つめ、保育者のにこやかな表情などに合うと微笑み返す。この時期はガラガラやメリーなど動くものを見つめ、保育者の歌声などを聞くと喜んで声を出す。抱っこをして散歩をし、光や風にあたるなど、感覚器官を中心に、保育者との快さのやりとりをする。		生後2か月：うつぶせ寝の練習中。ぐんと首を持ち上げる。目力がそのまま生きる力。口元、指先に力がみなぎる。

	体を動かす遊び	感覚遊び	やりとり遊び
	ふれあい遊び わきの下やおなかをさすったり、顔をなでたりもらい心地よさを味わう。	ガラガラで遊ぶ ガラガラをみるとしっかりと目で追う。カラフルな色や音にひきつけられる。	ふれあい遊び わきの下やおなかをさすったり、顔をなでたりもらい心地よさを味わう。
	腹這い遊び 腹這いになると少しの間頭を上げたりする。保育者と目線を合わせ楽しむ。	鈴やデンデン太鼓で遊ぶ 赤・黄・青のカラフルな色にひきつけられじっと見る。動きとともに出る音を聞いて楽しむ。	喃語のやりとり遊び 笑ったり泣いたりしたとき声をかけてもらうと「アー」「うー」などと喜ぶ。機嫌のよいときも話す。

【図表6-17】3か月から6か月児の発達と遊び

	運動	認知	社会性
発達の特徴	首がすわり、しっかりしてくると立てて抱かれたり、腹ばいの姿勢になり動きを楽しむようになる。	自分の手足をなめたりして自分の体の感覚を試す。自分のまわりにあるものをつかもうとしたり握ったりする。	自分の要求や意思がはっきりし訴えかけるような声を出す。身近な特定の人に愛着を寄せる。
さわってみたい	目の前のものに興味をもち、つかんだり、なめたりして確かめる。この期の遊びのねらいは、自分の体や身近なものに触れ、目と手の協応を促す。喜びや笑い声に優しく応え保育者とやりとりをする。		5か月児：腹ばいになったり、寝ころんだりしてゆらゆら動くものをつかもうとする。

	体を動かす遊び	感覚遊び	やりとり遊び
	腹ばい遊び 腹這いになると顔を上げあたりを見まわし、興味をもったものに手を伸ばす。	自分の手で遊ぶ 指を眺めたり、からませたり、哺乳瓶をつかんだり、大人の手を引っ張ったりして遊ぶ。	ふれあい遊び 体を転がしてもらったり、くすぐられると「キャッキャッ」と声を出し楽しむ。
	ぴょんぴょん遊び わきの下を支えてもらうとぴょんぴょんととび跳ねて遊ぶ。	プレイジム 仰向けに寝て、ぶら下がっているものに手を伸ばして触れようとくり返し楽しむ。	いないいないばあ 「いないいない」という仕草を真似ようとしたり、「ばぁ」と顔を出すとにこっと笑い、くり返し楽しむ。

§1 生活や遊びを通して行う保育

【図表6-18】6か月から9か月児の発達と遊び

<table>
<tr><th colspan="2"></th><th>運動</th><th>認知</th><th>社会性</th></tr>
<tr><td rowspan="2">発達の特徴</td><td colspan="1"></td><td>寝返り、転って移動する。座って両手を広げてまわりのものを手にする。</td><td>身近にあるいろいろなものをつかんだり、なめたりして性質を確かめる。喃語を発する。</td><td>知っている人と知らない人の区別がつき「人見知り」をする。身近な特定の人に愛着を寄せ、自分の要求や意思がはっきりし身振りなどで積極的に関わろうとする。</td></tr>
<tr><td colspan="4">子どもの視界が広がり移動もできるようになる。ものに対する興味や認知活動の育ちを意識して働きかけるようにする。**特定の保育者との遊びを多様に行う。** （8か月児：『ぐるんぱのようちえん』のぐるんぱが出てくるのをじいっと待ってチュッとする。）</td></tr>
<tr><td rowspan="5">甘えたい・遊んでほしい</td><td>体を動かす遊び</td><td>感覚遊び</td><td></td><td>やりとり遊び</td></tr>
<tr><td colspan="2">コロコロ寝返り遊び
保育者に支えられながら、うつぶせ、仰向けをくり返しながらコロコロ転がり、移動して遊ぶ。</td><td>砂遊び
戸外の空気に触れ、砂のさらさら感触や、容器に砂を入れたりして遊ぶ。</td><td>ふろしき布遊び
おもちゃや顔の上に布をかけたり、引っ張って取り外したり、くり返して遊ぶ。</td></tr>
<tr><td colspan="2">とる・つかむ遊び
目についたものを、お座りからはいはいの姿勢になりとったりつかんだりする。</td><td>ボール遊び
ボールを押して転がしたり、はいはいで追いかけたり、転がってきたボールをとろうとする。</td><td>絵本
身近な動物や車などが出てくる絵本を見て仕草をまねたり、喃語のやりとりをして遊ぶ。</td></tr>
</table>

【図表6-19】9か月から12か月児の発達と遊び

<table>
<tr><th colspan="2"></th><th>運動</th><th>認知</th><th>社会性</th></tr>
<tr><td rowspan="2">発達の特徴</td><td colspan="1"></td><td>はいはいや、つかまり立ちから歩き始め、身近な大人を"心の安全基地"として、興味のあるものをとりに行くなどの探索活動が始まる。</td><td>両手を協調させ使うことができ、打ち合わせたりする。指先をつかって小さなものをいじったり、つまんだり、打ち合わせたりして遊ぶようになる。</td><td>身近な大人の声や調子から、相手の気持ちや意図を気づき始める。自分の意思や欲求を身振りや音声などで伝えようとする。受け止められ、理解されるとうれしいと表現する。</td></tr>
<tr><td colspan="4">何でもやってみたいと、興味のあるものに向かって行き、叩いたりして音のおもしろさを楽しむ。両手や指を使って並べたり重ねたり、つまんだりして楽しむ。玩具などを仲立ちとして**保育者とのやりとりを楽しむ。** （12か月児：入れたり出したり、カチャカチャと音がするたび、顔がほころぶ。）</td></tr>
<tr><td rowspan="5">なんだろう・確かめたい</td><td>体を動かす遊び</td><td>感覚遊び</td><td></td><td>やりとり遊び</td></tr>
<tr><td colspan="2">スロープ
緩やかな台をはいはいで登ったり、支えられて立ったりあとずさりをして降りたりして遊ぶ。</td><td>土・砂遊び
土や砂に手や足をつけ砂の感触を楽しむ。</td><td>スイッチオン
スイッチを指で押すと玩具から音や光が出たり、保育者が歌を歌ったり、動きだしたりする遊び。</td></tr>
<tr><td colspan="2">車遊び
手押し車に腰かけて、押してもらい遊ぶ。お座りの姿勢でバランスをとり足に力を入れる。</td><td>ブロック、パズル遊び
並べる、重ねる、つまむ、はめこむ等をして形を楽しむ。崩して音を楽しむ。</td><td>手遊び
保育者の歌と手の動きを見ながら一緒に歌ったり手をたたいたり、体をリズムに合わせてゆする。</td></tr>
</table>

【図表6-20】12か月から15か月児の発達と遊び

	運動	認知	社会性
発達の特徴	つたい歩きからひとり歩きになり、おもちゃだけでなく日用品など、目についたものには興味を示し近づいていき触る。	ものを動かす、落とすなどをして「もの」の性質や機能に応じた使い方をしようとする。日用品に興味をもって触って試す。	大人のすることを模倣し同じことをしたがる。自分の意思や欲求と異なる大人の意思を感じる。「ふり行動」や「まね行為」をする。いくつかの身近な単語を話す。
行ってみたい・何度もやってみたい	歩けるようになって行動範囲がひろがり、目についたものにはまっしぐらに歩いていく。戸外の自然物や室内のものはふれて感触を確かめる。保育者の簡単な言葉が理解できるようになるとともに、**身振りや手振りで保育者とのやりとりを楽しむ**。		シロツメクサのにおいはいい匂い。指先につまんで摘む。お庭はすてきなおもちゃ箱。
	体を動かす遊び	感覚遊び	やりとり遊び
	車遊び ベビーカーに乗り両足でこいで前進したり、バックをしたりして遊ぶ。	土・砂遊び シャベルやコップをもって、砂をつついたり、入れたり、たたいたりして遊ぶ。	リズム遊び 保育者と一緒に歌ったり、リズミカルに体を動かして遊ぶ。
	滑り台 腹階段を登ったり、支えられて滑り降りたりして遊ぶ。	かけたり、貼りつけて遊ぶ 壁かけのネットやタペストリーに、いろいろなものをかけたり、貼りつけたり、剥がしたりして遊ぶ。	まねっこ遊び 絵本のなかの動物のまねをしたり、身近な人の仕草や言葉をまねて遊ぶ。

【図表6-21】15か月から20か月児の発達と遊び

	運動	認知	社会性
発達の特徴	自分で立って歩けるようになる。転んでも起き上がる、階段を上がる、椅子によじ登るなどの全身の運動機能が発達する。	砂や水など、さまざまな素材に触れ「もの」の性質や変化を知っていく。見立て遊びをするなど象徴機能が発達してくる。	自分の意思や欲求と異なる大人の意思を感じるようになる。指差しや身振りなどで示し「ふり行動」「まね行為」をする。
動きたい・真似たい・試したい	立って歩くようになると子どもの視界が広がり、周囲のもの・ことに興味・関心が高まる。動きたい・試したいという気持ちを受け止め、**存分に探索活動を楽しむ**。保育者や玩具を仲立ちとしながら友達と一緒に遊ぶ。		あこがれていた三輪車に腰かけてみた。進まないけど満足満足。どうしたら動くのかなあ。
	体を動かす遊び	感覚遊び	やりとり遊び
	よじ登って遊ぶ 台や階段など高いところによじ登って遊ぶ。高いところから見まわしたり、声をたてたりして遊ぶ。	粘土遊び たたいたり、つぶしたり、丸めたり伸ばしたり、感触とかたちの変化を楽しむ。	お買い物ごっこ かばんに物を入れたり、かばんを提げたり、ご挨拶をしたりして遊ぶ。
	トンネル遊び かがんで通り抜けたり、なかに入ったり、外に合図を送ったりして遊ぶ。	水遊び 水道水をピチャピチャしたり、コップに注いだり、色水で遊び、水の感触を楽しむ。	絵描き歌遊び 絵描き歌を歌ってもらいながらクレヨンをもって紙いっぱいに手を動かして描いて遊ぶ。

§1　生活や遊びを通して行う保育

【図表6-22】20か月から24か月児の発達と遊び

	運動	認知	社会性
発達の特徴	ものを押す、投げる・走る、階段を上る、両足で飛ぶ、リズムに合わせて手足を動かすなどの全身の運動機能が発達する。	水・砂・積み木などの変形する材料を試しながら形づくろうとする。身近な人の行動を模倣し自分の行動に取り入れていく。	語彙が増え2語、3語文が話せるようになってくる。徐々に周囲の子どもとともに楽しむ。友達として関わるようになってくる。
話したい・挑戦したい	走る、とぶなどの全身運動を存分に行い、可塑性に富む材料と出会いいろいろ試すことを楽しむ。生活に必要なことを身につけることを通して自発的に取り組もうとする。保育者や友達と言葉遊び存分に楽しむ。		それぞれが絵本をもって、読んでいる人、読んでもらう人。ごっこ遊びを楽しんでいる。
	体を動かす遊び	感覚遊び	やりとり遊び
	かけっこ ヨーイドンの合図でゴールの方向を目指して走る。友達と一緒に走る。	ままごと 箒ではいたり、テーブルを拭いたり、人形を寝かせたりなど、大人の真似をして遊ぶ。	語り聞かせ 子どもが興味をもっている身近な素材とりあげ、短いストーリーを話し、言葉のやりとりを楽しむ。
	平均台やマットで遊ぶ 平均台にまたいで前後に移動したり、登って歩こうとする。マットの山に登る、とび下りる。	積み木 積み木を並べたり、重ねたり、曲げたりして、家や電車やトンネルに見立てて遊ぶ。	あてっこ遊び 手のひらや服のなかに隠したものがどこにあるのか、保育者と子どもが交互にあてっこして遊ぶ。

【図表6-23】24か月から30か月児の発達と遊び

	運動	認知	社会性
発達の特徴	歩行が安定し走る、とぶなどの運動機能が伸びる。階段を一人で登ったり降りたりする。運動遊具をつかって登る、すべる、跳ぶなどの遊びを楽しむ。	象徴機能や観察力が増し、自分で工夫して「もの」を組み合わせたり、いろいろな形をつくりだし何かに見立てたり、「ごっこ遊び」を楽しむ。	発声が明瞭になり、語彙の増加が目覚ましい。欲求を言葉で伝える。友達の名前を呼んだり、一緒に遊ぶようになる。
みんなと一緒・登る・跳ねる・つくる	身近なものや強い・カッコいいと思うことをまねたり、ヒーローになりきって遊ぶ。手先や指先を使って細かなことに興味をもちじっくりと遊ぶ。友達とごっこ遊びを楽しむ。		一人ではちょっとこわいけど、友達となら平気。高いところはいい気分だよ。
	体を動かす遊び	感覚遊び	やりとり遊び
	ボール遊び 友達とボールを投げたり受け取ったり、けったり、追いかけたりして遊ぶ。	制作遊び ハサミで切ったり、のりで貼ったり、テープで貼ったりしてイメージを形づくる。	なりきり遊び 動物になったり、ヒーローになったり、そのものの特徴をまねて友達と一緒に遊ぶ。
	鉄棒遊び 鉄棒にぶら下がり足をゆらゆらしたり、鉄棒を握って移動したりする。	見立て遊び 椅子やブロックを電車に見立てたり、段ボールで家やトンネルなど、何かに見立てて友達と遊ぶ。	役割遊び 簡単なストーリーに出てくる人やもの、動物になって役割を意識しながら遊ぶ。

【図表6-24】30か月から36か月児の発達と遊び

<table>
<tr><th></th><th>運動</th><th>認知</th><th>社会性</th></tr>
<tr><td>発達の特徴</td><td>体を思うように動かせるようになり、バランスをとることができる。リズミカルな運動や音楽に合わせて体を動かしたりすることを楽しむ。歩行が安定し走る、とぶなどの運動機能が伸びる。階段を一人で登り降りしたりする。運動遊具をつかって登る、すべる、とぶなどの遊びを楽しむ。</td><td>可塑性のあるもので何かをつくりだし意味づけをし、見立てやごっこ遊びに発展する。手や指先を使って道具を上手に使う。象徴機能や観察力が増し、自分で工夫して「もの」を組み合わせたり、いろいろな形をつくりだし何かに見立てたり、「ごっこ遊び」を楽しむ。</td><td>発声が明瞭になり、語彙の増加が目覚ましい。欲求を言葉で伝える。友達の名前を呼んだり、一緒に遊ぶようになる。いざこざやトラブルを通して相手の気持ちを察したり、待てるようになってくる。</td></tr>
<tr><td rowspan="4">スリルに挑戦・バランス抜群</td><td colspan="2">自分の思うように体が動かせるようになってくると、**試したり・考えたりする**ようになってくるので興味や関心を向けたもので存分に遊びこむ。友達との遊びのなかで**やりとりが盛んになり、とも に体験できる**ようにする。</td><td>冷たくってくすぐったくて、何だか変だけどとてもいい気持ち。もっと足を深く入れよう、お兄ちゃんたちみたいにかっこよく。</td></tr>
<tr><th>体を動かす遊び</th><th>感覚遊び</th><th>やりとり遊び</th></tr>
<tr><td>車サーキット遊び
保育者が描いたくねくね道路を走ったり、小高い丘に登ったり、木の下をくぐったりして遊ぶ。</td><td>砂・どろんこ遊び
水と砂を混ぜたり、山やトンネルをつくったり、足でピチャピチャして遊ぶ。</td><td>言葉遊び
身近な人や、その人に関わるものやことを言葉にして、保育者とやりとりして遊ぶ。</td></tr>
<tr><td>ぶらんこ遊び
ブランコを自分でこいだり、2本のくさりをもって立ちのりしたりする。</td><td>袋・風呂敷遊び
積み木や玩具を、袋に入れたり出したり、風呂敷に包んだり、並べたりして遊ぶ。</td><td>ボタンかけ遊び
保育者に励まされながら、自分の洋服や人形の洋服のぼたんをかけたり、マジックテープをつける。</td></tr>
</table>

5．生活や遊びにおける保育者による援助や関わり

（1）子どもとの出会い「子どもも大人もはじめまして」

　保育所に子どもを入園させようする保護者は、これから始まる生活に期待や戸惑いをもちながら新たな一歩を歩み始める。子どもを他者に託す瞬間の保護者の心情は複雑である。子どもにとってもはじめての家族以外の大人との出会いであり、家庭以外の場での生活の始まりで、大人以上に戸惑っているに違いない。保育者も首のすわらない赤ちゃんを抱っこするとき緊張する。親から離れがたい子どもをなだめているときの保育者の心中も複雑である。子どもの気持ちも保護者の思いも痛いほどわかる。保護者を見送るときは、「お子さんはしっかり守りますから」と心のなかでつぶやき見送る。それぞれの気持ちが揺れる刻である。

　子どもは保育者とのはじめての出会い、抱っこされた肌の感触、ほかの子どもたちや保育者の声、保育室という生活空間など、これまでと異なる体感に大泣きすることもある。はじめての出会いは、保育者にとっても緊張と切なさが混在する。刺激的な一日が終わり、「明日はどうかな」と期待と緊張で翌日を迎える。2日目、3日目と日を重ねるごとにじっと見つめるまなざしが少しずつ変わっているようになったときようやくほっとする。

以下はA園のある5か月児Sちゃんの入園初日から一週間目までの保育日誌からの抜粋である。

> **【事例6-3】入園から1週間の保育日誌から**
>
> Sちゃん（5か月）
>
> ①入園初日「はじめまして」
> 　本日8時〜13時まで慣れ保育。Sちゃん、5時半起床。違う雰囲気を感じてか大きな目でじっとまわりを見ていた。あやすとにっこり笑い、ガラガラを持たせると握っているが、自分から手を伸ばすということはない。抱っこされて9時40分から40分間眠る。目覚めてからミルクを飲む。乳首で休み休み160cc飲めた（母親が心配していた）が、途中で泣き出し、その後しばらく泣いていたので、抱っこしてあやした。
> 　授乳時に泣いたのは抱かれ心地が悪かったのか、乳首が吸いにくかったのか、よく様子を見なければならない。
>
> ②入園2日目「早めの登園」
> 　家族の都合で、7時45分から11時までの保育。空腹であるはずだが泣かない。飲ませてみると一気に200cc飲み、そのまま眠った。しかし、すぐ目が覚め、トントンして再眠。少しの物音で目覚め20分しか眠れなかった。あやすと笑う、ガラガラをもたせると握った。
> 　空腹を訴えるということがまだないので、様子を細やかに見ていかなければならない。
>
> ③入園3日目「ガラガラを追視し手を伸ばす」
> 　保育者が顔を近づけたり、「アップブー」とあやすと笑顔になり機嫌がよい。ガラガラを目で追い手を伸ばした。眠くなり大泣き、指しゃぶりをした。抱っこしてトントンすると30分ほど眠った。
> 　布団の上で寝返りしてうつぶせになり、苦しくなると「うー」「あー」と表情が険しくなる。10時40分に120cc飲んで眠くなったが眠られず泣いた。
> 　あやしてもらい遊ぶ心地よさは感じているようである。しかし、入眠まで時間がかかったり、すぐ目覚めてしまうことから、環境に慣れるのにもう少し時間がかかりそうだ。
>
> ④入園7日目「ケラケラ声を出して笑う」
> 　「いないいないばあ」などのふれあい遊びを喜び、けらけら声を出して笑う。睡眠時間が少しずつ長くなり1時間程度眠れるようになってきた。風邪気味で鼻づまりがあり、睡眠時は息遣いが苦しそうであったが、機嫌はよい。少しずつであるが長く眠れるようになったのでうれしく思う。眠れる⇒飲める⇒遊べるということであろう。

入園初日から7日目までの保育日誌にはぐっすり眠れることが、十分に飲める、そして遊べることにつながっていると、保育者が述べている。保育の環境と保育者への慣れが安心感をもたらし笑顔が出るようになることで、眠る―食べる―遊ぶと連動していくことが本事例からもわかる。
　この時期の子どもは、自らのまなざしの向こうにあるものを徐々に感じとり、周囲の世界への認識を広げ深めていく。はじめての世界を全身で感じながら、目の前に自分と同じ何かをもつ人がいて、その人が心地よさをもたらしてくれることを体感している。この時期の保育は、乳児自身が意識することが難しい子どもの内面一つひとつ読み解きながら、子どもの欲求を探りあて意味づけすることから始まる。子どもの欲求や子どもの感じ取ろうとしているものを保育者が読み取り（難しいことではあるが）、子どもの欲求に応じることが安定して生きることの支えとなる。

（2）生活リズムが整うまでの道のり

　子どもの生理的欲求（眠い、お腹がすいたなど）は、乳児自身の内奥から湧きおこる欲求である。一人ひとりの生理的なリズムが尊重され、十分に寝て、よく飲み、食べ（飲み）、そして目が覚めたらしっかりと遊ぶことで起きている時間が充実する。図表6-4（p.134～138参照）からもわかるように、月齢によって、睡眠のリズム、食事の時間や内容、排泄のリズムは、子ども一人ひとり異なっている。

　複数の子どもがともに暮らす保育室では、睡眠・食事・排泄・遊びなどが、並行して営まれている。十分に眠れない、安全に眠れる場が確保できない場合は、重大事故を引き起こすことになりかねない。スペースを区切り、緩やかに隔離され、安心できる環境のもとで、それぞれの営みが十分に満たされるようにする。一人ひとりの個別的なリズムに応じた生活を積み重ねることによって、生活のリズムが整い、自ずから日課が形成される。日課は子どもに関わる大人が整えるものではなく、整っていくものであることを保育者は意識して保育を行うことが大切である。

① 24時間の生活リズムへの移行期の睡眠は、静かにぐっすり眠れる場を整える

　睡眠は、生命を維持するため、覚醒時に正常に脳の活動を行うために必要である。生後3か月頃までは眠り中心の生活であるが、1年後の誕生日頃には午前と午後にそれぞれ1回ずつ眠るようになる。静かな環境でぐっすり眠れるような眠りの場の確保は必須である。生活音や遊んでいる子どもたち、保育者の声などが、睡眠の妨げにならないよう緩やかに隔離され、安全で静かな場所で眠れるように、つねに、眠れる場を整えておく必要がある。加えて、睡眠中であっても保育者は子どもから目を離すことはできないので、睡眠の様子が保育者の視野のなかに入っていて、睡眠チェックができるようにする。

　欲求に応じて十分に眠るという日々を積み重ることにより、目覚めている時間が長くなり、午後1回の睡眠が定着してくる。乳児保育は、一日24時間の生活リズムを形成する時期の保育を行っていることを踏まえ、日々、子どもの生活の流れを把握し、表情や仕草から察知して、速やかに入眠できるように工夫する必要がある。

②心地よい関わりが眠りを誘う

　子どもは眠いということを言葉によって伝えることはできない。子どもは眠気によって生じている不快を、ていねいに受け止めてもらうことにより、安心して眠りにつくことができるので、子どもの動きや表情や仕草から察知してスムーズに眠れるようにタイミングよく応じる。いつもの声やいつもの手のぬくもりなどが、子どもを心地よい眠りの世界に誘うことになる。その日、そのときの子どもの気分をくみ取る。癖やこだわりも子どもにとって心地よい眠りを誘う入眠の儀式である。

　睡眠は一日の生活において、無防備な状態で一人になる時間である。その場が側にいる人が信頼できることが重要である。子どもは自分の世界に入りこむためには、だれと、どのようにしたら眠れるのかがわかっているので、眠りに入る前のひとときは、なじんだ保育者にこだわり、甘えたりする。保育者と子どもの絆がより深める場面にもなる。

③いつもの場所で、いつものように眠る

　家庭で育つ子どもは家族という単位で生活している。眠る場所や寝具はおおよそ決まっている。しかし、保育所で生活する子どもは、たくさんの子どもたちのなかで寝たり、食べたり、遊んだりすることから、自分の場所がイメージしにくい傾向にある。保育所で生活する子どもにとって自分の場所が確保されているという安心感がとくに必要である。「この布団は、私の」「ここからは入ってだめ」と自分のエリアを主張することがある。いつもの場所やこだわりの枕やハンカチであったり、入眠の儀式といえるような癖もあるので、いつものように、いつもの場所で、いつものような関わりのなかで安心し眠れるようにしたい。眠るということは、生理的な欲求なので眠くなれば自然に眠ってしまうと捉えがちであるが、眠りに入るときほど子どもは安心・安全であり・心地よい状態でなければならないのである。眠りのモードに入るリズムは一人ひとり異なっている。一斉に寝かしつけるのではなく、穏やかに寝入ることができるようにする。穏やかな寝入りと爽やかな目覚めと遊びの充実は連動している。

（３）食事の自立の過程と保育者の関わり

　人間の子どもは生理的早産といわれるように生活する上では未熟な状態で生まれる。消化吸収機能は未熟でありながらも、新陳代謝が盛んで、成長・発達が著しいので、子どもの生理機能に合わせた栄養の摂取が必要である。

　離乳の初期においては、乳汁以外の味との出会いである。心地よく離乳がスタートできるように一日のなかで活性化され、機嫌のよいときを選びスタートする。はじめての食感や新しい味との出会いは、大人が想像している以上にとまどっていて、そのとまどいや不安を保育者に受け入れてもらいながら、少しずつ食べられるようになっていく。食事援助の場面では、よく食べてほしい、何でも食べてほしいという保育者の願いがあるが、いつ、何を、どのくらい食べたのかと同様に、だれと、どのような雰囲気のなかで食べたのかが重要であるので、子どもの食べるペースに合わせて援助を行うようにする。

　離乳が完了し普通食になると、味の違いがよりわかるようになり、メニューや食材に食

べたくないという態度を示すこともある。その子どもなりの食べたいものや食べる順序があり、こだわるようになってくる。自我が芽生える時期であり、食べられないという主張は、子どもにとって成長の一つの表れと捉えたい。保育者の関わり方が、その後の食生活を形づくっていくことから、楽しい食事を心がけたいものである。

（4）排泄の自立の過程と保育者の関わり

排泄の自立は、子どもの内臓機能や脳神経の成熟など、生理的成熟を待たなければならず、さらに言語や対人関係の発達も関連している。

大人はトイレで排泄ができるようにと急ぎがちであるが、子どもの興味・関心は楽しい遊びにあるので、子どもの願いと保育者の誘いがかみ合わないことが少なくない。遊びの妨げにならないようタイミングよく誘う、無理強いしないなど、柔軟な対応を心がけなければならない。

①おむつ交換はコミュニケーションの場

6か月頃までは腎臓の働きや消化機能が未発達のため、頻繁に排泄する。汚れたときには、すぐにおむつを替えさっぱりと気持ちのよい状態にする。一日何度も行うおむつ替えは、清潔な状態を保つことだけが目的ではなく、肌に触れる、微笑み合う、言葉を交わすなど、子どもと密接に関われる機会である。タイミングを見はからい、温かいタオルを準備したりして、子どもが気持ちよくおむつを替えてもらえるようにする。「ほら、暖かいね」「気持ちがいいでしょう」などと優しく語りかけ、子どもとの絆を深める。おむつ替えは、熱はないか、湿疹は出ていないか、肌の艶や張り具合、便の状態等、子どもの健康状態の把握の機会でもある。

②粗相は失敗ではなく、排泄の自立の一過程

排泄の自立は、排泄と、言葉と、場所が結びつき、そこに大人の見守りを感じられるようになったとき教えられるようになってくる。排尿や排便の間隔が長くなり、そのリズムが定着してくると、「そろそろ便器に慣れてみようか」とトイレトレーニングが始まる。子どもにとって新たな経験が生活のなかに加わる。トイレという空間に入る、便座に座る、遊んでいるとき誘われるなど、新たな経験に戸惑いや不安を感じながらの生活となる。そのような驚きや不安を受け入れながらゆっくりと、トイレトレーニングを行うようにする。

トイレトレーニングとは単におむつが外れればいいということを意味するのではない。オシッコをしたいという感じをつかんで、トイレで排尿や排便ができるようになるプロセスである。子どもが尿意を感じ、その場を離れてトイレに行くためには、気持ちの切り替えが必要である。タイミングが合わず、粗相をしてしまうこともあるが、その経験を通して、いつ、どのようにすればよいのかを学習しているのである。トイレトレーニングに粗相はつきものである。粗相を子どもの失敗としてとがめることは、子どもを深く傷つける。粗相したことで困っているのは子ども自身である。保育者は慌てふためいたりしない

で、「大丈夫、きれいになるから」とゆったりと構えながらも、手早く着替えし、まわりの始末を行う。

③揺り戻しを繰り返しながら自立に向かう

　いったんおむつを外し、一人でできるようになっても、揺り戻しをくり返しながら自立に向かっていく。おむつに戻ったり、体調やその日の気分で保育者と一緒でなければできなかったり、遊びに夢中になり間に合わないことのくり返しをしながら自立に向かっているのである。

【事例6-4】だってせんせい、トイレっていうもの

Kちゃん（2歳8か月）

　Kちゃんは、夜寝るときだけおむつをはいて寝る。週末は一日中パンツで過ごしている。尿意を感じると「ママ、おしっこ」と言い、一緒にトイレについていってもらい排泄する。母親は日中のおむつは必要でないと感じていた。

　しかし、朝、保育所に行こうとするとおむつ入れからおむつを出して、さっさとトレーニングパンツに履き替えた。それが3週間くらい続いていた。「もう、おむつでなくていいんじゃない」と母親が言うと「だって、先生、トイレ、トイレって」とKちゃんは言った。この保育所の日課は、登園後、園庭で思い思いに存分に遊ぶことができるので、Kちゃんはそれを楽しみに登園している。おむつ外しの時期に入ったので、「まず、トイレに」と誘われるのが嫌なのかなと、母親は思った。それから2か月たった頃、おむつを履かなくなった。Kちゃんに「おむつは？」と聞いたら、「もう、いらない」といった。その後は、まったくはかなくなった。

　遊んでいる最中、トイレに誘われることで楽しい遊びが中断されると感じているようだ。おむつをしていればトイレに行くことはないのだ、と子どもなりに考えている。トイレトレーニング中のおむつ替えやトイレに行くことは、保育者も、子どもも、時間的に、心理的に大きなウェイトを占めがちであるが、子どもの生活においては遊びより優先するものとはとらえていない。

　トイレに誘われることは楽しいことではないと気づき、拒むようになってくるのも、自己主張の表れであり発達の姿である。排泄の自立までに要する期間やプロセスは一人ひとり異なっている。一人ひとりの生活の流れ、遊びの様子など、タイミングを探りながら、子どもの興味や関心を阻まないような促し方をしたいものである。

（5）衣服の着脱の意義と保育者の関わり

　新陳代謝が活発な0歳児期は、一日の生活のなかで、何度も着替えをする。健康を維持するとともに、さっぱりと気持ち良く一日を過ごせるようにする。さっぱり感や気持ちの

よさは、身辺自立のはじまりにもつながっていく。保育所での生活時間が長く、衣服を脱いだり、着たりする場面も多くあることから、保育者に援助をしてもらいながら、身支度が身についていくようにすることも保育内容と考えたい。

　1歳過ぎになると、腕を通そうとしたり、ズボンをはこうとする。手足を曲げたり伸ばしたり、立ったり座ったりと工夫しながら一人で着てみようとする。全身のバランス感覚や手指などの身体機能の発達を促す機会でもある。加えて、自分のものと他者のものとの見分けがつき、所有意識が芽生え「自分の帽子」「自分のズボン」など、自分の持ち物をかぶったり、脱いだり着たりするようになる。かぶったつもり、履いたつもりであっても「お帽子かぶれたね」「あんよでてきたね」などと認められることをくり返していくうちに、自然に脱いだり・履いたり・着たりなどができるようになってくる。

　2歳になると「自分で」という気持ちが強くなり、かぶる・ボタンかけなどもしようとする。ズボンははきやすいように、服は前後がわかるように並べるなど、子どもが着脱しやすいように準備しておき、時間がかかっても見守り待ち、充実感や達成感が味わえるようにできないところをさりげなく手伝うなど、援助の工夫が求められる。

　着脱は生活の節目、節目で行われることが多い。着脱は「生活の流れ」のなかで、「その場面で今は何をするのか」「この次は何をするのか」を見通して生活できるようになるという意味においても重要である。

（6）清潔の意義と保育者の関わり

　清潔への欲求は、食事や排泄と異なり自然に身につくものではなく、日々の生活において、保育者の援助によるくり返しを重ねることで身についていくものである。清潔の習慣を身につける基本となるのは、生活のなかで"さっぱりとした心地のよい経験を"することである。心地よい経験が、不快であることに気づき、快適であることに向かうようになる。

　たとえば、指1本1本をていねいに、温かい言葉を添えて拭いてもらうことで、愛されていることを体感でき、きれいになることは、「気持ちのいいこと」としてイメージをもつことになる。子どもにとって水は魅力的なものである。水遊びも、楽しい遊びと手洗い清潔の習慣を身につけるという二面性をもっている。保育者は一人ひとりに石鹸をつける、手のひら・甲・指の間を丹念に洗い、流水で流し、両手を合わせて水を切り、手を拭くという援助のなかで、「気持ちいいね」と子どもが体感していることを代弁し、行為と言葉を重ねていくようにする。

　顔拭きも同じで、手触りが良く、適度な温かさのタオルであれば、心地よいと感じる。自分のおしぼりがわかると一人で、手や顔を拭くようになり、汚れて気持ちが悪いと感じたとき、きれいに始末ができるようになっていくのである。保育者の援助が必要であるが、自分でできるということを味わうのもこの機会である。ひと目で自分のタオルであるとわかるようにしておくこと、子どもの手の大きさに合った使いやすいものであることも大切なことである。拭いたあとは「きれいになったね。気持ちがいいね」と心地よさを言葉にして伝えていく。このような経験の積み重ねが、自分のことは"自分でしよう"とす

ることにつながっていくのである。

（7）片づけの意義と保育者の関わり

片づけは、興味のあるものを取り出して遊ぶ、その物がどこにおいてあるのかがわかるということから始まる。真似て片づけ、誘われて片づけるなど経験を通して、どのように遊ぶかもイメージしていく。

生活の流れの節目でも片づけるが、乳児保育においては保育者が随時、片づけるようにする。子どもの興味・関心は次々と移っていくので、遊びの様子を見て、安全に遊べるように片づけておくようにする。「ブロックさんがお家に帰りたいんだけどなあ」など子どもに誘いかけ、子どもが楽しんで片づけられるように遊びの延長線上に位置づけすると、一緒に楽しんで片づけることもある。

片づけには、多くの思考の要素が含まれている。元の場所はどこか、同じものを集める、方向を考えておくなど、片づけのなかで子どもはたくさんのことを学んでいく。「赤はどこかな、青は」「何個あるかなあ」などと楽しく、そして、わかりやすく、じっくりできるように工夫することも大切なことである。

片づけはルールや約束事ではなく、気持ちよく生活するための営みであるから、片づけ後は、次の流れへの期待がもてるような関わりが必要である。子どもは保育者がしていることを見たり、まねたり、一緒にしながら、自分はどのように生活しているのか、生活するにはどのようなことが必要なことなのかを、その年齢なりに学びを通して、次第に生活に必要な片付けの意味も理解することになる。

§2 生活や遊びの環境

保育指針の第1章総則によると、保育における「環境」とは、「保育士等や子どもなどの人的環境、施設や遊具などの物的環境、更には自然や社会の事象などがある」と述べている。同第2章保育の内容には、乳児保育（0歳児）の発達の特徴を踏まえ、「健やかに伸び伸びと育つ」「身近な人と気持ちが通じ合う」「身近なものと関わり感性が育つ」という3つの保育の視点が示されている。これらとともに養護と教育の一体性を強く意識して保育を行わなければならない。また、ねらい及び内容には、「身近な環境に興味や好奇心をもって関わり、感じたことや考えたことを表現する力の基盤を培う」と示されており、乳児期から人格形成の基礎を培うため、保育環境がいかに重要であるかが理解できる。

子どもは、その最初から主体的・自発的に、積極的に周囲（人やもの、できごと）に働きかけている存在であるが、それは、周囲の大人に受け入れられることを前提としている。保育の環境の中核をなすのは人的環境であるとともに、物的・社会的環境も子ども生活にとって重要な意味をもっている。

1. 生きる社会に対する信頼は「特定の人」の獲得から

保育指針第1章総則（1）「イ　保育所は、その目的を達成するために、保育に関する専門性を有する職員が、家庭との緊密な連携の下に、子どもの状況や発達過程を踏まえ、保育所における環境を通して、養護及び教育を一体的に行うことを特性としている」と述べている。

保育における養護とは、子どもたちの生命を保持し、その情緒の安定を図るための保育者による細やかな配慮のもとで行われる援助や関わりである。また、子どもの立場に立って、子どもが気持ちよくなるように世話をすることであり、子どもは世話を受けるなかで、自分が自分としてそこにいていいのだと丸ごと受け止められていること（存在の承認）を体感することである。子どもが欲求すること（不快）を保育者が的確に読み取り、タイミングよく応答することによって、子どもの欲求が満たされる（満足＝快）、その経験の循環のくり返しのなかで、ある程度思うように周囲が動くこと（有能感＝自己肯定感覚）や生きるに値する世界（生きる社会に対する信頼感覚）、生きる世界・社会を代表する「特定の人」への信頼感を形成する。

（1）担当制は子どもと保育者の自然な関係性

乳児保育は、複数の保育者で保育を行う複数担任制であることから、子どもを特定の保育者が"担当をする"いわゆる担当制という手立てがとられることがある。

担当制とは、複数の保育者と複数の子どもが同時に生活する場面において、一人ひとりの子どもが十分に保育者との意思疎通が図られるよう、その子どもに関わる保育者が担当として特定化されることをいう。特定の保育者との継続的な相互作用により人への信頼感が形成されることを、人間としての育ちの基盤と考えることから、特定の保育者との関わりがもてるような保育を行うことが担当制のすぐれた点である。と同時に担当制は、保護者との信頼関係をつくる上でもすぐれている。

乳児（とくに0歳児）の欲求はかすかであり、瞬間的で捉えにくい。表情や仕草など、感情や情動を通してなされるため、保育者はある程度継続して同じ子どもに関わり続けることで、その欲求が読み取りやすくなってくる。このように考えると、その子どもを担当することが、子どもにとっても、保育者にとっても自然な保育のあり方となってくると考えられる。こうした関係のなかで、子どもは欲求にこたえてくれる保育者に愛着をもち、信頼感を形成していくのである。一方、保育者も子どもとのやり取りを通して、子どもへの信頼を深め、自信をもつようになっていく。

担当制は一対一の子どもとの関係性の構築であるが、家庭での親と子の一対一のイメージではない。一人の子どもに一人の保育者がべったりついての保育を意味するわけではない。子どもと保育者の関わりの質、いわゆる、一人ひとりの欲求や願いを察して、適切な援助のくり返しを積み重ねることによって、"あのひとがいい"と特定の人になっていくのである。

留意しなければならないことは、保育者が担当の子どもにこだわりすぎ、担当の子ども

しか見えなくなるということである。担当の子どもとの関係を中心にしながらも、ほかの担当者と連携してクラス全体の子どもの欲求に応じ保育を行うことは当然のことである。

【事例6-5】見知らぬ人を警戒

Jちゃん（11か月）

　離乳食（中期食）を食べ終わり、ミルクもしっかり飲んでお腹いっぱい。気分も上々、立ってソファに寄りかかり、ゆらゆら体を動かし楽しんでいた。保育室に会ったことのない実習生がいても、人見知りをすることもなく遊んでいた。

　しかし、お腹がいっぱい、満足して、そろそろ眠気を催してきた頃に実習生と目が合い、声をかけられた。せっかくいい気分のところに、いつもと違った人がいて関わってきそうになったので、Jちゃんはハッとしたのだろう。あわてて担任のところにはいはいをして駆け寄っていった。

　授乳中だったが保育者は「ここに来たかったの、そうね」といった。抱っこしてもらえなくても、そばにいるだけでよかったという表情をした。

【事例6-6】A先生がいい

Bちゃん（2歳7か月）

　午睡の時間にほとんどの子どもたちは眠ったが、Bちゃんは、まだ起きていた。担任保育者に女児Bはトントンをしてもらい、寝ようとしていた。まわりでHちゃん（2歳6か月）とGちゃん（2歳1か月）が走って遊んでいたため、担任保育者はHちゃんたちのところに行こうとし、手の空いていた保育者にBちゃんのタッピングを頼んだ。

　頼まれた保育者は、そっとBちゃんのお腹をトントンしようとしたら、Bちゃんは「嫌」と大きな声で拒んだ。担任保育者は「やっぱりそうだよね」と言って少し悩み、Bちゃんに「ちょっと待っててね」と言って遊んでいる二人のところに行った。Bちゃんは気がかりなようで担任保育者のほうをじっと見て横になって待っていた。

　遊んでいるときは、ほかの保育者になじんで楽しそうに遊んでいたとしても、生活のある場面では、"あの人となら"とこだわることがある。生理的欲求は生命維持に関わる欲求なので、安心して託せる人であってこそゆったりとできるのである。たとえば、好きな保育者となら食べられる、寝るときはあの人がいいとゆずれない、好きな保育者に促されたからトイレに行く、というようにこだわりが見られる。

事例6-5のJちゃんは、実習生を直接関わってこないだろうと安心していたが、目が合い声をかけられた瞬間、不安を感じたのだろう。慌てて、安全基地である担当保育者へはいはいしていった。よりどころとなる保育者が近くにいて、守られている世界（安全基地）に誰かが侵入してくるのではないかということを察知し、身を守ろうとする行為につながっている。

　また事例6-6は、眠るということはまったく無防備な状態に陥ることなので安心しきって眠れるようにA先生に見守ってほしい、A先生となら眠れると子ども自身がわかっているのである。2歳児なので、待っていればいつものように来てくれるという信頼が、気がかりながらも待つという姿に表れている。"あのひとがいい"と特定の人にこだわるのは0歳時期のみではないことが、事例からもうかがえる。

　だれとどのようにしたら安心して居られるのか、子どもなりに考えがあって、場面や状況に応じて、どのようにしたら心地よく居られるのかを子どもなりに主張しているので、子どもの気持ちを察し応じていくようにする。

2．保育の時間（時間差：間的環境）

（1）心地よい生活により、おのずと整っていく日課

　出生時は昼夜の区別がなく小刻みに眠る、飲む、排泄するのくり返しの生活から（図表6-4、p.134～138参照）次第に人間社会の24時間のリズムに適応できるように生体リズムを同調させ、昼と夜のリズムを形成する。この時期の保育を担うのが乳児保育である。

　乳児自身の生きることに関わる欲求は、生理的な欲求である。内臓機能が未成熟であり、生命維持に関わる欲求は月齢によって異なる。加えて一人ひとりのリズムも異なっている。かつ、日々流動的であるというのも乳児期の特性である。乳児の欲求を満たし、心地よい生活を過ごすことにより、子どもの生活リズムは自ずから整ってくるのである。4月当初0歳児であっても、数か月が経過するとそのクラスでは0歳児と1歳児がともに生活することになる。一人ひとりの眠る・食べるのリズムや、遊びには時間差が出てくる。同じ生活空間において、静かに眠ることが必要な子ども、刺激を受けずじっくり食べることが必要な子ども、動く・話す・笑うなど、自由に楽しく遊ぶことが必要な子どもが同時にいるので、保育者はそれぞれの子どもに応じた環境設定や援助が求められる。

　子どもの日課は、大人の支えが必要であるが、生活リズムが整っていくのは子ども自身の力によるものである。子どもは生理的欲求をタイミングよく満たしてもらうことで心地よく過ごすことができる。この日々の積み重ねの結果として生活リズム、いわゆる、日課が形成される。つまり、子どもの生活リズムは、保育者がつくるのではなく、快適な状態において自ずと形成されていくのである。

　生まれ落ちたとき「ヒト」である生物的な存在である赤ちゃんが、「人」となっていく過程の保育が乳児保育である。その過程を十分に生きられるようにしていくことで、「人間」としての生活リズムが形成されていくことを熟知して保育を行うことが必要である。

（2）生活空間をともにする乳児の生活の実際

　乳児の日課は、一人ひとりの生理的欲求に即したものが基本である。クラスとしての大まかな日課はあっても、保育実践においては一人ひとりのもので保育を行う。

　同じ保育室であっても、睡眠中の子どももいれば、楽しく遊んでいる子どももいる、食事中の子どももいる。乳児の日課とは、一人ひとりの生理的リズムに即した援助が保育の基本であり、それが、乳児の生活である。図表6-25は、0歳児クラスの一日である。

　眠りから目覚め、食べ（授乳・離乳食）、排泄後に遊ぶは、一連の流れになっている。月齢が低いほど睡眠・食事・排泄のリズムは小刻みであり、子どもと密接に関わり子どもの欲求に即してタイミングよく応じられるよう連携していかなければならない。たとえば保育者が4人配置の場合（児童福祉施設の設備及び運営に関する基準第33条によると乳児おおむね3人につき保育者1人以上）、どの時間帯も睡眠・食事の援助の保育者と、遊びに関わる保育者と子どもの生活リズムに応じて援助することで、子どもは機嫌よく生活し、保育も滑らかにゆったりと進められることにつながる。すなわち、一人ひとりの成長・発達の保障につながるといえる。

3．保育室の空間（区切る：環境）

　図表6-25からもわかるように「寝る - 食べる - 遊ぶ」という一連の流れが、数回くり返すリズムで保育所の一日は成り立っている。その「寝る - 食べる - 遊ぶ」のリズムは乳児（0歳児）一人ひとり異なっている。1歳児の中期になると午後1回の睡眠に定着してくるが、発達の初期であるほど小刻みである。

　おおかたの保育所では保育室が一部屋であることが多いのではないだろうか。その場合、居心地よく過ごせるようにするためには、保育室を区切るという方法がある。

（1）生活の拠点としての保育室

　生活の拠点（居場所）である保育室の条件について考えてみよう。保育指針第1章総則（4）保育の環境には、以下のように示されている。

ア　子ども自らが環境に関わり、自発的に活動し、様々な経験を積んでいくことができるよう配慮すること。
イ　子どもの活動が豊かに展開されるよう、保育所の設備や環境を整え、保育所の保健的環境や安全の確保などに努めること。
ウ　保育室は、温かな親しみとくつろぎの場となるとともに、生き生きと活動できる場となるように配慮すること。
エ　子どもが大人と関わる力を育てていくため、子ども自らが周囲の子どもや大人と関わっていくことができる環境を整えること。

【図表6-25】A市保育所10月の一日

凡例: 睡眠 / 食事 / 排泄 / 遊び / 検温

時間	日課	1 2か月児	2 4か月児	3 6か月児①	4 6か月児②	5 7か月児①	6 7か月児②	7 9か月児①	8 9か月児②	9 13か月児	10 17か月児
8:00	朝保育開始	検温									
	順次登園	睡眠	睡眠								
8:30	遊び		検温	検温	検温	検温	検温	検温			検温
	排泄援助	授乳	排泄	排泄	排泄	遊び	遊び	遊び		検温	
9:00			遊び	遊び	遊び	排泄	排泄	排泄		排泄	排泄
		睡眠						遊び	検温		遊び
9:30	おやつ					睡眠	遊び		排泄	遊び	牛乳・おやつ
		排泄	睡眠	睡眠	排泄		睡眠		遊び		
10:00	遊び	授乳			遊び			睡眠			遊び
	食事		排泄			離乳食(初期食)					
10:30	離乳食			排泄	離乳食(初期食)				睡眠		
	ミルク	遊び	遊び	離乳食(初期食)		遊び					
11:00					遊び		排泄			幼児食	幼児食
			授乳	ミルク	ミルク	ミルク		排泄		排泄	
11:30		排泄					離乳食(中期食)	遊び	排泄	ミルク	排泄
			遊び	遊び	遊び		遊び		離乳食(後期食)		
12:00	午睡	授乳		排泄		排泄	ミルク				
		睡眠	授乳								
12:30				授乳		遊び	遊び			睡眠	
			睡眠	睡眠					遊び		睡眠
13:00		遊び				睡眠					
					睡眠		睡眠			遊び	
13:30	目覚め									排泄	
	検温									遊び	
14:00				排泄		検温				検温	
						排泄	排泄	睡眠			
14:30	食事	排泄	検温			検温			遊び	
	離乳食		遊び		降園	離乳食(初期食)					
	ミルク		授乳	遊び			遊び	排泄	睡眠		排泄
15:00	おやつ	睡眠						検温			検温
15:30	遊び		遊び			遊び	離乳食(中期食)	遊び		牛乳・おやつ	牛乳・おやつ
								排泄			遊び
16:00			排泄					検温	離乳食(中期食)		
		排泄		遊び				遊び			
16:30		授乳	遊び	排泄			排泄	遊び		遊び	
			降園	遊び					降園		
17:00	順次降園	睡眠		降園		睡眠	排泄			排泄	排泄
	引継ぎ									降園	降園
17:30		降園				排泄	睡眠	降園			
						遊び					
18:00											

また、保育指針第３章健康及び安全の３環境及び衛生管理並びに安全の管理には、以下のように示されている。

> ア　施設の温度、湿度、換気、採光、音などの環境を常に適切な状態に保持するとともに、施設内外の設備及び用具等の衛生管理に努めること。
> イ　施設内外の適切な環境の維持に努めるとともに、子ども及び全職員が生活を保つようにすること。また、職員は衛生知識の向上に努めること。

　上記のことから保育室の要件と空間づくりは、以下のように考えられる。

> **保育室の３つの要件**
> ①　あたたかな親しみとくつろぎの場となる。
> ②　子どもが自発的に周囲の人や物と関わり、さまざまな経験を積むことができる。
> ③　健康的、衛生的で、安全な場となるように構成される。

　さらに保育室は、子ども一人ひとりの「寝る‐食べる‐遊ぶ」という生理的なリズム（生活リズムの獲得につながる）が保障される場であることも大切である。子どもの生理的なリズムを中心に考えると、保育室は、「寝る場所」「食べる場所」「遊ぶ場所」の空間に分けられることになる。
　保育室の立地やさまざまな条件で異なると考えられるが、一つの保育室のなかで３つの機能をもった空間の配慮点として次のようにあげられる。

> **保育室の３つの空間と空間づくりの配慮点**
> 寝る場所
> 　○　静かで明るさが調節できる。
> 　○　安心して眠るために、保育者の目が届きやすい場所である。
> 食べる場所
> 　○　保育者と子どもが一対一でじっくりと関われる場所である。
> 　○　ゆったりと２人、あるいは少人数で食事ができる場所である。
> 遊ぶ場所
> 　○　子どもが自ら生き生きと周囲に関われるよう、遊びの環境を構成する。
> 　○　そこに保育者がいることも重要である。
> 　　　　　（網野武博・阿部和子編著『０歳児のすべてがわかる！』明治図書、2012）

（2）保育室の環境の実際

ここでは、ある保育室の環境をみていこう。

①睡眠コーナー

図表6-25（p.179参照）に見られるように、登園直後から眠る子どももいれば、10時過ぎに眠る子どももいる。一日中、誰かしらが眠っているのが０歳児の保育室である。眠いとき、いつでも眠れるように整えておくこと、ぐっすり眠れるように音を遮断し、明るさを調節することも大切である。望ましいのは、間仕切りに引き戸などがあって騒音が遮断され、なおかつ睡眠の状態が見えることである。

しかし、保育室の構造上、必ずしも、睡眠室が確保されているとは限らない、棚や家具で仕切り、ベッドや布団を敷いてあるので、保育室の刺激音が避けられない環境などさまざまである。騒音は仕切りでは十分に防げない場合も多い。静かに安全に眠れることが環境条件であることから、睡眠コーナーの設置の場合は、保育室のどの場所が適切か検討することが必要である。

衛生面などからベッドが望ましいが、月齢や年齢などを考慮し、加えて、保育者の動線も視野に入れて検討する。子どもの眠る場所はいつものように、いつもの場所で眠ることが安眠につながるので、ベッドの位置や布団の敷く場所を変えないようにする。睡眠コーナーは保育者の工夫がもっとも求められる。

睡眠コーナーづくりのチェックポイント

○ 室温、湿度、風通しなどを確認しながら、眠りやすい環境をつくる。温度・湿度計は子どもの睡眠時、子どもの眠る高さに設置し、子どもの体感を把握する。
○ 寝返りが始まるまでの子どもはベッドを使用する。寝返りをするようになったら畳の上に布団を敷き、安全に眠れるようにする。
○ 布団をなるべく同じ位置に敷き、担当保育者が関わりながら眠りに誘うようにする。
○ カーテンなどで室内の光を和らげ落ちついて眠れるようにする。子どもの表情や体位はいつでも見えるようにする。
○ 睡眠チェック表を書き込みやすい位置に置き、呼吸、顔色、体位の様子をこまめに書き込めるようにする。
○ 泣いたり目覚めたりした子どもは別の保育室で過ごし、ほかの子どもの眠りを妨げないようにする。目覚めた子どもからほかの保育室で遊べるようにする。

【図表6-26】 0歳児の保育室

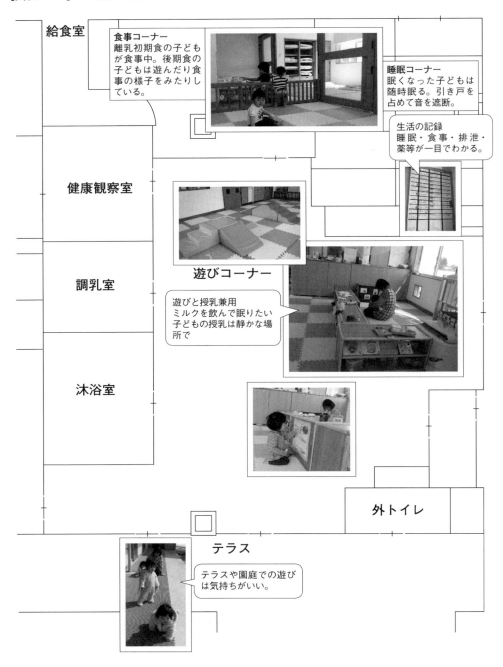

②食事コーナー

　図表6-25（p.179参照）からもわかるように、0歳児は授乳だけの子ども、離乳食も初期食・中期食・後期食と授乳とセットになっており、それぞれ時間差がある。幼児食になる1歳以降にようやく昼食に近い時間帯となりつつある。このように、時間差のある食事が0・1歳児がともに暮らす日常である。落ち着いて食事ができる空間づくりが求められる。遊んでいるまわりの子どもに関心が向けられ気が散らないように、食べている子どもが食事に集中できるように、そして、保育者と一対一で関われるような環境づくりが必要である。

　授乳においても、いつもの場所でいつものようにゆったりと子どものリズムで飲めるようにしたい。保育者自身も授乳中はゆったりと落ち着いて授乳するようにしたい。

　遊びのスペースを食事のコーナーとして使わなければならない場合は、衝立などで仕切ることも一方法である。食事の場所がいつものように設定されることで、子どもも食事に向かう気持ちも高まり、簡単な準備（椅子に座る、おしぼりを使うなど）をしようとすることにつながる。

離乳初期：はじめての味

離乳後期：手づかみで食べる

1歳児：一人で食べる

食事コーナーづくりのチェックポイント

○　離乳初期食の子どもは、静かで落ち着いたスペースで食事ができるようにする。中期食・後期食の子どもは手づかみ食べができるよう適切な食具を準備する。

○　一人ひとりに体に合ったテーブル・イス等を準備し、姿勢が安定し食べやすくする。

○　食事の時間は小グループに分け、保育士等とゆったりと関わりながら食べられるようにする。

○　食事に必要なもの（台拭き、おしぼり、ティッシュなど）をテーブルごとに準備し、

§2　生活や遊びの環境

保育者が不必要に立たないようにし、落ち着いて食べられるようにする。
○　食事前後の準備、片づけなど、子どもが一人でできるようになってきたときは、手順などをわかりやすく伝え、さりげなく手伝う。

● 1・2歳児はできることは一人で
　食前食後は手伝ってもらいながらも一人でやってみる（手洗い、うがい、顔拭きなど）。自分のコップで水を飲む、うがいをする。

③ 遊びコーナー
　出生時の子どもはあおむけであるが、3か月頃には首が座り、6か月頃にはお座りをする。そして、はいはい、つかまり立ち、伝い歩き、そして、歩く、走る、昇るというように運動機能を発達させていく。姿勢が変化するとともに視野が広がり、周辺の環境への興味が一気に広がっていく。興味の対象に近づこうとして、子どもは力の限り手を伸ばし、はいはいをしていく。ついには立ち上がり、歩き出す。

　急激な発達を遂げていく子どもの遊びのコーナーは、発達過程に即したものである（図表6-16～6-24までを参照）とともに、子どもの興味・関心を考慮し、遊びのスペースの確保と玩具の種類、置き場所などを考えることになる。加えて、長時間の保育所での生活は、保育室だけでなく、園舎内外を遊びの場として工夫したい。

　遊びの空間は、発達過程を考慮し、子どもの興味や関心が向きやすいように、子ども目線にしておきたい。もちろん玩具や用具は、衛生的で安全であることの確認が必要である。また、子どもが一人遊びを楽しんでいる姿が保育者の視野のなかに入るよう（死角をつくらない）工夫も必要である。

　図表6-26にある0歳児と1歳児がともに暮らす保

積み木や絵本は座って取り出せるように置く

伝い歩きができるような適度な高さ

保育室から直接出入りできる開放感あふれたテラス

光が入り、外が見える。子どもの関心は外に向けられる

育室と1歳後期と2歳児の遊び環境は、その発達の姿において異なる。ここではそれらの月齢の子どもたちの遊びコーナーについて述べることとする。

遊びコーナーづくりのチェックポイント

○ 遊びの内容により、室内を柵や棚で仕切り、子どもの遊びの動線に合せたスペースをつくる。立つ・歩く際に支えとなるような高さや、ぶつかっても危なくない素材や用品を使う。

○ 子どものお座り、はいはい、歩行の目線に合わせて、自分で触れたりとったりできるように玩具などを置く。

○ 玩具棚には、上の段は軽く持ちやすいものを置き、下の段は大きく、比較的重いものを置く。ひと目で何があるのかわかるように置き方や、数を工夫する。

○ ある程度傾斜があったり、隠れたり、くぐったりして全身を動かして遊べるような遊具やスペースをつくり、探索活動ができるようにする。

○ 室内から戸外にスムーズに出られるようにし、ベランダやポーチで遊べるようにする。廊下、遊戯室など清潔や安全に配慮しなければならないが開放感も味わえるようにする。

● 1歳児・2歳児の保育室

運動機能が発達し、全身を使った遊びや指先も器用になり、組み合わせたり、いろいろな形をつくり出して遊ぶようになってくる。象徴機能や観察力が増し、「ごっこ遊び」を友達と楽しむようになってくる。この時期の保育室の遊び環境は、動的遊びと静的遊びが子どもにもイメージできるように整えておきたい。子どもは動と静の遊びを行きつ戻りつしながら一人で遊んだり、友達と遊んだりと遊びを展開していく。

ごっこ遊びコーナー：手に取って遊びたくなるように

絵本コーナー：表紙が見えて選びやすく、取り出しやすいように

廊下ホール：広い廊下も子どもにとっては開放感のある遊び場。廊下を行きかう子どもたちがまじりあってごっこ遊びが始まる

保育所が子どもにとって、安心して過ごせる生活の場となるためには、まず、子どものあるがままを受けとめ、その心身に応じたきめ細かな援助が必要である。保育者が子どもの欲求を感知し、ていねいに対応し、励まし、応答的に関わることで安心感や信頼感をもって生活する。多くの子どもたちがいることから、保育者は集団と捉えてしまいがちで

あるが、子どもは集団で生活していると捉えているわけではなく、一人ひとりの癖やこだわりをも含めて理解し、受け止めるられることで、保育所での生活が生きやすいものになるのである。

> **事例6-7　タオルはどこに**
>
> Nくん（2歳2か月）
>
> 　Nくんは保育室でブロック遊びをしていた。突然思い出したように「タオルない」と言ってきた。保育者はできるだけ遊べるようにと、Nくんがタオルのことをなるべく思い出さないように工夫していた。それでも、思い出したのか、Nくんは担任からタオルはもらえないとわかっているので、ほかの保育者のところに行って「タオル」といった。
>
> 　しかし、「わからないからC先生（担任）に聞いてみて」と言われた。Nくんはしょぼんとした顔で何も言わずにトボトボと担任保育者のところへ行き聞いたが、タオルを手にすることはできなかった。仕方がなさそうに遊び始めたが、トーンダウンしていた。担任は、タオルを渡せばよかったのかもしれないと思った。

　Nくんはタオルを手離せないわけではなく、なければないで遊べるのだが、遊びの流れの途切れたときや、生活の節目節目で思い出したりする。Nくんは担任の意図がわかっているので、何とかほかの保育者からタオルをもらおうとしている。そんな姿を見て担任はタオルを渡したほうがよいのだろうかと葛藤していた。

　保育所での生活は長く刺激が多い。ゆったりと自分の世界に浸りたいと思うひとときもある。ふと自分の世界に入り込むときあの感触、あの匂いが心を安定させるものだったりする。愛着をよせるものがどこにあるのかわからない、これは必要以上に子どもを不安定にさせることになってしまう。

　タオルを渡さなくとも「ここにあるよ」「置いておくからね」と伝えておくことで安心して生活できるようになっていく。2歳2か月の発達は、安定する場やモノをよりどころにしながら自立の過程を生きていることから、ここに置いてあるからと示すことによってタオルを手離せるようになる方法であるとも考えられる。

　子どもが、現在の発達過程を存分に生きられるように援助することで、「こだわり」の人や物から離れても安心して生きることができるようになっていく。安心して生きるためには目に見える形での具体的なよりどころが必要な子どももいると考え、一人ひとりへ必要な援助を行うようにする。

§3　健康で安全な環境

　保育指針の第3章健康及び安全には、「保育所保育において、子どもの健康及び安全の確保は、子どもの生命の保持と健やかな生活の基本であり、一人一人の子どもの健康の保持及び増進並びに安全の確保とともに、保育所全体における健康及び安全の確保に努めることが重要となる。また、子どもが、自らの身体や健康に関心をもち、心身の機能を高めていくことが大切である」。また、保育所保育指針解説に「子どもの生命と心の安定が保たれ、健やかな生活が確立されることは、日々の保育の基本である」と示されている。その内容は、1．子どもの健康支援、2．食育の増進、3．環境及び衛生管理並びに安全管理、4．災害への備えの事項から示されている。

1．子どもの健康支援

　保育所は集団で生活する場である。集団としての子どもの健康と安全を保障することと、個々への対応はつねに連動したものとして把握しておく必要がある。

　子どもの健康と安全は、子どもの主体性を尊重しながらも大人の責任において実践しなければならない。とくに乳児は発達の初期から保育所で長時間生活することが多いので、適切な援助やきめ細かい配慮が必要である。子どもの健康支援には、日々の生活において子どもの健康状態ならびに発育・発達状態を把握し、環境および衛生管理、ならびに安全管理が重要な柱である。食育の増進は、健康な生活の基本として豊かな食体験ができるようにし、緊急災害などの緊急時に子どもの安全を守るための備えは必須である。

　もっとも早い子どもは、出生後57日（産休明け）から入所する。0歳児から一日10時間程度の長時間保育もめずらしくない。さらに健康な状態のときだけでなく、軽度の病気や病気が治ったばかりという状態の子どもも保育の対象となる。乳児の場合は、抵抗力が弱く感染しやすく、病状が急変することもある。そのため、子どもの病気の発見には、子どもの平常時の生理や症状を熟知し、家庭と緊密に連携し、24時間の生活の流れのなかで子どもの健康状態を把握する必要がある。加えて、専門機関との連携も大切になる。

2．日常の保育のなかでの健康の管理

　朝、子どもとの出会いは健康状態の把握から始まる。機嫌は、顔色は、目力は、笑顔など、細やかに観察する。保護者からは、昨日から今朝までの子どもの状態を聞き取る。加えて、これから始まる一日の生活において配慮しなければならないことも聞き取り記録する。日々の健康観察をつなぎ合わせていくと子どもの健康状態の推移や適切な援助が明らかになってくる。

　おむつ交換や、衣服の着脱の場面などにおいて、子どもの全身状況を確認し、体調の変

化をすばやく察知するとともに、身体的虐待や不適切な養育の発見に努める。保育中に子どもの状態を観察し、何らかの疾病が疑われる状態や傷害が認められたときには、保護者に連絡し、迎えに来てもらうこともある。また、嘱託医に相談したり看護師と連携して対応する。その際、体調の変化に気づいた時間、状況、対応、病状の推移を具体的に伝えることができるようする。綿密に子どもの状態を記録しておくことは、保育者の責務である。

子どもの健康状態の把握のポイント

○ 保護者に普段と変わりがないか、前日の食欲や睡眠・排便、などを確認する（離乳期は、とくに顔色、機嫌などに留意する）。
○ 表情、肌のはりなど普段との違いがないかを確認する。小さな傷やあざなどがないかなど身体の状態を確認する。
○ 家庭もしくは保育所で体温を測り記入する。必要に応じて検温し記録する。
○ 連絡帳を読んで、前日降園から登園までの生活の様子を把握し、今日の目覚めの時間、朝食の量、登園時の機嫌なども把握する。
○ 与薬が必要であれば、何のための薬か、服用の時間なども聞いて記録し、保管場所に置く（園で薬を預かる場合は、保護者から事前に与薬依頼票をもらう必要がある）。

3．発育・発達状態の把握、感染症予防

　子どもの心身の健康状態や疾病などの把握のため、年2回の健康診断と、年1回の歯科検診が行われる。その結果は、保護者に連絡し、保護者が子どもの状態を理解し、日常生活に活用できるようにする。日々の保育においては、発育・発達状態を観察し必要事項は記録する。定期的に、体重・身長・頭囲・胸囲などを計測し、身体発育の評価に記入し、成長の姿が具体的に目に見えるようにする。

　嘱託医とは、入所にあたっての健康診断、食物アレルギーなどがある場合の除去食や感染症などについて随時、指導、助言が得られるよう連携をとっておくことが大切である。何らかの疾病や発達上のさまざまな課題が認められた場合など、保護者や保育所の担当者と相談し、適切な処置を行う。

　保育所は、子どもたちが長時間にわたり生活をする場である。午睡や食事や遊びなど、子どもと濃密に接触する機会が多い。抵抗力が弱く、身体機能が未熟であることから、発症すると感染が急激に広まることになる。感染症予防には予防接種が重要である。母子手帳などを参考に予防接種や感染症の罹患歴を把握しておく必要がある。環境構成としては、空気感染、接触感染等感染経路に応じて手洗い、換気、消毒などを迅速に対応できるよう、日常的に環境を整えておく。

　感染症の疑いのある子どもについては、嘱託医の指示を受ける、他児との接触を避ける、消毒をするなどをして、保護者に連絡して治療や指導を受けるように協力を求める。

嘱託医などの指示にしたがうとともに、必要に応じて関係機関に連絡する。

4．アレルギー疾患への対応

　保育所におけるアレルギー対応は、園長のもとに委員会を組織し、アレルギー対応マニュアルなどを作成し、全職員がアレルギー対応の内容を習熟する必要がある。全職員が研修などに参加し、個々の知識と技術を高めておくことが重要である。なかでも食物アレルギーは、誤食などにより子どもの生命が危険にさらされる恐れがあるため、特段の配慮と、適切な対応を行うことが重要である。

　乳児（0歳児）の食事は、乳汁から離乳食そして幼児食になる過程にある。離乳食を始めると鶏卵、鶏肉、大豆などのさまざまなたんぱく質が消化器官に入ることにより、それぞれがアレルゲンになる場合がある。重症の場合は、アナフィラキシーショックという症状が出て生命に関わる場合もあるので、保護者と緊密に連携するとともに、職員が一丸となって取り組まなければならない。除去食にしなければならない場合も、専門医の診断のもとに進めることが大切である。

アレルギー食対応児への誤食を防ぐための工夫

○　除去食が必要である場合は保護者と除去する食品の確認、さらに医師の指導を受け、経過観察する。

○　アレルギー対応表を作成し、伝言板や話し合いを通して全職員に伝え、確認する。

○　アレルギー対応表は出席人数を記入して厨房に貼り、全職員が毎日確認できるようにする。

○　マグネットで色分けなどをして、普通食との区別をつける。食事用トレーに一人ひとり名前をつける。

○　アレルギーの子どもと普通食の子どもが手を伸ばしても届かないような場所に座る。

○　食事の様子を見て残食の確認をし、当日の食事内容と除去食を連絡帳に書き込む。

5．子どもの発達と事故

　日々の保育で重要なことは、子どもが安全に保育されることである。保育者は、子どもの自由な運動、活発な探索行動を保障するとともに、子どもの好奇心や興味がどこに向いているかを予測し、危険につながる恐れのあるときは、それらを事前に防ぐことが要求される。子どもは自らの身を守る力が未熟なので、保育者は何よりも子どもの安全を確保しなくてはならない。たえず予想される状況と、事故発生の可能性を考慮することが必要で

ある。

　乳児期の子どもの発達は著しく、発達に伴い行動の仕方が変化し、行動範囲が広がる。子どもの事故には、年齢によって起こりやすい事故がある。それは子どもの発達と密接に関連している。子どもを取り巻く環境が、発達過程に適したものであるよう配慮するとともに、保育者の援助も発達特性に応じるとともに、加えて一人ひとり的確な援助を心がけなければならない。

6．事故の予防と安全の対応

　保育中の事故防止のためには、乳児期の心身の発達の状態を踏まえ、施設内外の安全点検に努める。全職員の共通理解や体制づくりをする。事故の発生を防止するためには、子どもの発達の特性と事故の関わりに留意したうえで、事故防止のためのマニュアルを作成する。ヒヤリハット事例を収集し、および要因の分析を行い、必要な対策を講じる。

　ヒヤリハット報告とは、自分が危険だと感じた箇所や状況を記録し、職員同士報告することである。このことにより、今まで意識しなかったことに気づいたり、他の職員の違う視点や保護者の立場に立って報告書を読むことにより、危険箇所を周知し「危険が起こる可能性」を予測して未然に防ごうとする意識が高まってくる。また園内で危険箇所・対応方法を検討して、遊具の置き方を工夫することも事故防止につながる。保育室内の見取り図に危険箇所に赤丸シールをはり、掲示しておくことにより、パート職員も含む全職員が周知することで、事故予防につながるといえる。しかし、危険箇所は園舎内に限るということではない。園庭や近隣の環境にも危険箇所はあるので、つねに確認しておくようにする。

　安全点検には、毎日行う点検と定期的な点検が必要である。以下に、毎日行う点検を示す。

子どもの健康と安全を守るための日々の点検

- **健康観察**：朝の受け入れ時、健康観察と前日からの子どもの様子の把握。保育時間中の子どもの健康観察、顔や体の傷のチェック、食欲や便の様子などを保護者に伝える。
- **子どもの受け渡し**：送迎の時間、人の確認。保護者以外の場合は、原則として、事前に保護者から連絡を受けていない人には渡さない。緊急の場合でも、確認が取れるまでは渡さない。
- **戸外遊び**：戸外に出ると、子どもたちはうれしくはしゃぐ。保育者として、楽しく遊んでほしいものであるが、外出した際には、下記のような事項に配慮する。
　公園で空き缶やタバコの吸殻を見つけたときは、けがや誤飲を避けるために

拾っておく。公園内の遊具は安全か、事前に点検しておく。木製遊具の劣化・釘の飛び出しにより、とげが刺さったり擦り傷ができたり、またチェーンの劣化により、転倒など大きなけがにつながることもある。

戸外では、少なくても保育者の一人は全体が見える場所に立ち、一人ひとりを確認しながら、遊びを見守る姿勢が大事である。

- **散歩**：道路の安全確認をする。車が来ていないか、自転車などの通行が頻繁でないか、道幅は十分歩ける幅か、側溝は閉じてあるか、子どもが安全に散歩できる状態か確認する。散歩では子どもと手をつなぎ保育者が車道側を歩く。ベビーカーも使用する場合は、歩く子どもとベビーカーの子どもの安全が確保できるように確認しておく。保育者はリュックなどを背負い両手が自由に使えるようにしておく。

  緊急時に備えて携帯電話、応急手当用品、着替え、水筒など、すぐに対応できるようにする。日頃から持ち物を確認して、整えておくようにする。

- **窒息**：うつぶせ寝、ふとんのかけ過ぎ、添い寝、吐いたミルクを気管に吸い込むことなどが原因となる。授乳は必ず抱いて行う。吐乳傾向のある乳児はとくに注意する。

- **睡眠中の事故（SIDS：乳幼児突然死症候群の予防）**：睡眠中であっても子どもから目を離さない。仰向けに寝かせる、赤ちゃん用エプロンは外し、楽な姿勢で寝かせるようにする。呼吸や顔色をひんぱんに観察し、異常がないか体にふれ、またうつぶせになっていないかどうか、およそ5分おきにチェックし、記録表に記入する。

- **落下**：テーブルや棚の上のものが落下し、思わぬ怪我をすることが多い。ものが落ちない工夫をする。テーブルクロスやコードなどの垂れ下がりに注意する。子どもは興味をもち、引き下げてしまうからである。

- **転倒、転落**：はう、歩くなど移動行動が活発になる、打撲、切り傷が増え、気持ちが急ぎ、ちょっとした段差につまづいて転倒することがある。ベランダや階段、そしてイスなどから転落することもある。ベビーカーに乗せたら必ず安全ベルトを締める。散歩用カートに乗せているときは決して目を離さない。打撲の際に、症状がわかりにくいため、意識消失、顔色不良の場合は医療機関で受診する。

- **誤飲、誤嚥**：子どもは手に取ったものをなんでも口に入れるようになる。ちょっとした拍子に飲み込んだり気管に吸い込んだりしてしまう。医薬品、洗浄剤、固形物で飲み込めそうな小さなものは子どものまわりに置かないこと。ビニールなど口に入れると危険なものを置かないようにする。

  手にふれたものは、ゴミでもホコリでも口に入れてしまうので、室内はつねに清掃し清潔を心がける。もし、何かを誤飲・誤嚥した場合は医療機関の受診が望ましい。残ったもの、類似のものを持参する。

●溺水：子どもの身のまわりに不必要な水がないか常に確認する。溺水は、洗面器に入った水のように、ごくわずかでも起こりうることを忘れずに、手洗い場、トイレなど残り水に気をつける。園舎内外の汲み置きの水、雨上がりの水たまりにも気をつける。

7．食育の推進

　保育指針の第3章2食育の推進（1）保育所の特性を生かした食育には、「ア　保育所における食育は、健康な生活の基本としての食を営む力の育成に向け、その基礎を培うことを目標とすること」と述べている。

　図表6-7（p.142参照）には、生涯における「食を営む力」を育むために、乳汁期・離乳期には、どのような食べる力を育んでいけばよいかが示されている。授乳期・離乳期の食事は、生涯における食習慣の原点となる重要な時期である。"安心と安らぎ"のなかで"食べる意欲"の基礎づくりの時期であるとされている。それは、子どもの離乳期は、おなかがすくという体感、食べたい・美味しそうと感じ、その生活のなかで、見て、触って、自分で食べようとすることである。ことに離乳の始まりは、視覚・触覚・嗅覚・味覚など五感を通して味わうことが重要であるとしている。保育者は日々の生活のなかで、子どもの生体リズムを整え、子ども自らが食べたくなるような環境づくりが重要である。

　乳児期は"食べる意欲の基礎づくり"の時期にあたる。同ガイドの「発育・発達過程に応じて育てたい"食べる力"について」に示してあるように、乳汁期・離乳期は、安心と安らぎのなかで、乳汁を飲み、離乳食を食べる経験を通して、食欲や食べる意欲を育むことをめざしている。その経験は一生を通じての食に対するイメージを形成することになる。何を、誰と、どのように食べるかの経験が生涯の食事のイメージを形づくることを考えると、保育者の役割は重要である。ゆえに、保育内容の一環として食育を位置づけ、食育計画を作成し、評価し改善につとめることとしている。

● "食べるのは私" 選んでおいしく

　0歳児期後半には離乳食が本格的に開始される。この時期の子どもにとって味覚・視覚・嗅覚のどれをとっても体験したことのない感覚との出会いである。新たな食品との出会いは、食感との出会いだけでなく、「摂食様式の変化」、他者に少量ずつ食べさせてもらうという対人関係も子どもにとって新たな経験となる。保育者にとって、とくに配慮が必要であり、子どもの表情やしぐさなどじっと見つめての援助がもとめられる。保育者の援助の複雑さは、子どもにとっても新しい感覚や活動で、これらは一つ"壁"を乗り越える相互作用といえる。

　1歳後半になると「何でも（自分で）やってみよう」という自立への欲求が食事の場面で頻繁にみられるようになってくる。これは自立する上で重要な行動である。できもしないのにスプーンや箸を使いたいとこだわる。うまくいかないが、食べたいという欲求と、

突っついたり手首を回転したりしているうちに（目的の持続性）、ようやく食べられたとき、自らの力で生きていることを体感する。この経験が土台となり、大人の援助を「いや」と拒む。

　味の違いがわかってくると、食べたいもの、食べたくないものがはっきりして、好き嫌いが表れてくる。何から、どのように食べるのかの順序にもこだわるようになってくる。食具をどのように使いたいのか、座る場所や相手にもこだわるようになってくる。うまくいかないからこそ、子どもなりに考え、工夫し、まわりの状況にも目を向けていく。

　子どもは、成し遂げたいという願いと、こだわっている自分を認めてほしい（依存しつつ自立したい）欲求が存在している。大人にとりなされ、なだめられながらも自らの欲求（気持ち）が受け止められた（尊重された）ということを体感しながら、食べるという営みへのイメージを形成していくことになる。

第7章

乳児の発育・発達を踏まえた生活と遊びの実際

　乳児期は急激な発達を遂げる時期であり、月齢差や個人差が大きいことから、年齢別クラスとしてひとまとめにして考えることは難しい。0歳児期、1歳児期は、とくに月齢によって発達に幅があることから、グループ編成であっては、一人ひとりの生理的リズムや発達差を尊重した生活の組み立てを考える必要がある。

　たとえば同年齢のクラス編成においても異月齢、4月当初は、3か月児から11か月児が0歳児として在籍していた子どもが9月には8か月児から1歳4か月児になり、翌年の2月には1歳1か月児から1歳9か月児になっている。

　保育者は、0歳から2歳までの発達過程を理解して保育援助を行うことが求められる。1歳児クラスの場合も同様に、1歳から3歳までの発達に即した保育を行う。保育所によっては、年齢編成ではない場合もあると考えられる。ほかの年齢も同じなので乳児保育においても、つねに異年齢混合保育が行われていて、同じ保育室では生活リズムの異なる子どもたちがともに暮らしている。

　保育者は、なかでも乳児期は発達差が大きく、加えて個人差にも幅がある、一人ひとりへの適切な援助が求められる。図表7-1（p.196参照）に0歳から3歳までの日課と生活援助を示しているので参考としてほしい。

§1　0歳児の保育の実際

1.　一日の流れと保育環境

　出生後から誕生までの乳児の一年間は、心身両面において、著しい発達を遂げている。乳児の日々は、眠る・飲む・排泄する・遊ぶのくり返しであるが、一日たりとも同じ日はない。その日、その時の一瞬一瞬が未知との遭遇であり、子どもは喜び、驚きや不安を大人に受け止められ、支えてもらいながら生活することで成長・発達している。

　保育所への入所月齢は、子どもによって異なるが、もっとも早く保育所で生活を始める

子どもは、生後57日目からである。子どもにとって家庭と保育所の2つが生活の場となる。家庭における乳児は、保護者との一対一の関わりのなかで過ごしている。しかし、保育所には、多くの同年齢、異年齢の子どもや複数の保育者、さまざまな職員がいる。生活をともにする人々が多いということは、乳児にとってよくも悪くも、刺激の多いものになってくる。このような生活空間においてもゆったりと安心して過ごせるようにすることが大切である。

入園児の受け入れにあたっては、保護者の養育方法を理解し、個々の家庭での養育方法に近い保育を行うことで子どもへの負担が少なく、無理なく保育所の生活になれることができる。加えて、家庭と保育所が緊密に連携して、保育所が家庭の連続性のあるものであるように配慮することも必要である。

乳児の生活リズムは、子ども自身が欲求する"睡眠の保障"から始まる。とくに低月齢時期は、"眠いときにはぐっすり眠る"ことにより、機嫌よく飲み・食べ、遊ぶことができる。本書の第6章の睡眠（p.133参照）に述べているように、乳児期の睡眠は、昼夜の区別がないところから、およそ1年間をかけて昼と夜のリズムを形成していく。乳児保育は、そのリズムを獲得する時期の保育を行うわけであるので、その意味において重要である。

生理的リズムを十分に満たしてもらい心地よい生活をすごすなかで、次第に生活リズムが形成される。複数の乳児が同じ保育室で生活しながらそれぞれに24時間の生活リズムを形成していく。月齢や個人差によって時間的なズレのある睡眠を一人ひとりの欲求に応じて保障し、目覚めてから機嫌よく食べ、遊びを充実したものとすることが重要である。

前述の図表6-25（p.179参照）からもわかるように、月齢や個人差により子どもの生活と遊びには、時間差があることが理解できる。しかし、時間差があったとしても、一人ひとりの生理的欲求のリズムは一定であり、眠る - 食べる - 排泄する - 遊ぶは、一連の流れとなっている。これらを踏まえ、子どもに合わせて柔軟に対応をする。

2．子どもの遊びや生活を支える環境構成

0歳児は一人ひとり異なる生活リズムで過ごしている。空間を分けて使っていても子どもの「泣き」は、ほかの子どもの感情も揺さぶり、ときには保育室全体が落ち着かなくなってしまうことがある。子どもの「泣き」は、眠い、お腹がすいたなどの生理的な欲求による不快を表すのみでなく、関わってほしいなどの「思いを訴える泣き」もある。生理的な水準の不快の除去による「安定・安心」のみを目指すのではなく、「自らの思いを出している存在」として理解することで、子どもへの欲求に共感的に応答するようにしたい。

この時期の子どもは、自らの思いを言葉にして伝えることはできない。子どもの思いを読み取ろうと関わっていくうちに、子どもの欲求が明らかになってくることもある。しかし、子どもが欲求してから準備をしても、タイミングがずれてしまったりすることもあるので、日々、手順や方法などを明確にしておく必要がある。いつものように、くり返されることこそが、居心地がよくゆったり生活することにつながっていく。

【図表7-1】 ある保育所の一日（生活援助の実際と工夫：0歳から3歳までの一日）

日課表

時間	0歳児 ①	時間	1歳児	2歳児 ②	3歳児
7:15	登園・健康観察 検温 睡眠 おむつ交換	7:15	登園・健康観察 1・2歳児は一緒に過ごす おむつ交換	登園・健康観察 2歳児保育室にもどる おむつ交換・排泄	登園　身支度をして遊ぶ (園庭・遊戯室・保育室) 随時　排泄 片付け 3歳児の保育室にもどる 朝の会　朝の視診　本日の予定
9:00	午前のおやつ 授乳(一人ひとり空腹のリズムによる)		午前のおやつ	午前のおやつ	午前のおやつ
9:30	室内遊び　外遊び　散歩 おむつ交換、水分補給 睡眠 遊び		遊びの準備　③ 室内遊び　外遊び　散歩 水分補給　⑤	遊びの準備 室内遊び　外遊び　散歩 水分補給	遊びの準備 保育の計画に基づいた活動 室内遊び　外遊び　散歩など (発達に基づき、興味のある経験) (動的遊び、静的遊びのバランス)
10:00	授乳 離乳食（5〜6か月頃）				
10:30	離乳食（7〜8か月頃）		着替え・おむつ交換・手洗い		
10:45	離乳食（9〜11か月頃）			着替え・おむつ交換・手洗い ⑤	喉が渇いたら随時、水分補給 随時　排泄
11:00 ⑥	離乳食（12〜18か月頃）	11:00	食事		片付け、排泄
	着替え・おむつ交換			食事	食事準備　手洗い　配膳　⑥
12:00	睡眠	12:00	着替え・おむつ交換		食事
				着替え・おむつ交換	
	目覚め 着替えとおむつ交換 水分補給 検温	12:30	睡眠	睡眠	睡眠
			⑦　目覚め		
14:00	授乳・離乳食（5から8か月) 授乳・離乳食（9から18か月）		目覚め	目覚め	目覚め　寝具の片付け
15:00	午後のおやつ 遊び		着替えとおむつ交換 午後のおやつ 遊び おむつ交換	着替えとおむつ交換 午後のおやつ 遊び	排泄　着替え おやつ準備 午後のおやつ
16:30	水分補給 おむつ交換 睡眠(子どもにより)		⑨　水分補給 ⑩ホールや戸外で遊ぶ	水分補給 戸外遊び	降園準備　身辺整理 お帰りの会 戸外や園舎内で自由に遊ぶ　⑨ 随時、水分補給
⑦	随時視診・降園　⑩	17:30	1・2歳児は一緒に過ごす		順次講演
18:31	保育者と一緒に大きい子と過ごし、迎えを待つ				
19:15	全園児降園				

- 各年齢の生活リズムを一覧にすると、それぞれの発達特性に応じた生活の流れが明らかに読み取れる。
- 0歳児は月齢により、また、一人ひとりのリズムが異なることから、一人ひとりの睡眠・食事・排泄・遊びへの援助が必要である。
- 2歳以降になって、ようやく、生活リズムが確立され、皆で食べる、眠るが定着している。しかし、生活援助は個々への工夫や配慮が必要である。

生活援助

①登園・健康観察に備えて
清潔で快適な環境を整えくつろいだ雰囲気のなかで生活をスタート
- 手洗いうがいをして身支度を整え、受け入れの準備をする。
- 窓を開けて換気をし、室温と湿度に留意し室内環境を整える。
  夏：26～28℃　冬：20℃前後　50～60％を目安とする。
- 調乳用のお湯や哺乳瓶を準備する(0歳児)
- 睡眠用の布団やベッドを準備する(0歳児)
- 各種記録用ボードや用紙を準備する(0.1歳児)
- 子どもの発達や興味に沿って楽しく遊べる環境を整える。
- 視診の用具を確認、連絡表をみて引き継ぎ事項を確認する。

②保護者や保育者間の連携
ささやかなことのなかに一日の保育のポイントが
- 連絡ノートに目を通し、保護者からの伝言や保育者からの伝言を記録し、しっかり引継ぎをする。
- 的確に子どもの様子を把握し、保育者の確認をする。
- 12時間保育の実施は保育者の時差勤務で対応している。交代制であるため、保護者の送迎に担任がいつも対応することは難しい。子どもの様子を細やかに伝え合い、子どもの一日が見通せるようにする。

③遊びの準備
子どもの準備のやりやすさ、遊びの楽しさへ、保育の豊かさへ
- 帽子や上着はそれぞれにカゴに用意して、子どもが自分で出せる・探せるようにあらかじめ用意しておく。
  「お散歩に行くからご用意しようね。」と
  子どもたちが手の届くところに
  カゴなどをおくようにする。(1歳児以上)
- 自分で帽子や上着を探したり
  身につけようとする気持ちを育み、
  さりげなく援助して自分でできる喜びが
  感じられるようにする。(1歳以上)
- 自分の持ち物に関心が持てるようになる。

④おむつ替え
一対一で関われる大切な時間、ゆったりと、しかし、手早く
- おむつの交換の回数は、授乳や食事の前後、睡眠・遊びのリズムによって個人差がある。
- 子どもが不快感を感じて泣いたり、表情をかえたり、いきんだりなどのサインを見逃さず、その子にあったタイミングでおむつ交換をし、常に清潔で気持ちよく過ごせるようにする。

⑧水分補給
喉が渇いたタイミングで、しかし保育者が察して
- 子どもはのどの渇きを訴えない。保育者が察し、水分補給を随時行う(0.1歳児)。
- 喉が渇いたら随時飲めるように準備をし、次第に自分で飲むようにする。(2歳以上)

⑥食事準備
手洗いなどの準備はうれしい・楽しい・美味しい食事への誘い
- 食事の献立と食事時間は、月齢や年齢によって異なる。それぞれが、落ち着いた雰囲気のなかで食べられるようにする。
- 「手を洗ってごはんたべようね」などと、食事をするという見通しがもてるように言葉をかけながら手洗いに誘い、保育者と一緒に手洗いをする。子どものかたわらで手を添えて、きれいになる気持ちよさが感じられるように、言葉をかけながら手を洗う。子どもがペーパータオルで拭いた後に、自分でしたことを認めながら、保育者がやさしく拭き取る。

⑤着替え・おむつ替え・手洗い
見てわかる、容易にできる、見せて「じぶんで」
- 汗をかいたり汚れたら随時着替える。
- 着替えを個別にセットして自分の衣類がわかるようにしておく。外あそびの後は、靴をしまう、汚れた服を脱ぐ、手を洗う、排泄（おむつ替え）、着替えるといつも同じ生活の流れにする。

⑦目覚め
気持ちよく目覚め、すっきりした気分は保育者への信頼を紡ぐ
- 保育者がそばにいると安心できる(0.1歳児)
- 一人ひとり目覚めの時間は異なる。目覚めたら、着替えをし、さっぱりとして気持ちよく遊ぶ。(1歳以上)

⑨ホールや戸外で遊ぶ
一日のまとまりのひととき、楽しい時間を伸び伸びと
- 保育園での一日の生活は長い。保育室から出てホールや園庭などでさまざまな遊びをすることで、一日が満ちたりたものとなる。
- 異年齢で関わることも、担任外の保育者等に関わることも重要な経験である。
- 夕方の保育も、子どもにとって楽しみなひとときでありたい。

⑩降園　保育園でのあいさつ
一日の終わりは心地よく、家庭での生活へ穏やかに移行
- お迎えの保護者には「お帰りなさい」とほっとできるように迎える。子どもの一日で保護者が安心できるようなエピソードを伝える。
- 帰り支度は子どもとゆったり関われるよう見守る。

§1　0歳児の保育の実際

3．保育環境の実際

次の図表7-2をもとに保育環境の実際を見ていこう。

【図表7-2】ある保育所の環境の例

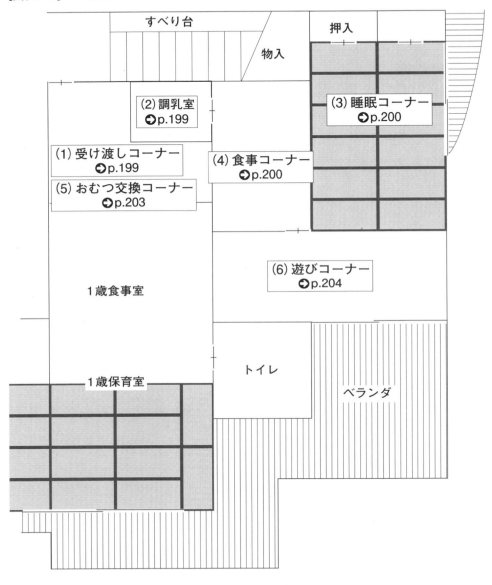

(1) 受け渡しコーナー

　保護者が登園時、おむつ交換して保育者に子どもを引き継ぐ場所は、衛生面や子どもの園生活（睡眠）を保障する上でも、保育室と区切られているのは、望ましいと考えられている。しかし、保護者にとって保育室が見えないということは、子どもの生活動線が見えにくい、つまり、保育所における子どもの生活の姿がイメージできにくいということである。家庭と保育所の生活が連続した流れのなかにあるという観点から考えるならば、何らかの工夫は必須である。

　ガラス戸で中がのぞけるようにするか、適度な高さの家具で仕切るなども一つの方法である。家庭と保育所をつなぐ連絡帳を入れるウォールポケットは、保育室の入口付近にあると便利である。

送迎用品ロッカー

検温用（使用前・使用済に分ける）、登園児の用品（エプロン・おしぼり）

(2) 調乳室

　調乳室は、保育中、頻繁に出入りをする。調乳室には、ポットや哺乳瓶消毒保管庫や冷蔵庫などが設置され、調乳や洗浄・滅菌にお湯を使う場合が多いので、保育室との間仕切りは開閉しやすく、なおかつロックも容易にできるようにする。

　調乳・調理コーナーは、つねに清潔にしておく。必要な用品を必要数整えておく。比較的狭い空間で、迅速かつ正確に行わなければならない。ゆえに、保育者の動線を考えて器具・用品を配置する。洗浄し滅菌した哺乳瓶をすぐ使用できるように調理室と調乳室が近いことが望ましい。しかし、立地条件によっては、調理室が離れていることから、調乳室に哺乳瓶消毒保管庫が設置されている場合もある。

●ミルクと哺乳瓶・乳首は一人ひとりのものを

　一人ひとり飲んでいるミルクのメーカーや種類も異なる。乳首も異なりサイズも異なる。5～6か月ごろからは離乳も始まるので一人ひとりの調理形態も明記し、食事の過程の共通理解と援助の一貫性を図る。

調乳室シンク、食器洗い水切り籠、洗剤および消毒用品

冷蔵庫

一人ひとりの授乳用品入れ

哺乳瓶消毒保管庫

ポット、調乳台

手洗い場・消毒

（3）睡眠コーナー

　0歳児は、静かな場所でぐっすり眠られるよう睡眠環境には工夫が求められる。寝返りが始まる前までは、安全面や衛生面などからベッドが望ましい。寝返りが始まったら、畳の上に布団を敷く。睡眠室として引き戸などで間仕切られ音が遮断されているのが望ましい。その際、睡眠室が保育室のどの位置からも見えるようにする。家具や衝立で保育室の一画を区切る場合は、光が直接入らない落ち着いた場所を睡眠コーナーとする。子どものベッドや布団を敷く場所は定位置であるようにする。

（4）食事コーナー

　食事のスペースが一定であり、食事をする場所としての環境になっていることで、食事を誘う場として機能する。食事のスペースが一定であり、子どもの座る椅子が固定されていれば、保育者が食事の準備を始めると、子どもはそれに誘われて食事のスペースに寄ってくる。そして自分の椅子で飲むこと、食べることを楽しみに待つ。

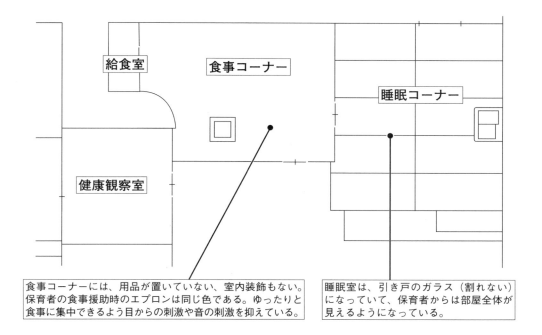

授乳中の子どもは、乳汁を飲むことに集中できるよう、静かな場所で保育者がゆったりと腰をかけ、子どもの欲求に沿いながら授乳できるようにする。離乳期の子どもの食事は、初期食・中期食・後期食において時間差がある。食事に時間差があるということは、同一保育園内のおいて誰かが遊んでいて、誰かが食べているという状況にある。遊んでいるまわりの子どもに気が散らないよう、一対一で関わることができ、加えて、落ち着いて食事ができるよう、衝立や家具などで仕切るのも一つの方法である。

　図表7-3の献立表では、月齢、子どもの離乳の進度に合わせて、初期食・中期食・後期食の3段階の離乳食を午前と午後の一日2回食べられるようにしている。この時期は、まだ睡眠時間が定着しない子どももいる。離乳食が一回だけしかない場合、もし、眠っていたら離乳食を食べることができない場合も出てくる。一日中ミルクを飲むことになりかねない。その意味においても離乳食が午前と午後の2回つくられていれば、たまたま眠っていたとしても、どちらかは食べることができる。離乳期はミルクだけで過ごすことがないよう配慮が必要である。

【図表7-3】離乳食献立表（6月の献立表から13日を抜粋）

		初期食	中期食	後期食
13 (火)	午前	おかゆ／小松菜汁 キャベツ煮 人参煮	おかゆ／小松菜汁 鶏肉と玉葱煮 キャベツと人参	軟飯／小松菜汁 生姜焼き お浸し
	午後	おかゆ／ほうれん草汁 ブロッコリー煮 かぼちゃ煮	おかゆ／ほうれん草汁 ブロッコリーとしらす煮 かぼちゃ煮	おかゆ／ほうれん草汁 ブロッコリーとしらす煮 かぼちゃ煮

【図表7-4】 0歳児クラスの食事の流れ（7月のある日の午前中）

7：30～8：30 それぞれ登園	
9：45 午前睡 担当保育者と眠る	
10：00 テーブル セッティング	
10：40 初期食 中期食	 中期食 「もう少し食べて みようか」
11：10 授乳	 離乳食を食べたあとはミルクを たっぷり飲んで、ぐっすり眠る
11：20 中期食 完了食	  後期食 手づかみ食べ「美味し いね」
11：40 眠くなった 子どもから 眠る	  睡眠確認記録表 5分ごと（各保育所による）眠りの状態、姿勢、呼吸、 顔色など、特記事項がないか。確認者名も記入する。

（5）おむつ交換コーナー

　0歳児保育では、一日に何回もおむつ交換を行う。おむつ替えは、単におむつを替えるだけが目的ではない。おむつ交換をしながら皮膚の状態や、おなかの張り具合を見て、子どもの健康状態を把握する。便の状態などで離乳の方向性も明らかになってくる。加えて、子どもと保育者が一対一で密接に関わる場面でもある。「気持ちいいね」「スッキリしたね」などと子どもが体感していることを言語化し、やり取りできる機会でもある。おむつ交換は一日のなかで子どもと密接に関われる重要な保育内容と位置づけ、心を込めて交換したい。

おむつ交換用品

おむつ交換台と水場

おむつ交換個人用シート

おむつ、着替え、おむつかぶれ用品、汚れ物入れを準備、保温お尻ナップなど

手洗い場と消毒用品

おむつ交換シート（その子ども用）を敷く。大便と小便は使い分ける

交換後のおむつ入れ

洗濯室、汚物処理シンク

> 保育者の身支度とおむつ替え後
> 保育者の身支度とおむつ替えのあと、おむつ替え用エプロンをする。手洗いをする。排尿、排便か確認。排便の場合は使い捨て手袋をする。おむつ替えのあとは手洗いを入念に行う（一人替えるごとに）。排泄物をよく観察し、時間・量・状態を記録する。異常があった場合は、捨てずに保護者に見せる。

§1　0歳児の保育の実際

おむつ交換には、さまざまな用品が必要である。すべての用品を準備し、きちんと整えてから始める。おむつ替え中は、子どものそばを離れない。安全面、衛生面の点検と細やかな配慮が必要である。
　おむつ替えについては、第6章の図表6-15（p.154参照）を参考にしてほしい。

（6）遊びコーナー

　子ども一人ひとりができるだけ満足できるようにしていくためには、安心して自分の興味に没頭できるような雰囲気づくりや空間をつくることが必要である。興味をもっている玩具がいつもの場所に、いつものようにあるという日常性と、何かいつもと違ったおもしろそうなものがあるという変化の折り合いどころを、保育者は子どもの視点で探りながら、環境構成を考えていくことが必要になる。
　0歳児は、発達の個人差が大きく、はいはいする子どもから、すたすたと歩ける子どもまで同じ保育室で遊ぶことが少なくない。当然、発達の姿に応じた遊び空間づくりが必要である。

　〇　身体的機能の発達を考慮した空間
　　　姿勢を変えたり移動したりできない乳児が安心してゆったり過ごせること。のびのびとはいまわることのできる安全な空間。つかまり立ちや伝い歩きができるワクワクする空間。歩く、登る、くぐる、隠れるなど、さまざまな動きが楽しめる空間。

鏡も子どもにとって不思議なおもちゃ

出したり入れたり叩いたり「これみてー」

広いホールで走ったり、登ったり、降りたりを楽しむ

階段もみんなで登ると楽しい。

保育所での生活時間は長い。保育室、ホール、戸外と一日が子どもにとって適度に刺激もあり、気分転換できるようにする。

○ 体調や機嫌に対応できる空間
　機嫌のよいとき、体調の悪いとき、それぞれがその日の、そのときの状態に応じて無理なく過ごせる空間。興味をもち活発に遊べる空間と小さく区切られ落ち着くことができる空間。
○ おもちゃの使い方に応じた収納空間
　いつも決まったところにおもちゃが収納してあり、子どもの予測や期待に添う。子ども自身が選びやすく、取り出しやすい収納。子どもの成長・発達に応じた、素材、数、種類が考慮されている。

4．生活と援助の実際

　乳児の発達は、おおよそ3か月ごとに発達の節目を迎える。10人いれば10人の発達の節目が毎月ずれて表れてくるので、一人ひとりの生活リズムも異なる。加えて、子ども一人ひとりの個性があるので、月齢による発達の理解は必要であるが、実践においてはぴったりとこないこともある。

　保育者の知識やこれまでの実践知が、保育を行うにあたっては目安とはなるが、その子の保育は、子どもとの出会いから始まるので、まず"その子の理解"から保育が始まる。子どもの興味・感心などを理解し保育のねらいを設定し、そのための生活をどのようにしようかと模索しながら、その子にとってのふさわしい援助が明らかになってくる。

【事例7-1】わたしも食べてみる

AちゃんとKちゃん（10か月）

　AちゃんとKちゃんは、離乳食を食べるとき、いつもの場所に並んで食べる。食事が始まるとKちゃんは隣のAちゃんのことをじっと見ていることがある。Aちゃんが手づかみで食べるようになってからは、とくにじっと見ることが多くなった。Kちゃんに手づかみ用の皿を出すと期待して待っている。

　今日は、かぼちゃ煮だった。じっと見つめたまま手を出そうとしない。いつものようにスティック状でないためなのか、隣のAちゃんをじっと見ていた。かぼちゃを手づかみで食べるAちゃんの様子をじっと見ていたが、その内、まねるように指でつかんで食べ始めた。べたべた感も気にならなくなったのか、二人の食べるリズムは同じようになった。

Kちゃんは、新たな食材の形状にとまどったようであるが、Aちゃんの手づかみ食べに誘われるように始めた。"じっと見つめる"姿は、どのようにしたらよいのかと判断し始めたことの表れともとらえられる。目の前にいる同じような月齢の子どものふるまいにひきつけられて、同じ行動（かぼちゃを手づかみする）が引き出されたのだと思われる。
　保育所ならではのこのような様子は、子どもにとって新たな行為のきっかけになるとともに、保育者の働きかけのヒントが見いだせる場面でもある。

5．遊びの援助の実際

　生後2か月頃までは、身体運動は原始反射と呼ばれるメカニズムによって制約され、目の前のメリーにひきつけられていても手を出してさわることはできない。首がすわることで、視覚の安定性と自由を獲得し、目の前のつりおもちゃやモビールに手を伸ばそうとするが思うようには触れることができない。子どもは動きたい方向に向け、手を伸ばしてさわってみたいと体を動かしている。仰向けの姿勢で足が上がるようになり、足をつかんだり、口に入れてなめたりするようになる。

4か月児：目の前のものをじっと見つめているときは、口元がきゅっと締まっている。

5か月児：足を触って遊んでいるうちに口にもってなめた。自分の足と手と口がつながっていることを体感していく。

　一人遊びを楽しんでいるが、子どもの視線の先には保育者がいて、「ゆらゆらするね」「あんよだね」などと、共感してくれる保育者をじっとみている。足をつかみながら保育者のほうに寝返りをしようとした、すこしおもちゃを近づけるとつかもうとしたり、保育者の働きかけで、次の魅力的な世界（活動）に向かってエネルギーが芽生えていると考えられる。
　仰向けからうつぶせ、支え座りという姿勢の転換期には、大人の手助けが必要であり、子どもが手足を動かせた喜びは、次の動きたい意欲へとつながっていくのである。
　お座り、はいはい、つかまり立ちをすると子どもの視界は急激に広がっていく。魅力的な世界に向けて移動することにエネルギーが注がれていく。「もう一歩先へ」「もう一つ欲しい」と思いを膨らませていく。保育者との関係が密接に結ばれていく一方で、子どもは友達とは意識しているわけではないが、他児へ関心をもって関わるようになってくる。家庭での生活と異なる何かが芽生えて経験となる。

【事例7-2】いたい、いたいはここ

　　　　　　　　　　　　　　　　　　　　　　　　Oくん（10か月）とPくん（11か月）
　はいはいしていたOくんが、お座りをして左足の親指をじっと見ていた。保育者が「Oくん、どうしたの？　足、痛い痛いしたの？」と離れたところから声をかけた。すると、保育室の入り口のところで部屋の外を見て遊んでいたPくんが振り向き、ダッシュではいはいをしてOくんのところにやってきた。じっと足を見ていたが、Oくんが見ている親指を握り、もち上げて保育者の顔をじっと見て訴えるような表情をした。「そう、Pくん、Oくんのあんよ、痛い痛いを教えてくれたのね。ありがとう」というと、安心したように遊び始めた。

　事例7-2のPくんは離れたところで遊んでいたが、Oくんが足の親指をじっと見つめている姿がいつもと違うと察して、急いで駆け寄ってきた（社会的参照）。そして、親指が大変なことになっている「ここが痛いんだって」と保育者に教えている。他者が苦痛の状態にあることがわかり、子どもなりにそれを何とかしようとしていることがわかる。
　この事例からは、まわりの様子から察する力が芽生えていること、他者の感情に興味・関心が寄せられていることがわかる。

【事例7-3】ぼくたちもはぐってみよう

　　　　　　　　　　　　　　　　　　　　　　　　Oくん（10か月）とSくん（11か月）
　ポーチにござを出した。部屋のなかから、はいはいの子どもたちもうれしそうに出てきた。1歳児がござが二重なっていることに気づき（知っていたのかもしれない）、はぐって何か探している。その様子を見ていたOくんとSくんも自分たちの手元を見

て、ござのしわに気づき、1歳児がはぐっていたようにめくり上げようと指先を閉じたり開いたり、ござをカシャカシャとかきむしっていた。なかなかつまみ上げることができないが、それでももち上げるためには、つままなければならないので何度も何度もチャレンジしていたが、4回であきらめた。
　年上の子どもの遊びを見て、ふしぎだったのだろう。

　事例7-3は、移動行動（はいはい）を獲得した二人が、ともに生活する他児の遊びに触発され遊び始める姿である。事例では1歳児のござをめくる遊びの楽しさにひかれ接近している。年上の子どもたちがめくったり閉じたりしているのに興味をもち、ござの重なりで同じ遊びができると考えたのだろう。つまめない指先で何とかつかもうとしていた。二人の興味は同時発生で、同じように諦めた。
　この時期に他児との集団で生活を送ることは、大人とのやりとりのみでは生じにくい感情を経験することができる。遊びにおいても、大人とでは体験できないことを体験したり共有できるということである。自分と同じような他者との生活のなかでは、快、不快の双方の感情を経験し、互いに気持ちを響き合わせて耕していくことになるが、この経験をもとに、子どもは少しずつ家庭と違った生活パターンも身につけ、生きる力の基礎を培っているといえる。
　直接言葉を交わしたりしないこの時期であっても、相手との思いを豊かに共有し合う基礎がつくられていくのである。保育者は、子どもの思いを適切に読み取り、一緒に遊べる場や遊びをつくり出し、喜び響き合う友達の存在に気づいていけるような援助を行うようにする。

§2　1・2歳児の保育の実際

　0歳児期の特定の保育者との絆の形成は、1歳から2歳児期において、安全基地（信頼関係の深まり）として、子どもの自立への欲求（しようとしたがる）に基づく行動を支えることになる。
　歩行の開始にともない、走る、とぶなどの運動機能が発達し、自分の思うように体を動かすことができるようになってくる。手先や指先を使ってできることが増え、身のまわりのことを自分でしようとする。言葉の理解が進み、自分の意思を身振り、手ぶりから、言葉で伝えられるようになってくる。象徴機能が発達し、ごっこ遊びを楽しむようになってくる。自我が芽生え、自己主張することも多くなり、自分の欲求を主張し、受け止めてもらうことで安定する。友達や周囲の人への興味・関心が高まり、自発的に働きかけるようになり、子ども同士の関わりが生活や遊びの場面で多くみられるようになってくる。
　保育所という生活の場が、たくさんの信頼できる人との生活の場であれば、そこでは

「あこがれ」や「やりたいこと」、未来に向けた「希望」が膨らみ育っていくことになる。日々の生活において、安心できる環境（人・もの・こと）のなかで、自分の思いを表現できること。好奇心旺盛で不思議さとおもしろさの感情をもちながら、周囲に広がる環境に能動的に働きかける姿を、生涯にわたる学びの基礎（学びの芽生え）であるととらえて保育を行いたい。

1．一日の流れと保育環境

　図表7-1（p.196参照）」を参考に、1歳児、2歳児の発達特性と保育所の一日の生活の流れを理解しよう。
　1歳児の身体の発達だけに注目しても著しく個人差がある。たとえば、4月生まれの子どもは、歩行もしっかりしていて小走りもする。3月生まれの子どもは1歳を迎えたばかりで伝い歩き、あるいは、よちよち歩きである。食事にしても、すでに幼児食を一人で食べられるようになっている子どももいれば、完了食ではあるが保育者の援助が必要な子どももいる。当然、食事の時間も異なることが多い。つまり、同じ1歳児でも、目の前の子どもの実態によって生活リズムは異なっている。生活援助は、特定の保育者の援助を必要としている。こだわりが強くなる時期でもあることから、特定の保育者をよりどころにし、安定した生活のなかで次第に自立に向かっていく。
　2歳児でも月齢差や個人差については、十分な配慮を必要とするが、食事、睡眠などの生活リズムは定着しつつあることから、みんなで食べる、一緒に眠ることができるようになりつつある。
　1歳児、2歳児には、排泄の自立に向けて、トイレトレーニングが始まり、保育内容に加えられてくる。個人差が大きく、必要以上に急ぐことは、子どもにとって楽しい遊びの妨げになるので、十分に配慮しなければならない。
　自分でできる身のまわりのことも増えてくるので、「自分で」と何でもやろうとする姿も見られるようになる。生活の流れや場所が、子どもなりに見とおせるように自分の椅子、テーブル、布団、衣類など、決まっていることも大切である。どこで、どのようにしたら、自分のことができるのかがイメージできてこそ、子どもなりにできたことの達成感や満足感を味わえるといえる。子どもの生活において、身のまわりのことのやりやすさは、子どもの生きやすさといえよう。しかし、思いどおりにいかないことも多く、駄々をこねたり癇癪を起こしたりするが、それも子どもの発達のみちすじであるととらえ、見守ったり励ましたりする。
　象徴機能の発達により、友達と簡単なごっこ遊びを楽しみ、言葉を使う喜びを共有するようになるので、コーナー遊びが十分にできる環境を整えておくようにする。少人数で遊んだり簡単なルールのある遊びをしたりするようにもなるので、子どもの遊びを見守って、必要な援助を心がける。

2．子どもの遊びや生活を支える環境構成

　保育所で生活する子どもたちは、目覚めている時間のほとんどを保育所で過ごす。日々の生活のなかで、人や物とのやりとりそのものが発達の経験となる。保育所での生活が望ましい未来をつくり出す上で、重要な経験を重ねるための保育環境は、どのようにあればよいのだろうか。

（1）環境としての保育者

　保育の環境には、人的、物的、社会的環境がある。そのなかでも人的環境、いわゆる保育者の存在は、物的環境とは決定的に異なる。子どもは環境との相互作用により成長・発達していく。保育者は、子どもにとって身近な人的環境であり、その存在、そのものが子どもに影響を与え続けるという意味において重要である。子どもは、保育者により情緒の安定が図られ、基本的な信頼感を得て、それをよりどころにして、周囲の環境に興味や関心を向け、盛んに探索活動をするようになる。

　子どもは生活の多くの時間を保育室で過ごし、保育者とともに生活している。日常生活における保育者の立ち居振る舞いはそのまま影響する。その意味において保育者の存在意義は大きいものがある。食事、睡眠、排泄、着脱、遊びなど、日々の生活において、生活のなかでの出来事の一コマ一コマの多くは新たな経験である。子どものなかに湧き起こる「なぜ」「どうして」「おもしろそう」「でも、うまくいかない」などのさまざまな思いは、保育者に受け止められ、支えられながら未知の世界に向かっている。

- ○　保育者は存在するだけで子どもたちに影響を与える。保育者の服装や表情を見ただけで状況を察する。たとえば、保育者が着用しているもの（ジャージーか、スーツかなど）によって行動が規定されることもある。一方、子どもも保育者のいつもの表情や身支度などによって影響されているのである。
- ○　保育者のふるまい（ゆったりと、てきぱきと）、保育者の語り（話し方、使用する言葉、癖）、表情、目線などは、人的環境そのものである。
- ○　子どもを受け止め、共感、励まし、援助する保育者は、子どもの憧れとなり、モデルとなる。子どもとともに行動する人、子ども同士の仲介者となり、子どもにとってかけがえのない存在となる。

（2）安全・安心な生活空間　―生活の拠点として居場所づくり―

　子どもが安心し、ゆったりと生活できる保育室は、ここが私たちの部屋とイメージできる場所（広すぎず、狭すぎない）でありたい。ロッカーや家具など、ほどよく配置されていて、子どもにとって安心できる空間であること、それぞれの手入れが行き届いていて、居心地がよいこと。加えて、子どもの興味・関心に応じて、遊んだり休んだりできる空間にしたい。

　保育室が子どもの生活の拠点として、どのように生活が営まれているのか、子どもなり

混雑しないよう工夫した園舎入口

感染症情報紙と与薬連絡表入れ

地域の子育て情報誌

室内玩具・遊具の紹介

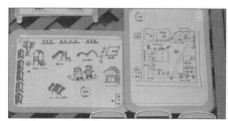
お散歩マップの紹介

連絡帳入れタペストリー

に見通しがもてるような工夫をする。落ち着いて「食べる」「眠る」「じっくり遊ぶ」ことができる空間づくりが必要である。毎日、どこで食べるのか、どこでどのように着替えるのか、どの場所で眠るのか、子どもなりに見通しがついていれば、生活の流れもゆったりしたものになる。

　子ども一人ひとりの椅子や布団、ロッカーの固定は、自分の場所や自分のものが、ここにあるという自己の存在の確認につながる。自我が誕生し、拡大させつつある子どもたちにとって「自我の座を確保する」という意味においても必要な手立てである。椅子や布団の固定は、子どもたちの自由を制約するように見えるが、しかし、子どもが受け止めきれないほど、「自由であるということ」は、生活の流れに見通しが立たない子どもにとって、不必要な混乱や不安をもたせることになりかねない。

　保育環境は、子どもがどのような生活のなかで、どのように育ってほしいのか、保育者の願いが具体的に表れる場所でもある。保育者の子ども理解や配慮が、保育室の雰囲気となって醸し出されてくる。送り迎えをする入口付近は、保育所の保育方針や保護者との連携の姿勢が総合的に示される場である。こぎれいで、温かい雰囲気であること、加えて、必要な手続きが容易にできるように整えておきたい。

（3）ぬくもり　―長時間過ごすことから―

　外からの情報や刺激を自分の意思で思うように選択したり、調整したりできない発達過程を生きている子どもにとって、長時間過ごす保育室の環境づくりは、重要な保育内容である。

　保育所は、子どもも大人も長時間過ごす生活の場と考え、保育室はぬくもりを感じられるようにしたい。日々の生活の香りがそれぞれの空間に感じられるように、木や布、紙など、自然素材の呼吸が伝わるように工夫したい。まず、子どもの視線の高さで、何が目に入ってくるのかを見直してみよう。立っているとき、椅子に腰かけているとき、床に座っているとき、子どもには何が見えているのかを見てみよう。保育者の目線と異なることが発見できるだろう。

　子どもには、周囲の情報がすべて入ってきてしまう（刺激の選択）。目につくもの、耳に入るものなど、刺激にすぐ反応してしまうという特性がある。たとえば、壁面は濃い色は避け淡い色調にする。壁面の装飾は極力控えて、背景の掲示物は必要なものだけにする。すっきりと整理されて見通しがよく気持ちがよいこと、などに配慮したい。

（4）区切られた空間とスムーズな動線

　保育室内を自分の生活の場として、安心して行動をするうえで必要なことは、ある程度生活の流れに見通しが立つことである。保育室を広々とではなく、ある程度区切り、守られている感覚をもたせるとともに、その空間に意味をもたせることで、子どもたちは、その空間に働きかけられて自ら行動をしようとする。

　たとえば、食事の場所では食事をするというように、場所から働きかけられることで「ここでは何をするのか」ということがわかりやすくなる。そのことで少し先の生活に見通しをもつことができる。見通しをもって行動することは、自分のことは自分でする生活への第一歩である。

　背の低い家具やパーテーションで空間を分け、子どもが自由に行き来できるようにする。登園から降園までの日課に沿って動線を考える。その際、水場、トイレ、保育用品入れなど、設備環境も視野に入れて、子どもの動線と保育者の動線ができるだけ無理のないようにする。

　○　次の図表は1歳児と2歳児の2つのクラスが、オープン保育を実施している保育所の昼寝までの環境づくりである。開所時間は、7時15分から19時15分までであるが、8時15分から12時までを記す。

【図表7-5】1・2歳児の2クラスの生活の流れ

8：15
1歳児2歳児の
保育室

登園
自由遊び

遊び仲間が増えたり減ったり
思い思いに遊ぶ

広い部屋を仕切り棚で区切ってこじんまりとした空間

ごっこ遊び　座卓に座って遊ぶ

1歳と2歳の発達に応じた絵本を取り出しやすく、静かに観たり読んだりできるように置いてある

↓

9：30
（登園の目やす）

絵本コーナー1歳児

絵本コーナー2歳児

↓

9：50
水分補給
午前のおやつ

§2　1・2歳児の保育の実際

2歳児水遊び
1歳児ベランダへ
その後ホールでリズム遊び

↓

10：50
リズム遊び・水遊び後
水分補給

↓

11：15
食事準備

↓

11：15
1歳児食事

↓

11：30
2歳児食事

↓

1歳児ホールでリズム遊び

2歳児水遊び後、それぞれのコーナーで思い思いに遊ぶ

水分補給

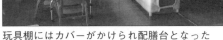

玩具棚にはカバーがかけられ配膳台となった

1歳児2歳児混じってジグソーパズル

1歳児食事

配膳台スペース

11：50
パジャマに
着替えて

↓

12：00
おやすみなさい

着替え一式は一人ひとりのトレーに入れて取り出しやすく

（5）生き生きとした生活空間

　一日のほとんどを過ごす保育室は、安心して過ごすとともに自己発揮できる空間であることが重要である。周囲の人・もの・ことに興味を示し、自ら環境に働きかけ関わることを通して、生活や遊びの力を自らが発揮し、獲得していくようになる。

①動的遊び・静的遊びができる

　子どもが、自ら周囲のものやことに関わっていくためには、信頼できる保育者がいることが必要である。また、その周囲が、子どもの興味や好奇心を掻き立てる環境になっていることが条件になる。そして、取り組みたいときに、すぐに遊べる環境であること、邪魔されずじっくりと遊べることである。

　子どもの成長・発達に応じた空間をつくる。子ども一人ひとりの欲求に応えられるように、さまざまな遊びコーナーは、動的な遊びと静的な遊びのコーナーを設ける。集団での生活は刺激の多いものになりがちである。「ほっと一息、落ち着ける場所」も必要である。

ホールや廊下で十分に体を動かして遊ぶ
保育室から園庭に随時出て遊ぶ

数人で、つもり遊び、見立て遊び
絵本読みは静かに遊ぶ

②じっくり遊べる、遊びこむことができる

　身のまわりに用意された玩具や遊具、生活用具に興味や好奇心をもち、それらに自分から関わり、満足するまで触れて遊ぶことで、外界に対する好奇心や関心をもつようになる。じっくり遊ぶ、遊びこむことを通して、ものや人に関わっていこうとする自発性を育んでいく。玩具や遊具の安全性はもちろん、その質、色、デザインなど、乳幼児期の子どもが出会い、子どもの感覚や感性を育んでいくことを自覚し、その種類、質、量などにも十分に配慮していくことが必要である。

　いつもの場所に、いつものように同じ玩具が置かれていることを基本としながらも、と

子どもの興味や関心に即し、見分けられる

ひと目見て選べる、使える、片づけられる

本物に似ていて、子どもが使いやすい炊具食器

一セットずつトレーに入れて使いやすく

指先を使ってじっくりとひも通しとパズル

集中、集中、一個ずつ挟んで移し替える

みんなでブロック、どれ使おうか　　それぞれに興味をもった積木、ブロック

きには少し違っていて興味をひくような工夫もする。じっくり遊ぶ、遊びこむことできる環境のキーワードは"見てわかる""なんだろう"などの子どもの目線を考えることである。分類することや場所の確認のしやすさは遊びやすさに連動する。

3．生活と援助の実際

（1）依存しつつ自立したい

　特定の大人との信頼関係を基盤として、子どもの生活は自立に向けて歩みだしていく。この時期の関わりは「自立への欲求（しようとしたがる）」に基づく行動を十分に経験できるように援助することである。保育者の手を振り払う（自立への欲求）は、「ジブンデ」「イヤ」「ダメ」のオンパレードであるが、うまくいかないこと、何とかしたい（無数の不完全な試行修正）という日々である。一方、できるようになっていたのに「デキナイ」「ヤッテ」と返してくる。「自立したい、けど、依存したい」と矛盾し、一貫性がなく、気まぐれで揺れ動きやすいのがこの時期の特性である。

　自立に向けて一歩を踏み出したといっても、踏み出したばかりである。自立への強いこだわりや思いがあるものの、あくまでも、「依存しつつ自立」する存在なのである。激しく泣いたり、抵抗したりしたあと、あまえて自分の気持ちを落ち着かせ、安心する。依存と自立は、一見すると矛盾するもののようであるが、安心して依存できる大人が側にいることで、子どもは安心して自立への一歩を踏み出していくことができる。

　この時期の保育者の関わりは、こうありたい、こうしたいという子どもの願いを受け止め、子どもが抱えている葛藤を目線や表情で励ましつつ見守り、タイミングよくさりげない援助をし、達成感や充実感を味わえるようにする。この関わりのなかで、子どもは自分のことを理解してくれている大人に心を寄せる。ゆえに保育者との絆がより一層深まる。

【事例7-4】保育者の見守りのなかで「こうして、こうやって」

2歳児クラス

　午睡後、Nくんは、まだ目覚めていない。まわりで遊んでいる子どもたちをぼんやりと見ていた。

保育者が「Nくん、ズボンはこうね」とズボンを履かせようとしている様子を遊びながら、ちらっ、ちらっと見ていたLくん。Nくんに近づいてきた。足首にだけズボンに入れていたNくんの足をズボンから出してあげようと、ズボンの下から手を入れて足を導きだそうとしていた。
　Nくんは、まだ目覚めていないので、そうしようとする気がなく、なされるがままだった。ようやく足が出てきたので、Lくんは「立って」といいズボンを引き上げ履かせようとするが、なかなか思うようにいかない。そこで、後ろにまわってズボンを引き上げようとしていた。
　保育者が「そう、そうするといいね」というと、安心したように「後ろ向いて」とNくんに声がけし、ズボンを引き上げた。ようやく仕上がったときは、「はあっ」と満足げな顔をした。
　Nくんは、ようやく目が覚めた。Lくんと保育室をごろごろ転がったり、からみ合ったりして遊び始めた。Lくんは、Nくんと遊びたくて待っていたが、しびれを切らしてズボンを履かせてあげることになったようだ。

（2）ワクワク、ドキドキ、生活体験を楽しむ

　子どもは、生活のなかで遊具や用具、素材などのさまざまな物に触れ、それらを手にして遊んだり、その感触を味わったりする。0歳児は玩具を舐めたり、くり返し触ったり、試したりするが、1歳児、2歳児になると、それらの形や性質、仕組みなどに興味や関心をもつようになっていく。また、子どもは、身近にある物の働きや仕組みについて、自分なりに考えたり、試行錯誤しながら触ったり試したり工夫を凝らしてみたりする。それらに対し親しみをもち、遊びに取り入れようとする。
　子どもの意識は、一日を生活と遊びに区分けしているわけではない。生活のなかで気づいたこと、発見したことなど、生活場面でも友達と共有し、楽しみに変えていく。たとえば、食事場面において、スプーンと箸の形や音の違いを発見すると、皿やコップの音も試し、それが子どものなかに連鎖していくというように、生活のなかに、ワクワク、ドキドキ、不思議発見の毎日である。体験の共有は遊びの共有に連動していく。

【事例7-5】頭は出たけど、手はどこかな？

Lちゃん（1歳11か月）

　午睡後の着替え。Tシャツを着たBちゃんを見ていたLちゃん。ここ数日、Tシャツをかぶって頭を出すBちゃんをじっと見ていたが、今日は自分で着てみようと頭を

通そうとしていた。
　保育者が長袖Tシャツの首回りを広げ、頭が入れられるように広がると首を少し下げて頭を入れる。顔が出た瞬間、ニコッと笑う。"出た"と思うのだろう。手を入れようとするが、そこは見えないので探るようにしていた。手探りながらどの辺から手を出せばよいかイメージしているので、まったく的外れに手を入れるわけではない。
　片方だけだが手が出ると手の平を広げ、やっぱり「デタ」といった。「おてて、出たね」というと満足そうにもう一方の手を入れた。Bちゃんの頭出しが、とても魅力的だったのだ。

　衣類の着脱の自立には、相当の時間を要する。生活の切り替えの場面だけでの着脱のみならず、ごっこ遊びのなかでも脱いだり着たりすることがある。そんなときは、脱ぎやすく、着やすいヒントが必要である。
　たとえば、裏返しを直して、子どもの向いているほうを前に置き、両手がどこに入るかわかるように形を示しておく、ポイントになる目印を伝えるなどをしておくと、やる気が失せるほど頑張らなくても"できた"という達成感を味わえるようになる。事例7-5のように、そのほとんどが保育者の援助によってなされるものであっても、頭が出た瞬間、手が出た瞬間の達成感や満足感は子ども自身がチャレンジし行った結果であると子どもは感じている。
　その体感が次の発達を促すものであり、それらの積み重ねが着脱の自立の誘い水になっていくのである。できるだけ子どもがやりやすくなるように工夫することが保育者の専門性といえるであろう。

【事例7-6】手洗い楽しいね。きれいになるよ

Dくん（2歳児）その他数名

　遊んでいると汗をかく子、手が汚れる子など、さまざまである。この日、朝から暑かったので、なんとなく冷たい水に触れたかった日であった。砂遊びやどろんこ遊びしている子は、手洗いをすると気持ちがよいのか、次々と水場に来ては手を洗っていった。
　次々に子どもたちが手を洗っては、また遊びに行った。水は気持ちがいいけど、水遊びをしている暇はないというようにであった。手洗い場には、手洗い用洗剤と手拭き紙とゴミ箱が置いてあり、水で流す、石鹸をつける、手を洗う、手拭きをする、ごみ箱に捨てるという手順が身につくことにもなる。

子どもは手が汚れれば手を洗おうとする。汚れて気持ちが悪かったり、次の遊びに移ろうと思ったとき水場に来る。それぞれ必要に応じて手洗いに来るので混雑することもなかった。手洗いの必要性が個々に異なっていたのである。

　並んで手を洗ったり、待ったり、押したりすることもなく洗っていた。もちろん、並ぶ場所に足形も書いてはいない。室内の水場も同様である。人数が多いと当然、一番を争う、押す、けんかになるという概念は、このような場合には当てはまらない。手洗いは、排泄後も、食前食後も、遊びの途中も、日常的な営みであるので、一斉に並んで手洗いをすることもあるが、必要に応じてそれぞれが洗うこともある。工夫すれば、必要以上に待たせることもないだろうし、子どもが混乱することもないのだろう。

> 【事例7-7】喉が渇いたら水を飲む。ごくごく「おいしい」
> 　　　　　　　　　　　　　　　　　　　　　　　　　　２歳児クラス
>
> 　今日は朝から特別に暑い。登園後、園庭で遊んでいる子どもたちに朝の光がじりじりと降り注ぎ、汗が光っていた。子どもたちが次々と水場に来て「ごくごく」と水を飲んでいた。「うまい」という子どももいれば、「あーっ」と感嘆の声をあげる子どももいた。一息つき、また園庭に駆け出して行った。今、遊んでいるところに一目散に走っていった。水遊びをする子どもはいなかった。
>
> 　この日、担任は、こんなに急に熱くなるとは思わなかったので、保護者に水筒の持参をまだお願いしていなかった。どうしようと思ったが、まずコップを出して、のどが乾いたら飲むようにと子どもたちに話した。手が届きにくい子どももつま先立ちをして一人で水をくんで飲んでいた。水遊びをする子も、コップを放置する子どももいなかった。
>
>

　喉が渇いたら水を飲む、こんな当たり前のことが、もし「みんなおいで、お水を飲むよ、並んで待っていてね」という誘いかけだったら、このような満足そうな顔をしただろうか。

　手が届きそうもない蛇口に、つま先立ちにようやく手が届いた。蛇口をしっかり握り力を入れてひねった。一方の手にはコップをもっているのでバランスをとらなければならな

い。園庭の水場からの水飲みの初体験は、チャレンジをしてみることが多かった。しかし、のどが渇いた、水が飲みたい、この欲求は越えなければならない壁を難なく越えさせることとなった。水が美味しいという体感は、子どもにずっと残ることであろう。

　これまでの事例にあるように、のどの渇きを潤す（生理的欲求を満たす）、衣類の着脱や清潔の取り組みなど、生活の場面において、子ども自身の心が動き出すことにより、自らの力で生き生きと生ききっている。子どもは、日々、不思議、そして発見のなかで力強く生きていることがわかる。保育者は子どもをまず信頼して任せてみることで援助のありようが見えてくるといえる。

4．遊びの援助と実際

（1）科学すること（おもしろいこと、不思議なこと、試したい）、学びの深まり

　自然に触れて生活し、その大きさ、美しさ、不思議さなどに気づくことは、子どもの生活にとって重要である。保育室の環境づくりに、四季折々の自然物を取り入れ、季節の変化を感じられるようにすることも大切である。

　近年、子どもは自然と触れ合う体験をする機会が乏しい傾向にある。子どもが全身を介して直接自然と触れ合う体験は、子どもの心を癒すだけでなく、自然に対する驚きの気持ちや、その美しさに感動する気持ちを子どもに抱かせ、その不思議さに魅せられるなかで、さまざまな気づきを得ていく。

　動植物や土、砂、水、光、それらを含めた野外の自然に触れて過ごしたり、遊びに取り入れたりするなかで、好奇心や探究心、思考力が生まれていく。こうした体験は、子どもが科学的な見方や考え方の芽生えを培う基礎となるものであり、身近な自然に心を動かしながら保育者や友達と共感したり、表現活動に結びつけていくことも大切である。保育者自身が感性を豊かにもち、自然の素晴らしさに感動することや、子どもの気づきに共鳴していくことが求められる。

【事例7-8】お花がもう飲めない、おなかいっぱいだって

2歳児クラス

　プランターの花にお水かけ。ジョウロに水を入れ、何度も何度も往復していた。子どもたちが寄ってきて、人数が多くなるにしたがい競って走り出した。たくさんかけてあげたい気持ちと一等になりたい気持ちが入り混じっている、しばらく続いていた。

　保育者はプランターのかたわらに来て、「見てみて、もうお腹いっぱいってお花が言っていて、お水をもう飲めないよって」とプランターの外を流れていく水たまりを指した。じっと見ていた子どもたちは、水たまりとプランターと小走りに走っていたコースを見て、一人、二人とジョウロを片づけ始

た。
　　保育者の「お腹いっぱい。もう飲めないって」ということが子どもが体感してきたイメージと重なったと思われる。

　1歳半以降になると、よく動きよく遊ぶ。手や指に力をこめ、素材や道具を使ってくり返し遊びこみ、発展させる。その多彩さを見ると気まぐれに動くのではなく「折り返す」コントロール力を駆使して考え工夫して遊びを持続させているのがわかる。
　事例7-8では、ジョウロに水を入れて運ぶ、水をかけている。運んで - 戻るという行動をくり返して水をかけるなど、自分自身の行動の調整を入れながら少しずつ発展していく様子がうかがえる。自分で水を汲んでいるんだ、一杯になっているのは自分なんだ"実感を集めている"というようにも見える。保育者の「お腹いっぱい。もう飲めないって」との言葉に水たまりを見て、新たな水を発見したといえる。
　このように、自然と触れ合う体験は好奇心、探求心、思考力が生まれていく。考え、工夫し、知的にものを考える機会となっている。事例からもわかるように、保育者や子ども同士との共有、共感があってこそ、自然はさらに意味を成すものといえる。

（2）仲間を感じ、仲間とつながり、一緒が楽しい

　1歳なかば頃から、表象機能（イメージ能力）の発達によって「○○のつもり遊び」を楽しむようになってくる。モノを道具的に使う機能を備えてきた手指が、描いたり、つくったり、手遊びをしたりするなどを通して「表現できる」ようになっていく。
　「つもり遊び」「ごっこ遊び」は、"一人じゃつまらない""友達と遊ぶのは楽しい"という気持ちが育っていく。一緒は楽しいけど、"私だけ""一緒がいいけど"どうすればいいのかわからない混乱もある。保育者は、「私は私」の要求を受け止めながら、"一緒が楽しい"ことを代弁や仲立ちをし、子ども同士の関係をつないでいくようにする。
　自分を意識し、自分との対比で他者を意識し、さらに自分が他者からどのようにみられているかを意識するようになってくる2歳児、プライドも芽生え、自分を尊重してほしいという願いや思いも強くなってくる。友達との関係では、自我と自我のぶつかり合いがトラブルとなってくる。「誇り高き自分」を意識し、「自分」を尊重するようになると、トラブルが続出、子どもなりの言い分が明らかになってくる。トラブルは続出するが、友達とつながり合うことの心地よさを体験している子どもたちの根っこには、共感する心がある。

【事例7-9】ちょっぴりドキドキするけれど、見守られ励まされて

2歳児クラス3名

　ジャングルスロープは、おもしろいけど一人ではなかなか登れない。友達とだったらできそう。今日は保育者ではなく、1歳上のお姉ちゃんがついていてくれた。
　友達とジャングルスロープの上まで一緒に登って順番で滑る。ついてきてくれたお

姉ちゃんがじっと見ていてくれたので安心。この頃、庭で遊ぶようになってから、先生みたいなお姉ちゃんがいて、いろいろ楽しいことがいっぱいだ。

　友達を自分と同じような存在と認め始めることも芽生えてくる。友達と同じようなことをしてみたいという思いは、トラブルの発生要因ともなる一方、「友達と一緒って楽しい」と実感できることを積み重ねていく基盤にもなる。
　事例7-9のジャングルスロープは、一人でならチャレンジできないことも、まわりに友達が登っている姿に触発され、こわごわながらもチャレンジしている。1歳年上の子どもが見守っていてくれることも、子どもの「自分もできる」というプライドをかけたチャレンジとなった楽しいことの一つである。
　環境が十分に整っているからといって遊べるわけではない。そこに遊びへの誘い人がいることで共振・共感が生まれ遊びが始まるのである。

【事例7-10】目指すは、お姉ちゃんたちの遊ぶところへ

Uちゃん（1歳）

　温かくなって、園庭で遊ぶことが多くなった。まだ歩いて数か月、靴を履かせてもらい、園庭を歩くことができるようになってきた。三輪車を出すと、そこにまたがり腰かけ、踏んで進むことはできないけれど、まわりに友達がいることで満足しているようだった。方向を変えたりできないが、三輪車に乗った気分を味わっている。
　おもしろそうなもの発見、Uちゃんは、いてもたってもいられなかったのだろう。三輪車をもち上げ、歩き出した。園庭の隅で年長男女児が棒らしきものをもって楽しそうに遊んでいる姿を見つけたのか、ぐいぐいと三輪車をもち上げて歩きだした。
　三輪車をまたいだまま50ｍぐらいは進んだ。その姿を見つけた4歳児女児2名が1歳児のほうに駆け寄ってきてくれた。

§2　1・2歳児の保育の実際

事例7-10は、まわりの子どもへの視線が、目の前だけでなく、比較的離れたところまでキャッチしていることがわかる。さらに、これまで乗ったことのない三輪車にまたがりながら、そこまで行こうとしている（行動調整）。昨日まで、三輪車に腰かけたこともなかったので、担任は「えっ、Uちゃん、三輪車に腰かけられるようになったのもびっくりしたのに」と驚いていた。子どもの興味・関心は、子どものさまざまな機能の発達の源であることが理解できる。この事例では、年長児をモデルとして遊びのなかでさまざまな力を身につけているということがわかる。

　1歳児期は、「ものとじっくりと関わる・自分のペースで行動する経験」を重ね、2歳児期は、「ものや経験を介して他の子と関わる経験」を通して、相手の意図に気づき、相手とつながるふさわしい関わり方（自我の発達と共同性）を保育者は伝え、「自分はこうありたい」と「自分」と「他者」を線引きしたり、自分の思いを貫き通そうとしたりする姿は、自分の頭でしっかりと物事を考え、自分の力でそれを成し遂げようとする成長の姿と捉え、ゆったりと優しい目で見守っていきたい。

　子ども同士の関わりを見つめていくと、同月齢や同年齢児への関心から次第に、年長児への関心が高まり、子どもの「ああしたい」「こうありたい」という願いは、新たな発達への呼び水となっている。一方、年長児もともにあることが自然なこととして一緒に遊んだり、世話をしたりする姿から、保育所は生活の場として、必要に応じた多様な関わりを視野に入れ生活できるようにすることが必要である。

（3）あこがれとやりたい思いがつまった心地よい生活

　1・2歳児の自我の要求を「わかった」「いいよ」で受け止めることを基本としながらも、「〇〇したかったんだ」という気持ちに寄り添いながら受け止められないことも少なくない。気持ちの切り替えを求めても、こだわりは容易に切り替わるものでもない。そんなときは、高ぶった気持ちが収まり落ち着くまでじっくり待つ「間」が必要であるが、そのタイミングや方法には工夫が必要である。

　子どもは身近な保育者や友達の体や心の動きを見てあこがれややりたい思いを膨らませ、相手の体や心の動きを模倣することを通して、徐々に模倣から考えて判断する「自立的な生活へ」と高めていく。あこがれややりたいという思いのモデルがいることが成長・発達を促す源ともいえる。生活や遊びすべての場面において、真似たり、真似されたり、手伝ってもらったり、手助けしたりのなかで育ち合っている。

【事例7-11】私も掃けるよ

　　　　　　　　　　　　　　　　　　　　　　PちゃんとMちゃん（2歳児クラス）

　A保育者は4歳児担任。もうすぐ産前休暇に入る。昼食後、テーブルを片づけ、子どもたちが布団を敷けるように掃除をしていた。ほかの部屋で子どもたちは、パジャマに着替え、絵本などを読んでもらっている。そんな時間に、数名の子どもたちが保育室に入ってくる。

> 　4歳児3人が「先生、箒、貸して」「掃いてあげる」「先生、大丈夫だから座っていて」と保育室を掃き始めた。掃いてチリ取りにゴミを集めた。手直しはしなければならないが、それでも、大きなお腹のA保育者はとても助かった。それから毎日、子どもたちが保育室を掃除するようになった。次第に手直しの必要がなくなった。
> 　その姿を食後に保育者と毎日のように見ていた2歳児クラスの子どもたちが、保育室を掃き始めた。PちゃんとMちゃん、ホールに出てくるたびに箒を出してもらい、掃除ごっこをして遊んでいた。
> 　2歳児室を保育者が掃除し始めると、箒をもって保育者の手伝いし始める。うまくはいかないが、同じ方向にゴミを集めるということは理解しているようだ。

　心地よい生活ができるよう、雑然としないこぎれいな空間で生活できるように（心地よい生活文化の形成や獲得）と、工夫をしても、大人の意図と子どもの思いにズレが起きることも少なくない。

　たとえば、絵本コーナーやごっこ遊びのコーナーで遊んでいてくれれば、睡眠の準備やおやつの準備をできるのに、なぜか、食事のあとなど、ごちゃごちゃしているなかで、子どもたちはわざわざよりあつまってくる。昼食後から午睡まではトラブル発生の時間帯である。過密状態にならないように、片づけがスムーズにできるように、交通整理をしたいところであるが、ごちゃごちゃしながらも一生懸命生きている子どもたちの目は輝いている。互いに「生活をともにする」共同生活者であり、子どもは大人の背中を見てあこがれて育つという観点から、ごちゃごちゃを何とかスムーズにいくように心配りをしている保育者の姿はそのまま、子どもにとってひたむきに生きる大人の生きざまを示しているといえよう。

　基本的・日常的な活動の取り組みにおいて「子どもの要求」と「大人からの要求」はぶつかりがちである。「子どもたちと一緒にできることは」「子どもたちの見ている前で一つ一つのことを進めていく」ことも、子どもたちとの対話的な関係のもとで「自立」が培われていくものといえる。

第8章 保育の全体的な計画と指導計画の実際

§1 保育の全体的な計画の構造

1. 保育の全体構造のなかの乳児期

　保育所（幼保連携型認定こども園を含む、以下同様）は、保育を必要とする子どもの健全な心身の発達を図ることを目的としている。その目的は、保育指針の第1章総則に述べられている保育の目標を達成することを通して実現される。保育の目標は、地域や家庭での生活も視野に入れた保育所の全体の生活をとおして達成に向かう。子どもの保育所の生活は、複雑多岐で6年間の長きにわたるので、その時間的な経過を示す保育の計画とその年齢なりの日々の保育実践を支える諸側面からの計画（以上の2側面からの計画を保育の全体の計画という）とのつながりのなかで、子どもの発達を保障する全体的で組織的な計画が必要になる（図表8-1）。

　保育所保育における乳児期は、保育の目標の達成に向けてのスタート地点に当たる（図表8-1の○保育の内容（ねらい及び内容・内容の取扱い）□乳児保育、□1歳児保育、□2歳児保育の部分）。このスタート時の保育の計画で重視されるのは、子どもの生まれながらにしてもち合わせている積極的に外界に働きかける力（生きようとする力、後の学びに向かう力と連続する）を受け止めて応答する保育方法と内容である。乳児の外に向かう力が受容されることは、人が生きていく上で、もっとも重要な経験である基本的信頼感を獲得するとともに、その後の発達を大きく方向づけると考えられている。

　そのため乳児期の保育は、子どもの身近な周囲、とくに人と気持ちが通じ合う視点（1歳以上からは人間関係、言葉）の内容が重視される（図表8-2）。それは、保育者の子どもの内面理解に基づいた愛情豊かで応答的な関わり（子どもからの欲求に共感的に応える）が、人のすべての生活や発達の出発点であることを指している。

　したがって、保育所保育の全体的の計画のなかでは、0歳の年間指導計画に基づく保育を積み重ね、その発達した姿をもとに次の年の年間計画が作成されるというように、各年齢の指導計画を連続させることを通して、保育所保育の目標に向かうことになる。保育所

【図表8-1】保育所保育における全体的な計画の構造

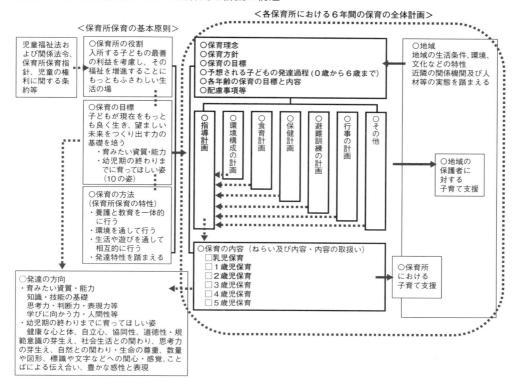

生活の最初の3年間の計画は、自己を獲得するなど人生の土台を作るとともに、小学校以降の学びの基礎へと連続するものである。

図表8-2　3歳未満児の保育のねらい及び内容における基本的事項（抜粋）

1　乳児保育に関わるねらい及び内容
（1）基本的事項
　ア　（略）…特定の大人との応答的な関わりを通じて、情緒的な絆が形成されるといった特徴がある。これらの発達の特徴を踏まえて、乳児保育は、愛情豊かに、応答的に行われることが特に必要である。

2　1歳以上3歳未満児の保育に関わるねらい及び内容
（1）基本的事項
　ア　（略）…自分でできることが増えてくる時期であることから、保育士等は、子どもの生活の安定を図りながら、自分でしようとする気持ちを尊重し、温かく見守るとともに、愛情豊かに、応答的に関わることが必要である。

2．保育の指導計画の構造

　子どもの6年間の発達過程を見通した、保育生活の全体像を表す計画が、保育の全体的な計画である。この保育の全体的な計画に基づいて、6年間の保育をどのように実践していくかという計画が指導計画である（図表8-1参照）。指導計画には、子どもの生活や発達を見通した長期的な指導計画（年間計画、期間計画、月案）と、それに関連しながら、より具体的な子どもの日々の生活に即した短期的な指導計画（週案、日案）がある。全体的な計画から、日案・週案までの計画の関係（構造）を示したのが、図表8-3である。

　子どもと直接に関わる日々の計画が週案・日案である。この計画に基づいて保育を実践し、それを日々・週ごとに振り返り、子どもの興味・関心や、発達の姿に合わせて、次の日・次の週の計画を修正・改善し実践する。さらに、1か月を振り返り、次の月の計画を修正・改善し実践する。こうして12か月を、3期か4期に分けて、それぞれの期の実践を振り返りながら、次の期の計画を修正・改善をするというように、1年間の指導計画を計画のままにではなく、子どもの興味・関心、育ちの姿に合わせて、そのときどきに振り返り、修正・改善をしながら実践していくことになる。

　乳児期の保育は、乳児の特性である未分化性を急がずゆっくりと生活や遊びをすることそのことのなかに学びがあり、そこでの経験そのものが発達を促す。ゆっくりという点から、週（2週間を単位とすることもある）日案、あるいは週月案で対応することが一般的である。また、発達の個人差の大きい時期であることを踏まえて、個別の計画が必要になる。

【図表8-3】　保育の計画の構造（全体的な計画から週案までと日々の実践から計画の修正まで）

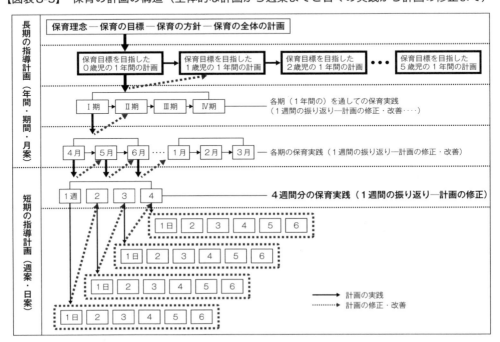

3．計画と実践の往還　―PDCAサイクルの連続の重要性―

　子どもは、日々の具体的な生活や遊びを通して発達していく。これまでは、保育を計画の層から述べてきた。保育の計画は、子どもの育ちの姿や興味・関心、保護者の願いなどを十分に考慮して慎重に立案されるが、実際の保育は計画のとおりに運ぶことは難しい。なぜならば、子どもの姿の読み取りは、これまでの（過去の）姿の読み取りであり、その姿から考えられる、これから（未来）の子どもの姿をもとにして立案するものであるので、予測しきれないこともあるからである。子どもの遊びや生活の姿や発達過程が読み切れないからといって、計画がなくてもいいのではなく、その計画に沿って実践したあとの振り返り（実践の記録－保育の評価）をすることで、子どもの姿をできるだけ適切に読み取れるようにすることが保育の質の向上につながる。

　保育の日常は、計画－実践－振り返り（保育の記録－評価）－計画の修正・改善のサイクルをくり返し行うことになる。このように配慮された保育実践のなかで、子どもはさまざまに興味・関心に基づいて行動し、その経験の蓄積をとおして、さまざまな力（育みたい資質・能力－それぞれの時期のねらいとして表される）を獲得していくことになる。これらの関係を示したのが図表8-4である。

【図表8-4】　保育の計画と実践の往還

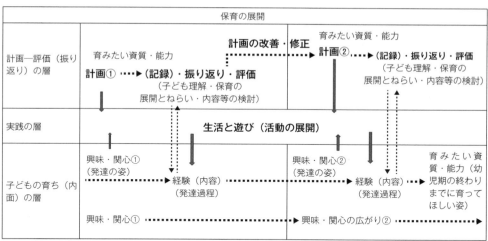

※子どもの興味・関心からの行動が子どもの内面を育てる
※子どもの興味・関心から展開される活動が，ねらいの達成に向けての内容を経験（発達経験）する
※経験内容が豊かになることは，興味・関心の向かう先が豊かになると同時に豊かな発達を促す

○保育は計画に基づいて展開（準備－関わり－後片づけなど）され，その環境・保育者の働きかけに子どもは興味・関心を持って関わる・関わらないなどそこでの経験内容が，子どもの興味・関心を育て，内面も育てる。

§2　3歳未満児の指導計画

　保育の全体的な計画は、6年間を見通したものであることから抽象的で保育の実際の展開が難しいことから、これを具体化したものに指導計画がある。
　指導計画の作成については、保育指針に「3歳未満児については、一人一人の子どもの成育歴、心身の発達、活動の実態などに即して、個別的な計画を作成すること」と示されている。3歳未満児は、心身の発育・発達が顕著な時期であるため、一人ひとりの子どもの状態に即した保育が展開できるよう個別の指導計画が必要である。

1．3歳未満児の指導計画の作成の手順

　指導計画は、その年度の担当者が子どもの実態などを考慮しながら作成する。乳児保育は複数担任制であることが多いことから、担当保育者同士が互いに話し合い作成する。つまり、直接子どもと関わり、その実態を把握しているもっとも身近な保育者が作成する具体的な計画である。
　指導計画には、長期の指導計画と短期の指導計画がある。長期の指導計画は、年間指導計画、期間指導計画であり、短期の指導計画は、月間指導計画、週間指導計画（週案）、日案がある。指導計画作成の手順を図式化すると図表8-5のようになる。

・年間指導計画

　その年度の当初、クラス構成の人数や月齢、発達状況および前年度末の子どもの姿を基に、担当する子どもたちの保育をどのように進めていくかという1年間の見通しである。1年間という長いスパンの計画であることから、実際に保育を行っても計画どおりにいかないことがよくある。どこがどのように異なるのか、それはなぜか、どのように保育を進めていくか、子どもの姿に応じて修正していくことが必要である。

・期間指導計画（期案）

　年間指導計画に基づきながら、複数月を一区分（例：4月から6月はⅠ期、7月から9月はⅡ期……）として、保育のねらいや内容を具体化して作成される。たとえば、1歳児の期間指導計画を子どもの発達過程からイメージして、それぞれの時期の子どもの姿を大まかに示している計画もある。以下も一例である。

　　　Ⅰ期4月から6月　　「せんせい　だいすき」
　　　Ⅱ期7月から9月　　「おそと　だいすき」
　　　Ⅲ期10月から12月　「じぶんでやりたい」
　　　Ⅳ期1月から3月　　「なんでもふしぎ、おもしろい」

【図表8-5】指導計画の作成手順

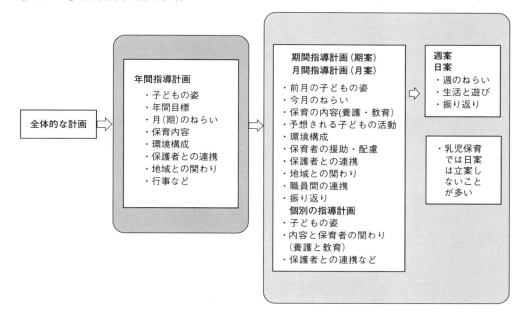

・月間指導計画（月案）

　月ごとに作成されるのが月間指導計画（月案）である。それらは、そのときの子どもの姿を考慮した上で、さらに保育のねらいや内容を具体化して作成される計画である。子どもの生活の様子や生活の変化を十分に考慮しながら月ごとに作成される。

・個人別指導計画

　本節の冒頭でも述べているように、3歳未満児の指導計画は、クラスの期間指導計画（期案）や月間指導計画（月案）と同時に、個人別指導計画を作成する。これは、月齢差や個人差が著しい3歳未満児の子ども一人ひとりに合せて作成される指導計画である。決められた様式があるわけではないが、おもに「子どもの姿」「保育のねらい」「保育の内容」「保育者の援助・配慮」加えて、24時間を視野に入れて保育することが重要であることから、「保護者との連携」で構成されることが多い（保育所によって多少異なるが）。

・週間指導計画（週案）

　月間指導計画に基づきながら、1週間あるいは2週間程度の期間を設定して、具体的に計画していくのが週間指導計画である。個人差への配慮は必要でありながらも、睡眠や食事を軸にする生活リズムがおおよそ定着してくる1歳後期から、1週間を見通し計画することになる。
　どんな遊びを取り入れていくか、子どもに対してどのような配慮が必要かなど、簡潔に明確に示すことで、保育者の共通理解のもとに保育を進めていくことができる。1週間の保育の見通しを立てておくことで、子どもの姿に沿いながらこまやかに保育の準備を行う

ことができる。3歳未満児の保育は、子どものそのときの状況によって、予測どおりには進まないことが多い。とっさの判断、迅速な対応が求められることが少なくない。また、保育者間の暗黙の了解のもとに進めなければならないことも多い。そのような3歳未満児の保育は、1週間の見通しと明日のことについて入念な打ち合わせが必要である。その意味において、週間指導計画は重要である。

しかし、0・1歳児のクラスにおいては、月や期の単位のゆっくりしたペースの計画のほうが、子どもの発達に柔軟に対応しやすいとの考えから、週案が作成されていないことがある。いずれの場合においても、子どものペースを尊重して見通しをもって対応することが重要である。

・一日の指導計画（日案）
　一日の保育に焦点を当て計画されたものが、一日の指導計画（日案）である。保育現場では作成される機会がなく、行事などで作成されることがある。

2. 1歳児クラスの指導計画

　1歳児クラスの毎日は、ワクワク、ドキドキ、ハラハラの毎日である。好奇心旺盛で、周囲に能動的に働きかけていく子どもの願いに応えるべく、保育環境を整えるとともに、工夫を重ね、保育援助を具体的にイメージしておくことが必要である。予測しない出来事も多く、つねに、安全確認をしなければならない。

　保育者の予測を超えて著しい発達の見られる時期であるが、その進み具合や諸側面のバランスは、個人差が大きい。生まれてからの生活体験も、家庭環境もそれぞれ異なることから、同じ保育室で生活していても、生活リズムや興味や関心が異なっている。一人ひとりの発達過程に即した保育援助が計画されなければならない。

（1）実際の子どもの姿から立ち上がる計画

　指導計画は、目の前の子どもの姿から立ち上がるものである。たとえば、今月の計画は先月の子どもの姿に基づいて立案されるが、その子どもの姿は、先月末の子どもの姿だけではなく、それまでの育ち過程もふくまれている。

　子どもの今は、生まれた瞬間（もっと前、母胎内にいるときも含めて）から続いての今である。昨年の経験からくる発達が、今日につながっていると理解し、①子どもを取り巻く環境を踏まえながら、②過去、③現在、④未来と連続したものとして、保育を計画したい（図表8-6）。それぞれは重なり合って成長の姿が表してくるものである。歩みの主体者は子どもであり、保育者はその伴走者であることから、子どもの歩みを完璧に予想することは難しい。ゆえに、予想は変化し、計画・実践も変化していくことが少なくない。

（2）記録（根拠）をもとに立案する

　保育の計画を立てるにあたって重要なことは、子どもの姿を記録し、その事実から子ど

【図表8-6】過去・現在・未来を見通す計画

```
② 過 去                    ③ 現 在                    ④ 未 来
先行体験で何が育って         何に興味・関心を示しているか。    何が育とうとしているのか。
いるか（生活・遊び・        何をしようとしているのか。       どんな願いを持ってどのよ
家庭や地域での経験など）     何を経験しているのか。           うになりたいと思っている
                          （視線、表情、身振り、手ぶり、     のか。
                          言葉、遊び、生活の様子など）      以上をふまえて保育者は子
                                                        どもの育ちにどのような願
① 環 境                                                   いをもっているか。
人的環境（保育者・友だち・保護者・地域の人々との関係性）
物的環境（保育室の構造・遊具、素材、用具の扱い方）
事象　　（地域の文化・行事、温度、湿度、明暗、音、匂いなど）
```

もの内面も含めて理解することである。これまでの保育者の経験や印象で計画するだけでは、思い込みや一面的な子ども理解に終始しがちである。ことに1歳児は、非言語期を生きていることから、子どもの姿は瞬間的でかすかであり、子どもの内面は読み取りがたく、保育場面では省察することはなかなか難しい。保育から離れ、保育の場面をあれこれ思い起こすことにより、改めて子どもの行為の意味や援助のあり方が明らかになってくる。日々、振り返りを積み重ねていくことにより、ようやく理解できるようになってくることも少なくない。

複数で保育を行う乳児保育においては、それぞれの保育者の子ども理解が違いすぎると関わりの一貫性が保たれず、子どもが戸惑ったり、混乱をするので、子どもへの理解を見える形にして共有し、その記録（根拠）を踏まえて計画し、実践することになる。

目の前の子どもの姿をありありと具体的に記録し続けていくのが、保育日誌や連絡帳である。日々おりなす保護者や子ども同士の関わりの一コマ一コマのなかに、自立に向けての欲求が表れてくる。一コマ一コマとして点のように見えていたものが、毎日を続けて読み込んでみると子どもの育ちの姿が線となって浮き彫りになってくる。

（3）子どもを取り巻く環境の把握

園舎内（保育室・廊下・遊戯室・ベランダなど）で、どんな生活や遊び行われているのか。園庭の環境（遊具・砂場・築山など）では、どのような遊びが生まれ、どのようなことを楽しんでいるのか。地域環境においては、散歩コースや利用する公園などをマップ化して、興味や関心を持っている遊びを把握しておくようにする。加えて、安全に関する配慮点も明らかにする。地域の施設の利用方法、行事なども把握することで、計画に生かすことができる。

（4）子ども一人ひとりの理解

子ども一人ひとりの発達、経験、興味・関心、思いを保育日誌や日々の記録や連絡帳などから読み取る。ちょっとしたメモや箇条書きが子どもの姿や思いが浮きぼりになってくることも少なくない。

日誌は、目に見える事実のみの記録だけでなく、子どもの行為の意味や保育者の視点も重要である。自らの実践を振り返る視点と子どもの育ちを捉える視点からの省察を意識しながら日誌を書くことになる。そのような視点が伴う日誌をもとに保育を振り返り、次の保育につながる計画が作成されることになる。

(5) 個と集団の理解

　子どもは一人だけで存在しているのではない。一人だけで育つのでもない。保育者と子ども、子どもと子ども同士、保護者と子どもなど、子どもを取り巻く人々のなかで生きている。子どもは安心できる、親しい人々のなかでは自己発揮できるが、逆に不安であるとのびのびと過ごすことや自己主張することができなくなってしまう。

　その子をしっかり見るということは、その子どもだけを見るということではなく、その子どもを取り巻く環境も含めて広く深く見るということである。友達や保育者との関係も含めて、全体を見る目と、一人ひとりを見る目の両方が備えてあってこそ、育ちの理解につながる計画が作成される。

§3　指導計画作成の実際（1歳児）

　それでは、前節で述べた指導計画作成の手順にしたがって計画がどのように具体化されていくのかを、1歳児の計画を例にして学んでいくことにする。

1．全体的な計画のなかの1歳児クラスの指導計画

　すべてのクラスの指導計画は全体的な計画のもとに位置づけられる。0歳児は、保育所生活のそのスタートの時期の計画ということになる。今回の例の1歳児はその0歳児の保育の積み重ねの上に展開される。したがって1歳児の指導計画においては、6年間の見通しのなかの1歳児クラスの年間目標を確認することになる。

　図表8-7は、全体的な計画のなかの3歳未満児を抜粋したものである。

【図表8-7】全体的な計画（3歳未満児を抜粋）

保育理念	健やかで心豊かな子ども育てるとともに、保護者に信頼され、子育てに優しい、地域に開かれた保育所を目指す
保育方針	・一人ひとりの子どもに寄り添い、安心感と信頼感のもてる保育を行う。 ・自由感のある保育のなかで、さまざまな経験を通して、気づき、考え、工夫し、生きる力を培う。 ・日々の生活において、多様な人間関係をとおし、思いやりや豊かな心を育てる。
保育目標	・子ども一人ひとりが安心できる場所で、健康にいきいきと生活する。 ・自分でしたいこと、できることを自分でしようとする。また、ほかの子どものしようとすることも認める。 ・生活に応じた行動の仕方を身につける。また、状況に応じて臨機応変に問題解決をしようとする。

年齢		0歳	1歳児	2歳児
保育のねらい		・保育者に支えられ安心した生活のなかで体を動かすことを喜ぶ。 ・人との関わりのなかで自分の気持ちを表現しようとする。 ・周囲への関心が芽生え、関わろうとする。	・保育者との安定した関係のなかで、気持ちを身振りや言葉で伝えようとする。 ・まわりの子どもの存在に気づき、関わろうとする。 ・身のまわりの生活が身につき始め、自分のことをしようとする。	・他者との関係のなかで、自己の存在を確立しようとする。 ・ある程度の行動を予測し、意欲的に行動する。 ・生活の流れを見通し、身のまわりのことを自分でしようとする。
保育の内容	生命の保持	一人ひとりの生活リズムを大切にし、食欲・睡眠などの欲求を十分に満たす	一人ひとりの心身の発育状況を把握し、適切な生活リズムが獲得できるようにする	身のまわりの清潔や安全の習慣などを少しずつ身につくようにする
	情緒の安定	保育者に受け入れられながら安心して過ごす	特定の保育者との愛着関係が深まり、ゆったりと安心して生活できるようにする	保育者に受け入れられることで安心して自己発揮できるようにする
	身体的発達に関する視点	健やかにのびのびと育つ 一人ひとりの生活リズムを大切にし、睡眠し、食事などの欲求を十分に満たす 保育者に受け入れてもらいながら安心して生活する 一人ひとりの発育に応じて十分に体を動かす	健康：身のまわりの簡単なことに興味をもち自分でしようとする 人間関係：保育者や友達に関心をもち、まねたり、誘いかけたりして自ら関わろうとする	身のまわりのことを自分でしようとし、できた喜びを味わう 保育者や友達と関わるなかで、相手に思いがあることや自分の思いに気づく
	社会的発達に関する視点	身近な人と気持ちが通じ合う 身近な人の存在に気づき、親しみの気持ちを表す 身のまわりを清潔にしてもらうことの心地よさを感じる 生活や遊びのなかで他児の存在に気づき始める	環境：探索活動が盛んになるとともに、好きな遊具や玩具でじっくりと遊ぶ 言葉：周囲とのやりとりのなかで、簡単な言葉で気持ちを表そうとする	身近な環境に興味をもって関わり、さまざまなことに気づき、行動半径を広げていく 経験したことを言葉で表現し、簡単な言葉のやりとりを楽しむ
	精神的発達に関する視点	身近なものと関わり感性が育つ 身のまわりのものに対する興味や好奇心をもつ 生活や遊びのなかで、さまざまなものに触れ、モノの特性や感触を味わう 歌やリズムに合わせて足を動かし楽しむ	表現：発見や驚きを仕草、言葉で表現しようとする 絵本に親しみ、ごっこ遊びや模倣遊びなどでさまざまな表現をする 描いたり、書いたりすることをたのしむ	友達とイメージを膨らませて言葉や動きで表現する 歌ったり、踊ったりなど、リズムに合わせて楽しむ 自然物に興味をもち、新たな発見を子どもなりに表現する
	食育	お腹がすいたら泣く、または喃語で食べ物を催促する	食育：食材に興味をもち、スプーンで食べようとする	食べることを楽しむ。手洗いや挨拶をしようとする。

2．年間指導計画作成の実際

3歳未満児の指導計画の作成にあたっての留意点を確認する。

○　指導計画は作成して終わりではない。計画を実践し、振り返り、子どもの育ちの確認や保育者の関わりを評価し（C）、環境構成や保育の配慮点が明らかになる（A）。次年度の指導計画が作成され（P）、保育実践を行う（A）。PDCAサイクルは、これがくり返されてこそ、月齢差や個人差が大きい3歳未満児の一人ひとりの育ちに応じた保育が可能になる。

○　3歳未満児は月齢差や個人差が大きい。また、育つ家庭の影響も大きくその生活に影響してくることから、一人ひとりの状況に合わせた個別の指導計画を作成する。たとえば、1歳児の場合を考えてみよう。歩きはじめの子どもから走れる子ども、喃語の子どもと2語文を話す子ども、離乳完了期とすでに幼児食を食べている子ども、おむつをしている子とトイレで排泄しようとしている子どもなど、その発達過程はさまざまある。一人ひとりの発達に即した環境構成や援助の計画が必要である。

○　クラス編成は園舎の構造、保育方針などによって年齢別に編成されるとは限らない。クラス一人ひとりの子どもの発達の姿、家庭の状況などを把握してすべての子どもたちの発達を見通して計画を立てることが必要である。異年齢のクラス構成の場合は、異年齢が互いに刺激し合える保育内容や環境構成が重要である。異年齢保育であることから生じてくること、または特別に配慮が必要なことなど、具体的な見通しを立てて計画する。

○　保育は、保育所にいる時間帯だけを考えればいいのではなく、年齢が低ければ低いほど24時間の生活のなかでの保育を考えなければならない。昨日から今日、今日から明日へと、子ども生活は24時間連続していると捉える。ことに保育所での生活時間は長い。「おはよう」から「さようなら」までの保育内容の展開は、日々おおよそ一貫したものである。反面マンネリにならないような工夫も求められる。職員の協力体制、保護者との連携など、計画に盛り込むことによって、子どもの安定した生活が保障できる。

図表8-8は1歳児の年間指導計画である。全体的な計画に基づき、1歳児クラスの1年間の保育のねらいと、そのねらいを達成するための保育の内容が示されている。

先にも述べているが、1歳児クラスには、1歳児と2歳児がともに暮らすことになる。月齢による発達差が大きく、加えて個人差もある。年間指導計画の子どもの姿は、低月齢児と高月齢児の育ちの過程を明示しておく必要がある。図表8-8は一例である。保育所によってさまざまな考えや書式があるので、一つの考え方としてとらえてほしい。期の区分も子ども月齢や継続児か新入園児かによって保育所によって異なるので、実態に即して作成することになる。

【図表8-8-1】 1歳児の年間指導計画（Ⅰ期〜Ⅱ期左側部分：低月齢児の姿がある）

年間目標	・保育者との安定した関係のなかで、身ぶりや言葉で伝えようとする。 ・まわりの子どもの存在に気づき、関わりのなかで自己の存在を確立しようとする ・身のまわりのことに関心をもちはじめ、生活の流れを見通し自分のことをしようとする。		【健康・安全】 ・一人ひとりの既往歴および、日々健康状態を把握する。 ・保育室内の安全点検、消毒など、安全と保健衛生に配慮する。 ・食物アレルギーをもつ子どもへの個々への対応に留意する。 ・チェックリストやヒヤリハットなどにもとづき、環境構成を工夫する。
子どもの姿		低月齢児	
子どもの姿	・幼児食となるとともに食事のリズムが定着し、一人で食べようとする。 ・保育者の手をひいて、してほしいことを態度や表情で要求する。 ・自分の要求を指さしや動作、一語文で話す。		・自分の身のまわりのものやことに興味を示し、自分でしょうとする。 ・行動範囲が広がるに伴い、探索活動が盛んになる。 ・リズムに合わせて体を動かしたり、手指を使って遊ぶ。
	Ⅰ期（4月〜6月）「せんせいだいすき」		Ⅱ期（7月〜9月）「おそとだいすき」
ねらい	・保育者との関わりのなかで新しい環境に慣れ、安心して過ごせるようにする。 ・保育者と触れ合いながら、好きな遊びを見つけて楽しむ。		・快適で心地よい環境のなかで、保育者や友達と楽しく遊べるようにする。 ・身近な自然物に触れるとともに、夏ならではの遊びを存分に楽しむ。 ・身のまわりのものやことに興味を持つ。
養護	・一人ひとり生理的欲求にタイミングよく応じ、保育所の生活に自然慣れていけるようにする。 ・特定の保育者への甘えやこだわりを受け止め、安心して遊べるようにする。 ・おむつ交換を通して子どもと密接に関わり、健康状態を把握する。		・一人ひとりの生活リズムに応じて心地よい関わりを把握し、夏季の健康管理を十分に行い快適に過ごせるようにする。 ・夏の遊びの体験が楽しいものであるように、一人ひとりへの援助を工夫する。 ・安全に配慮しながら子どもの興味が広がるように関わる。 ・おむつが濡れていないときは、トイレという場所に興味をもつように誘いかける。
教育	健康	・身のまわりを清潔に保つことへの心地よさを感じる。 ・保育者がそばにいることで、安心して食べられるようになる。	・食事を楽しみに待ち、食材に興味をもち、一人で食べることを楽しみにする。 ・睡眠のリズムが定着し、保育者がそばにいると安心して眠る。
教育	人間関係	・保育者がそばにいると安心して好きな遊びを楽しむ。 ・まわりの子どもの動きに興味や関心をもち関わろうとする	・保育者の仲立ちにより友達と一緒に遊ぶことを楽しむ。 ・まわりの子どもの野遊びに興味を示し、一緒に遊ぼうとする。
教育	環境	・散歩や戸外での遊びを通して、春の自然に触れる。 ・園舎内を探索し興味・関心のあるものに触れるとともに、保育室内の玩具に触れ、楽しむ。	・保育者と一緒に、夏ならでの遊びに興味をもち、遊ぼうとする。 ・生活用品やさまざまな玩具、ならびに自然物に触れ、その形や感触などに興味をもつ。
教育	言葉	・興味のある絵本を保育者に読んでもらったり、一人で見たりする。 ・保育者からの話しかけを喜び、自分なりの言葉で応えようとする。	・日々の生活において保育者の言葉を理解し、自ら話そうとしたり、動作で表す。 ・模倣遊びやごっこ遊びをとおして、子ども同士のやりとりを楽しむ。
教育	表現	・手遊びや季節の歌に合わせて歌おうとしたり、体を動かして楽しむ。	・さまざまな音楽を聞き、友達とともに全身を動かして遊ぶ
食育		・手づかみや食具を使ってその子なりに喜んで食べようとする。	・食事の時間を楽しみに待ち、手づかみ食具を使うことにも興味をもつ。

§3　指導計画作成の実際（1歳児）

【図表8-8-2】 1歳児の年間指導計画（Ⅲ期～Ⅳ期右側部分：高月齢児の姿がある）

【保護者との連携】 ・日々の子どもの健康状態を送迎時や連絡帳で綿密に伝えあい、家庭と保育所で連続性のある生活ができるようにする。 ・子どもの興味・関心を伝えあい、共通理解に基づき関わり、子どもの成長・発達を保障する。 ・身のまわりの生活が身につき始める。	【地域との関わり】 ・地域のなかの保育所として、地域文化を理解し、伝統行事に参加するなどを通して、地域に開かれた保育所とする。 ・園庭・公園などの遊びや、散歩などを通して地域の人々と関わる。 ・保育所の防災や災害などに向けて地域住民や各施設と連携を保つ。
高月齢児	
・味の違いがわかり好みも出てくるが、促されて食べようとする。 ・保育者に手助けされながら、簡単な身のまわりのことが少しずつできるようになってくる。 ・トイレに興味を示し、タイミングが合うとトイレで排泄することがある。 ・友達の存在を意識し、一緒に遊ぶことを好むようになる。 ・見立て遊びや玩具での模倣遊びが盛んになり、さまざまな用具や玩具を工夫して使う。 ・二語文を話すようになり、言葉を使って自己主張する。 ・探索活動が盛んになるとともに、全身運動や微細運動も楽しむようになる。	
Ⅲ期（10月～12月）「じぶんでやりたい」	Ⅳ期（1月～3月）「なんでもふしぎおもしろい」
・生活リズムは整いつつあるが、一人ひとりのこだわりを受け入れ、心地よく生活できるようにする。 ・いろいろな遊びを通して、十分に体を動かして遊ぶ。 ・秋の自然に触れ、さまざまな発見や喜びを友達と味わう。	・寒い時期の健康管理に留意し、適切な環境を整え、快適に過ごせるようにする。 ・友達とさまざまな遊びをするなかで、新たなことへ興味・関心を示し、使ったり、試したりして遊ぶ。 ・生活に見通しをもち、簡単な身のまわりのことを自分でやってみようとする。
・季節の変化に伴う寒暖差に留意し、室温・湿度の管理および衣服の調節などを行い、快適に過ごせるようにする。 ・こだわりや甘えなど、さまざまな感情の揺り戻しを受け入れ、支えられている安心感を十分に感じられるようにする。	・保健衛生・感染症予防に心がけ、環境を整え、健康的に過ごせるようにする。 ・保育者に見守られ、安心できる生活のなかで、意欲的に過ごせるようにする。 ・自分で行おうとする身のまわりのことはじっくり待ちながら、さりげない援助を行うことで子どもの達成感や満足感を味わえるようにする。
・身のまわりのモノやコトに関心をもち自分でしてみようとする。 ・何をどのように食べたいのかがわかり、一人で食べようとする。 ・保育者に促されてトイレに行き排泄しようとする。	・身のまわりのことがわかり、自分でしようとする。 ・睡眠のリズムが定着し、保育者がそばにいると安心して眠る。 ・保育者に促されてトイレに行き排泄しようとする。
・保育者の見守りを感じると保育者から離れて遊び、友達との遊びを楽しむ。 ・まわりの子どもの動きに興味や関心を、一緒に遊ぶことを楽しむ。	・保育者が同じ空間にいることを感じていることで、友達と集中して遊ぶ。 ・自己の欲求を他者に伝え願いをかなえようとする。トラブルになるが話すと納得することもある。
・秋の自然を味わうとともに、自然物を使って遊ぶ。 ・生活用品や玩具などに触れ、使った遊びを通して、モノの特質を感じる。	・保育者と一緒に、冬の自然に関心を持ち、冬の遊びを楽しむ。 ・生活用品やさまざまな玩具の特質をとらえ、子どもなりに多様な使い方を楽しむ。
・興味のある絵本を保育者に読んでもらったり、一人で見たりする。 ・自分の思いを一語文、二語文で伝え、相手に伝わることを体験する。	・保育者の言葉を理解し、友達と言葉のやりとりを楽しむ。 ・絵本や物語の世界を味わい、イメージを子どもなりの行動や言葉で表現する。
・手遊びや季節の歌に合わせて歌おうとしたり、体を動かして楽しむ。 ・様々な素材を使い、描いたり、組み立てたりなどを楽しむ。	・さまざまな音楽を聞き、リズムにあわせて歌ったり踊ったりを楽しむ。 ・指先を使って簡単なものを描いたり、折ったり、組み立てたり、イメージを膨らませて遊ぶ。
・スプーンなどを使って、一人で食べようとする。	・子どもなりに食事の前後の準備を行い、食後の片づけも自分でしようとする。 ・いろいろな食べ物を見る・味わうことを通して食に対して関心が高まる。

3．1歳児の7月の月案を作成する

　これまで、日々の保育実践は、その保育所の保育目標があり、その目標を達成するために「全体的な計画」があり、それらをもとにその年度の年齢の年間指導計画が立てられることを述べてきた。クラス構成や月齢、発達状況を加味して4月当初に1年間を見通した長期の計画は保育実践の過程で修正を加えられながら、月の指導計画が作成されることになる。月の指導計画は、前月の日々の記録（連絡帳・保育日誌・児童表など）をもとに子どもの育ちの過程を把握し、今月の指導計画が作成されることになる。そこで、保育日誌から子どもの育ちを読み取ることとする。

（1）保育日誌の子どもの姿からその育ちを読み取る

　6月の最後の週に、6月の保育日誌（最終週の日々の日誌に書かれている子どもの姿と、4週間の振り返りの記録）をもとに、保育者間で話し合い7月の月案を作成する。担任間で、それぞれの保育者の記録を重ね合わせ、一人ひとりの子ども育ちの過程を確認し、保育の方向性を明らかにしておくことが必要である。

　図表8-9は1歳児クラス14人の子ども（No.1からNo.7までを1歳児低月齢児、No.8からNo.14までを1歳高月齢児）の月の後半の2週間の姿を読み取ったものである。

【図表8-9】保育日誌の6月の1歳児クラスの子どもの姿と読み取り

No.	子ども（月齢）	子どもの姿	読み取り
1	S（15か月）	○二人の子どもが外に出たのを見て"自分も"というようにプレイルームに歩いて行った。そこで靴を履いて中庭に出た。保育者の手をつかんで歩き、砂場でぴたりと止まった。座ったのでスコップを手渡した。保育者が砂を「ザー」として見せると"まぜまぜしたり"「あーっ」と言いながら、すくおうとしていた。 ○アスファルトや草の上、砂場をゆっくり歩いて楽しむ。つまづいて転ぶこともあり保育者が「痛かったね」というと落ち着き、再び興味のあるほうに歩き出す。 ○指差しで「あっち」、両手を出して「抱っこ」と表現していたが、今日はシーソーのところで「あっこ（抱っこ）」と言葉で伝えてきた。	・他児への関心、外への興味を保育者の手をつかむ（行動のよりどころ）ことで、砂（環境）と出会う（発見の喜び）。 ・思いもよらない事態（転ぶ）を痛かったねと受け止めて（共感）もらうことにより気持ちの立て直し。 ・興味をもったことを保育者と体験（三項関係）―楽しさの共有が発語を促す。
2	K（15か月）	○「おはよう」と声をかけ、きゅーっと抱っこすると、ギューッと返してきた。そのまま、ふれあい遊び（いっぽんばしこちょこちょなど）じっくりとした。そのためかこれまでの体調のすぐれないときのような様子はなかった。 ○Kとの時間を意識してとった。おむつ交換や食事のとき「きれいになったね」と声をかけると、保育者の顔を見て「ねー」と共感するように首を曲げにこっとする。遊んでいても目が合うと抱っこ手を出すようになった。 ○ボールプールに寝転んで「ねんねー、おやすみ」というと、保育者の顔をのぞき込み、口元に一本指を当てて"しーっ"と、保育者の背中をトントンしてくれた。	・体調不良の一日の始まり、受け止められ（安全基地）触れ合うことで遊びへの興味・関心が向けられる。 ・生活場面における心地よい関わりが表情・仕草・目線が合う（情緒的な結びつき）。 ・話しかけを理解する（理解言語）場の状況と動作がむすびつく。大人の行為をまねる（モデリング）。

No.	子ども（月齢）	子どもの姿	読み取り
3	H（17か月）	○病み上がりで機嫌がよくない。早めに午睡に入り早く目覚めたので食事の時間がずれた。調理室でおにぎりをつくってもらい食べることができた。体調を崩して休んでいた間に「センセー」「はよー（おはよう）」が言えるようになっていた。 ○他児との玩具をとりあい、他児の腕をつねってしまう場面が何度かあり、その都度「言葉でね」というと「いいよ」というが、くり返してしまう。うまく気持ちが伝わるよう工夫が必要である。	・その日の体調に合わせ睡眠をとる。食事は調理担当者と連携する。 ・場面と言葉がむすびついた対象者への働きかけ。 ・自分の思いを通そうとする。保育者の意図は理解できているが、他児と同じことをしたいという欲求（仲間への関心）がある。
4	O（17か月）	○散歩。保育者の手を握って歩くのが楽しくて道路を行ったり来たり。草花を示してもすぐ歩き出す。歩くのが楽しくて仕方がない。	・手を握ることの安心感（安全基地）が行動半径を広げ、活動を活発にする。
5	B（18か月）	○暑いので汗だくになったのでシャワーをする。「服を脱ごうね、バンザイ」と声をかけると、自分から服を脱ぐまねをする。足からゆっくりとかけながら体にかけると嫌がらなかった。 ○「Bくんの靴下ここだよ」というと靴下入れから自分の靴下をとり、Kの靴下を指さし「あーっあーっ」と言いながら、Kにもって行った。自分の持ち物だけではなく他児のものがわかる。	・場面と言葉と行為がむすびつく（水遊び・服を脱ぐ）。 ・手伝ってもらいながら脱ごうとする。 ・所有意識の芽生え、自分とものの関係、自分のものと他者のものの区別がつく（他者への関心）。 ・どこに何がありどうするのか（生活の見通し）。
6	J（19か月）	○園庭に出る。一番に保育者から離れるが、離れる前に「行ってきまーす」といって出かけた。危ないまでに騒ぐことはなかった。開放的になり終始ニコニコしていた。散歩で手を離すのはまだ危ないものの、園庭はのびのび遊べるので楽しめるようにしたい。	・自由に歩きたいという自分の思いを通そうとする（思いと言葉がむすびつく）。 ・邪魔するものを避けて、意思を通そうとする（自己主張）。
7	Y（20か月）	○Bがカップをもって近づいてきた。Yが嫌がるだろうと思い、「Bくん、こっちで水をくんでみる？」と誘った。すると、Yがそれを見てカップを"ちょうだい"という仕草をした。手渡すとBと同じようにカップに水を入れたり、近づいて交換したりした。	・じぶんのものは手放せない（所有意識）けれど友達のもってるものもほしい（遊びの共有） ・やりとり遊びを楽しむ。
8	C（22か月）	○他児たちと遊んでいると「せんせい！○△×……」と話しかけできた。不満げだった。何を言っているのかわからないので「どうしたの」と聞くと、手をひいて「こっち」と歩き出した。しゃがんで芝生を指さした。「だんごむし？」と不満そうだった顔がぱっと明るくなり「うん」と返事をした。数日間、Cとダンゴムシ探しをしていた。今日もできると期待していた。 ○CとEがブランコに乗っていると、A、Nがやってきた。「交代しようか」と促すが「やだっ」拒否。「2人も乗りたいんだって」というが「うぅん」と拒否。まだ2人とも乗っていたいことをA、Nに伝える。お互いの気持ちを代弁するが動かない。最近読んだ「ノンタンのブランコのせて」の絵本をとりあげ「ノンタンみたいに10数えてみようか」というと「うん」といって「イチ、ニ、サン……」と数えてすんなりと変わることができた。納得したのだろう。	・自分の意図と相手の理解のズレに気づき、行動で示す（手をひいていく） ・友達との遊びの連続性（経験の継続、イメージの共有） ・自分と相手の要求を対比的に捉え、周囲の状況でごまかされないとがんばる。 ・共有した感情（ノンタンのブランコ）をイメージすることで、場面の切り替え。 ・相手の意向 ・保育者の意図を感じる ・「イチ、ニ、サン……」遊び心がふくらむ。

No.	子ども（月齢）	子どもの姿	読み取り
9	A（25か月）	○手の平にご飯を載せておにぎりをつくっている。一生懸命。丸めようとギュッギュッと力を入れた。ぱくっと食べたが手の平にたくさん米粒がつき、Dにそれをとってほしいと頼んだ。「パクっと食べてみたら」と保育者にうながされ食べた。べたべたになった手をどうしたらいいか困っていたが待っていたら、手を洗いに行った。 ○ブロックでお弁当をつくり「お弁当」といって持ち歩く。Fも「お弁当」と指さすと「ダメ」と一言。お弁当がとられてしまうのではないかと鋭い顔つきになった。保育者がFと顔を合わせ「すてきなお弁当だね」というと表情が和らぎ照れ笑いをした。 ○プランターに水やりをしているとDが「Dも、Dも」とやってきた。Aは自分がまいた種であることからも「だめっ」とDをたたこうとした。Dはジョウロを手放さないので、2人で水やりしようと提案したが、「だめ」と険しい表情。しばらくしてDが水遊び用のコップに水を入れ始めると、他児たちの楽しそうな姿にAも参加してきた。 ○Nと一緒に雑草抜きを楽しんでいた（本人たちは人参や大根といっている）。抜くのが得意なAがたくさん抜いたので、NはAの雑草をとっては持った。Aは怒った。Nは泣いた。Aが抜いたこと、Nがほしかったことを仲立ちした。Nが抜こうとした草がなかなか抜けないので「手伝ってくれる？」と聞くと「いいよ」と手伝ってくれた。そのあとは2人ともとても満足そうだった。	・てのひらでまとめ、指先に力を入れて形をつくって（手指の発達）試す、遊ぶ。 ・ごはんはおにぎりになる、大人のようにおにぎりづくりを試してみる（模倣）。 ・おにぎりつくろう（イメージの共有・共感）。 ・ブロックを弁当に見立ててもち歩く（見立て・つもり）遊び。 ・自分が大切に思うものは他者もほしがるかもしれないので守る（所有関係にあるものを抱え込む）。 ・まいた種とジョウロは大切な自分のもの（自分の大切なもの・自己の領域）は周囲の状況では変えられない意思。 ・他児の遊びに関心をもち（気持ちを切り替え）仲間に入る。 ・一緒に抜いた草は一緒のもの（自他の持ち物の区別がない）と自分のものは自分のもの（所有意識がある）という二人のズレ。 ・保育者の仲立ちで一緒に草を抜く（場面の切り替え・気持ちの立ち直り）行動調整。Nが抜こうとしている草はAは自分のものではないのでこだわらない。
10	H（25か月）	○保育者がどのように反応するのだろうかという期待感があるのか、ときどき思わぬ行動をする。「コンビカーに乗りましょう」と誘うと、返事をせず笑いながら、はいはいの姿勢で砂場まで移動してきた。「服が汚れる……」「虫さんじゃなくかっこいい飛行機で」と誘うがはいはいをやめない。保育者の顔を見ながらわざと高いところに登ったり、試すような行動をする。 ○車が大好き。どこへ行くのにも、もち歩く。水場で水につけたあと、車をブーンと走らせていたところで保育者と目が合い固まった。おもちゃを水につけて遊んではいけないことがわかっているからだ。それでもまた同じことをしたのでHのところに近づいて行った。その遊びのおもしろさがわかった。水につけて走らせると車の軌跡ができてそれを発見したのだった。いつも他児が思いつかないような遊びを考えるのだ。	・意図的に幼い行動とってみる（自己表現）ことで、相手を刺激する（他者の意図の確認）。 ・愛着をもった特別な玩具（自動車）。・車を水につけ、目が合ったら固まった、ルールがあることを保育者の表情から読み取る（社会的参照）。 ・水の線ができる（気づき・発見の喜び）。

No.	子ども（月齢）	子どもの姿	読み取り
11	D（25か月）	ごっこ遊びの石をほしそうにHがしていたので「美味しそうね、食べたいんだって」というと「はい、どうぞ」と小石を分けてあげた。思いが通じたのでうれしそうにDに「どうぞ」と渡した。 ○スプーンやフォークを使って食べている。Aが手の平にご飯を載せておにぎりをつくっているのを見て、まねてつくった。丸めようとギュッギュッと力を入れたAは食べることができたが、手の平にたくさん米粒がつき、Dが困って米粒をとってほしいと訴えてきた。「パクっと食べてみれば」と提案すると、食べ始めたがとりきれず「タオルちょうだい」とDがはじめて言葉で伝えてきた。どうやったらおにぎりができるのか試してみていたらしい。 ○アリの巣発見。保育者が「あっ、アリさんのおうちだ」というとじっくり見ていた。蟻と蟻の巣と結びついていない。穴から出てきた蟻を見てハッと目を丸くさせ、ようやく結びついたようだ。「おーい、アリさんいますか」「トントンいますか」と声をかけていた。	食べたいんだって保育者の言葉で他者にも同じ意図がある（思いの伝えあい・イメージの共有） ・手の平でまとめ、指先に力を入れて形をつくって（手指の発達）試す、遊ぶ ・ごはんはおにぎりになる、大人のようにおにぎりづくり（模倣）試してみる ・おにぎりづくりをAと工夫（イメージの共有・共感）と米粒をとる工夫（葛藤） ・身近な自然の中で小さく動くもの不思議（気づき・発見の喜び） ・小動物に自分と同じように心があって伝わる（アミニズム）
12	N（26か月）	○アリの巣発見。保育者が「あっ、アリさんのおうちだ」というとじっくり見ていた。蟻と蟻の巣が結びついていない。穴から出てきた蟻を見てハッと目を丸くさせ、ようやく結びついたようだ。「おーい、アリさんいますか」「トントンいますか」と声をかけていた。 ○園庭の畑の食材が給食に出た。「これなあに」と皆で言い合っていた。Nもまねて「これなあに」といっていた。苦手な食べ物は絶対口に入れないが、まわりの子どもたちの様子を見て、食べてみようとすることが出てきた。とくに野菜が苦手であるが、Aと2人で食べものページを見て「あーん」と食べさせ合っている姿があった。畑の活動が誘い水になっているのかもしれない。	・身近な自然のなかで小さくて動くものの不思議（気づき・発見の喜び）。 ・小動物に自分と同じように心が伝わる（アミニズム）。 ・Dとの目的の共有・協力。 ・苦手な野菜も友達が食べている様子を見て食べてみる（園庭の畑からとれた野菜という共感と他児の食べる様子からの刺激）。 ・食べさせごっこ遊び（思いの伝え合い）。 子ども同士の育ちイメージの共有。
13	F（26か月）	○三輪車遊びで乗っているところにHがきて何も言わずに無理やりハンドルを握り、Fを押し倒すようにして乗ろうとした。「Hちゃんも乗りたいの？ かしてといってね」と言うと、Hが「かして」と言った。Fとの間で「ダメッ」と「かして」「ダメッ」のやりとりが続いた。	・三輪車をずっと乗っていたい子どもと今乗りたい子ども、そのときに気にいったものを独り占めしたい2人（自我の拡大）。
14	E（26か月）	○おやつ後は自分でカバンから靴下をとったり外に行く準備をするようになってきた。「今日は水遊びだから靴下いらないよ」と伝えると納得のいかない様子。早く外へ行きたい気持ちがあったので、そのまま外に出た。いつもどおりして、その場になったらおのずと脱ぐことができた。いつもどおりが子どもにはよいことがわかった。	・自分の身のまわりのこと一人でしようとする（見通しがついてくる）。 ・いつもどおりであることが、身辺自立につながる。

　図表8-9の子どもの姿からの読み取りを整理したものが図表8-10である。実際の保育現場では、この部分は省略されるが、翌月の指導案を作成するにあたっては、クラス担当者間の打ち合わせ会などで話し合わなければならない。図表8-10で1歳低月齢児と1歳高月齢児の子どもの姿をまとめた。

【図表8-10】 6月の1歳児クラスの子どもの姿

子ども	1歳低月齢児	子ども	1歳高月齢児
S（15か月）	・体調が整わず、生活リズムが日によって流動的なので状況に応じて対応する。	C（22か月）	・探索活動が活発になっているが、子どもなりの目当てがあったりして保育者にも意図がわかりやすい。
K（15か月）	・歩くことに喜びを感じ戸外や周囲のものに興味・関心をもって盛んに探索をするが、保育者の支えを求めたり振り払ったりする。	A（25か月）	・わざといたずらをして保育者の意図や関心を確認する。
H（17か月）	・保育者とのスキンシップを求め、顔をうかがいながらわざといたずらをしてあまえる。	H（25か月）	・ごっこ遊びが盛んになり、イメージを共有して遊びが発展するとともに、二語文～三語文でやり取りをして遊ぶ。
O（17か月）	・身のまわりのものがどこにあり、どのように使うのかがわかり始めて、自分のものと他者のものの区別がつく。	D（25か月）	・自己主張するようになり思い通りにならないとトラブルになることが多くなっているが、保育者のとりなしで気持ちの切り替えができ、一緒に遊ぶ。
B（18か月）	・他児へ関心を示すが言葉で伝えられないのでトラブルが発生することもあるが、保育者を仲立ちとして遊びを楽しむ。	N（26か月）	・生活に見通しをもてるようになり、いつ、どこで、どのようにするのかを理解しつつある。しかし、その流れを変えられると戸惑う。
J（19か月）	・お気に入りのものを抱え込む。	F（26か月）	・食具をもって一人で食べる。促されながらトイレで排泄をする。
Y（20か月）	・手で触れる水は楽しめるが、体にかかる水は身構えるので、遊びたくなるのを待つようにする。	E（26か月）	・水の気持ちよさに気づき、水遊びを楽しみにしている。小動物や草花に興味をもち、気づきや発見をし喜びを味わっている。

　1歳低月齢児では、特定の保育者をよりどころにしながらも、ときには、保育者の手を振り払い興味・関心のおもむくところに向かい探索活動が活発になっている。周囲の状況や相手の意向に関係なく、自分の思いを通そうとするが（自我が芽生え、自我の拡大）、言葉で伝えられないことからトラブルになり、保育者の仲立ちが子どもの関係が続く要素となっている。スプーンを使って食べられるようにはなるが、保育者の励ましや援助が必要である。身のまわりのモノがどこにあるか、自分のものと他人のものとの区別がつき、用途はイメージしているがスムーズにはいかないので保育者と一緒に行う過程である。

　1歳児高月齢児は、イメージを共有してごっこ遊びが盛んになり、保育者が介入せず見守ることが多くなる。しかし、お気に入りのものは手放せない、自分の自由になる領域を広げたいなど（自我の拡大）からトラブルが発生している。しかし、保育者に意図や要求を受け止められることによっては、気持ちが切り替え（自我の充実）られるようになっている。生活の流れがわかり、場面に応じて必要なことを自分で、一人で何とかやり遂げたいがんばりに、さりげない援助は必要である。食具を使って食べることができる。おむつを外してトイレで排泄できるようになっているが、促す、誘うタイミングが重要である。遊びのなかでふれるさまざまな感触（水・砂・草など）に驚きや発見があり、友達と会話しながらもっと知りたいとの願いが遊び姿にみられる。

以上にみてきた6月の低月齢の子どもの姿、高月齢の子どもの姿は、7月の月案の「前月の子どもの姿」欄に、さらにポイントをしぼって記入される。これらの前月（6月）の低月齢および高月齢の子どもの姿からそれぞれに7月のねらいが立てられる。さらにそのねらいの達成に向けてそれぞれの内容が検討されることになる。

（2）7月の指導計画の実際
①1歳児クラスの指導計画
　年間指導計画をもとにして、さらに6月の実践を踏まえて作成したのが、7月の月案（図表8-11、8-12）である。図表8-11は1歳児低月齢児（4月当初13か月～18か月）、図表8-12は1歳児高月齢児（4月当初17か月～23か月）のものである。図表8-13は低月齢児、図表8-14は高月齢児のそれぞれ3名の個別の計画である。

　計画の左上から「前月（6月）の子どもの姿」から導きだされる保育のねらい（クラスの状態や月齢に合わせて具体化したもの）は、保護者との連携があってこそ安定した生活が可能になる。

　そのねらい達成するために、子どもの安定した生活の基盤となる保育者が配慮する事項（養護的側面）と生活や遊びのなかで経験してほしい保育の内容（教育的側面5領域）を、どのような環境をとおして（環境構成）、どのような保育者の関わり（援助・配慮事項）が必要かを示している。加えて複数担任による保育であること、看護師・栄養士など、子どもの生活に密接に関わる他職種との連携が重要であることから、意識化して記しておく必要がある。最後にその月の実践を振り返る欄が設けられている。書式は、各保育所で工夫しながら保育の実際に即して作成されることになるが、考え方の基本は大きく変わることはないといえる。

②個別の指導計画
　個別の指導計画は、心身の発達が著しい時期において、個人差も大きいため、各子どものそのときの実態に即した内容となる。この時期は睡眠や食事のリズムが定着しつつあるが、体力的に未熟であることから生活リズムが乱れることもあり、情緒的にも不安定になりがちである。排泄の自立に差しかかる時期でもあり、保育援助は一人ひとりに応じた対応が基本となる。

　子どもの生活は、家庭と保育所の生活連続性が重要であることから24時間を単位とした計画となる。子育てと仕事の両立は、相当の努力を要する。子どものいる生活に慣れるまでの保護者の支援も視野に入れて計画することになる。

　図表8-12、8-13に、低月齢児・高月齢児、それぞれ3名の個別指導計画を示した。なお、7月のクラスの指導計画（低月齢児・高月齢児）および個別の指導計画には、参考のために「振り返り」を入れてあるが、この欄は保育実践後に記入することになる。

③週の指導計画
　7月の月案をふまえて、週の指導計画（週案）を作成した。ここでは7月の第2週を作

【図表8-11】1歳児（低月齢児）7月の指導計画

前月の子どもの姿	・体調が整わない日は、睡眠や食事を体調に合わせてゆったりでできると、機嫌よく遊ぶことができる。 ・盛んに探索し保育者を求めたり振り払ったりする。 ・身のまわりのことに関心を持ち使いかたがわかり始める。 ・自己と他者の区別がつき、自分のやりたいことにこだわるが、言葉で伝えられないのでトラブルになる。 ・少ない水は楽しむが、体にかかる水は警戒し確かめる。	保育のねらい	・一人ひとりの健康状態を把握し、暑い夏を快適に過ごせるようにする。 ・存分に探索活動を行うとともに、保育者に支えられながら友達と夏の遊びを楽しむ。 ・身のまわりのことやモノに興味を示し、自分のことは自分でしようとする。	保護者との連携	・朝の受け入れ時の視診をていねいに行い、家庭での健康状態を把握するとともに、保育園での様子も詳しく伝える。 ・夏季の感染症（夏風邪、とびひ、プール熱など）の症状について共有し合い、症状が見られたら早めの対応をする。 ・地域の行事に参加したり、家庭での参加の情報を把握し、保育内容を考える。
	保育の内容		環境構成		援助・配慮事項
【養護・保健・安全・情緒の安定】	・体調に応じて、睡眠時間や食事の時間を柔軟に対応し、健康管理を十分に行う。 ・のどの渇きに自覚しにくい子どもであることを踏まえて、随時水分補給を行う。 ・汗もや湿疹の予防のため、汗ふきや着替えをこまめにし、快適に過ごせるようにする。 ・担当保育者へのこだわりを受け止め、睡眠や食事を優先してかかわり安定して過ごせるようにする。 ・戸外遊びや水遊びが多くなるため、事前の衛生や安全確認を十分に行う。		・体調は板書し、保育者が共通理解をする。 ・保育室に静かに眠れるスペースを確保する。 ・麦茶やコップを保育室に備え、随時飲めるように整えておく。 ・それぞれの子どもの汗拭きタオル、着替え一式をかごに入れて、子どもが自分の衣類がわかるようにしておく。 ・園庭や公園に危険物がないかどうか点検する、タライの水の量、温度を記録する。		・給食を食べられそうにない時間に眠った子どもがいたら、調理担当者にいち早く伝え、時間がずれてもよい献立に変更する。 ・「美味しいね」「のどが渇いたね」とのどの渇きとおいしいという体感が結びつくように伝える。 ・子どもが見て自分のものとわかるように、名前などを見えるようにすることで手に取りやすくする。 ・子どもの気持ちを言葉にして共感し、受け止めるようにする。 ・その日の体温や健康状態を確認し、気温と風向に合わせて水温が快適かどうか子どもの表情から確認する。
【教育・健康・人間関係・環境・言葉・表現】	・食事を楽しみに待ち、好きなものから一人で食べようとする。スプーンを使う。 ・おむつ替えをしてもらい、誘われるとトイレに興味をもつ。 ・戸外に出る際、自分の帽子や靴のあるところがわかり、とろうとしたり、履いてみようとする。 ・保育者に促されて、タライや、シャワーで温水遊びを行う。 ・夏の野菜の成長を見て触ったり、匂いをかいだりする。 ・保育者や友達と絵本の読み聞かせを聞いたり、めくったり見たりして遊ぶ。		・主食、汁物、おかずの配膳を定位置にする。 ・おむつ交換台に、必要用品をすべてそろえる。 ・自分のおむつと他児のおむつが見分けがつくようにおいて置く。 ・温水の温度は30℃前後、一定の温度を保つ。 ・はじめはベランダに一人ひとりのタライを設置する。 ・園庭の畑を散歩の度に見まわり、収穫した野菜を実際に触ってみる。		・盛りつけの美しさと配膳の定位置は、食事のプロセスをイメージし期待することにつながる。食べ始めは子どもが示す順番に応じて援助する。 ・濡れていない、濡れているなどということで、おむつをしている状態でも体感が異なることに気づくようにする。 ・温水でも水を怖がる子どもには無理強いをしない。子どもが興味をもちふれようとするタイミングを待つ。 ・形や色や感触など直接触れることで、子どもの表情や言葉を読み取り、代弁して驚きや発見を共有する。
職員の連携	・まだ特定の保育者がいることで安心する子どもも多いので、生理的欲求への援助は担当が行うようにする。 ・外遊び、水遊びなどの準備、おやつや午睡時など、子どもから離れやすい時間に行う。 ・調理室と綿密に連携し、食物アレルギーの除去食は、配膳時、食べる前に再度確認をする。 ・体調に合わせての食事は調理担当者と共通理解をしておく。	振り返り	・受け入れ時の健康観察をしっかり行い、家庭での様子を把握、表情・目力・活動の様子を見ながら、一人ひとりの生活リズムに応じることで、体調の変化を見逃さないようにし、とくにタイミングよく眠れるようにすることで活力が出てきた。エアコンも外気温との差に配慮した。 ・温水遊びは水に触れることを怖がる子どももいたので子どもの興味・関心が向くように待ったことから、触れ楽しむ姿が見られた。翌月は水を使ったさまざまな遊びを楽しめるようにする。 ・自分の持ち物に見分けがつき用途に応じた仕草をすることから、遊びながら自分の持ち物にふれる経験ができるようにする。			

【図表8-12】1歳児（高月齢児）7月の指導計画

前月の子どもの姿	・生活リズムが整い健康で機嫌よく遊ぶ。 ・保育者の関心が他児に向けられていると寂しさを感じ、保育者の関心をひきつけようとする。 ・遊びに子どもなりの目当や意図があり、伝わりやすい。 ・身のまわりのことに関心が高まり、いつ、どこで何をするのか生活の流れを見とおし自分でできると達成感を味わう。 ・友達とイメージを共有し、ごっこ遊びを楽しむが、思いや願いのズレにより、トラブルが起きやすい。しかし、保育者のとりなしでおおよそ落ち着きどころが見えてくる。	保育のねらい	・一人ひとりの健康状態を把握し、暑い夏を快適に過ごせるようにする。 ・保育者や友達と、夏の遊びを存分に楽しむ。 ・生活の流れを見とおし、身のまわりの簡単なことは一人で行う。	保護者との連携	・朝の受け入れ時の視診をていねいに行い、家庭での健康状態を把握するとともに、保育所での様子も詳しく伝える。 ・夏季の感染症（夏風邪、とびひ、プール熱など）の症状について共有し合い、症状が見られたら早めの対応をする。 ・地域の行事に参加したり、家庭での参加の情報を把握し、保育内容を考える。
	保育の内容		環境構成		援助・配慮事項
養護【保健・安全・情緒の安定】	・涼しく気持ちのよい時間帯に戸外で存分に遊び、暑さのもとでの遊びのあとは、十分に休息の時間をとり体調管理を行う。 ・のどの渇きに自覚が薄い子どもであることを踏まえて、随時水分補給を行うとともに声がけし、飲めるようにする。 ・汗もや湿疹の予防のため、汗ふきや着替えをこまめに行う。 ・戸外遊びや水遊びが多くなるため、事前の衛生管理や安全確認を十分に行う。 ・水鉄砲、シャワー、カップなど、子どもに無理のないよう様子を一人ひとり観察し、楽しめる状態であるかを確認する。		・日よけや遮光ネットなどをつけ、日陰をつくる。 ・麦茶や子どものコップを保育室に備え、随時飲めるように整えておく。 ・一目見て前後がわかるように並べて置く。パンツをはくときの腰かけ用イスを置く。 ・それぞれの子どもの汗拭きタオル、着替え一式をかごに入れておく場所を決めておく。 ・虫よけスプレーや虫刺され用薬など、常時準備する。園庭や公園に危険物がないかどうか目視だけでなく、さわって確認する。 ・プールの水の量、温度を記録する。		・日なただけでなく日陰も気持ちがよいことを伝え誘う。熱中症にならないようにする。 ・「おいしいね」「のどが渇いたね」と、のどの渇きとおいしいという体感が結びつくように伝える。 ・夏季であることから一人ではいたり、着替えしようとしているときは、さりげなく援助するが、一人でできたような気分にする。 ・特定の保育者へのこだわりは少なくなるが、目や手をかけてほしがる子もいるので、とくにトラブルの場面では子どもの気持ちをうけとめ共感する。 ・その日の体温や健康状態と温度と風光を確認する。 ・水遊びは危険がともなうので目を離さない。
教育【健康・人間関係・環境言葉・表現】	・スプーンやフォークをもって一人で食べる。 ・トイレに興味をもち、排尿をする。 ・砂遊びや泥遊びを友達と一緒に楽しむ。 ・水遊び（水鉄砲、シャワー・ミニプールなど）を楽しむ。 ・夏の野菜の成長を見て、さわったり、匂いをかいだり、食べたりする。 ・絵本の読み聞かせを聞いたり、絵本のなかの言葉遊びを楽しむ。「ぐりとぐら」「むくむくむく」など。 ・クレヨンで描いたり、はさみで自由に切ったりして遊ぶ。 ・歌ったり、リズムに合わせて踊ったりする。		・おしぼりやティッシュをそばに置き、いつでも手や口元をふけるようにする。 ・トイレが嫌な子にはオマルを準備する。トイレットペーパーは1回分たたんでおく ・砂場用品・水などを準備する。手洗い、足ふき、石鹸など準備や片づけに必要な用品を整える。 ・ホース、洗剤容器・ジョウロなど、水遊びの用品を多様に準備する。 ・園庭で収穫した夏野菜や野菜に関する絵本などを保育室のさわれる場所に置く。 ・絵本棚に読み聞かせした絵本と、興味をもっている絵本の表紙を前に向けて取り出しやすく置く。 ・クレヨン・ハサミ・さまざまな紙など、保育者と一緒に必要に応じて使えるよう整える。		・スプーンをもって食べるのに疲れたようだったら、手づかみ食べや保育者が口に入れるなどをして、楽しく食べ終わるようにする。 ・おむつ交換時にはトイレに誘うが、拒む場合は無理をせずトイレに興味をもつようになるのを待つ。 ・砂や水で満足するまで遊べるように時間にゆとりをもたせるようにする。衛生管理はきちんと行う。 ・体にかかる水はぬるま湯とし、手足は水にして、遊びや天気によって水の温度を工夫する。 ・野菜にふれたり、収穫して食べたり、形・色・味・匂いなどを体感できるようにする。 ・同じ本を何度も見ることが多いので、定まった位置に選びやすく置くようにする。 ・自由に描いたり、切ったりを用具や素材との出会い機会を大切にする。
職員の連携	・行動範囲が広く、活動的になることから、保育所内外や公園など安全点検を常に行う。 ・子どもの意思がはっきりしトラブルが多くなっているが、双方の気持ちをきちんと受け止める。 ・調理室と綿密に連携し、食物アレルギーの除去食は、配膳時、食べる前に再度確認をする。	振り返り	・受け入れ時の健康観察をしっかり行い、家庭での様子を把握、日々の健康調査にもとづき、夏の生活や遊びをおこなったので、体調を崩す子どもが少なかった。エアコンも外気温との差に配慮し適切であった。 ・水に入るだけでなくさまざまな用具を使ったことから、用具を仲立ちとして子ども同士の関わりが多くみられたので来月も水遊び用品を工夫したい。身の回りのことは、自分でやりたい気持ちが高まりチャレンジするが、なかなかうまくいかず葛藤しているので、ちょっとだけ手助けしてもいいかどうか聞くことで納得して手伝ってもらいながらも、できたという喜びを味わっているので、子どもに聞くという姿勢が子どものやる気を支えている。		

【図表8-13】1歳児（低月齢児）7月の個別指導計画

	Sくん（15か月）	Kちゃん（17か月）	Hちゃん（17か月）
子どもの姿	・保育所の生活には慣れつつあるが、ときどき不安になり保育者に受け止められると安心して過ごせる。 ・ときどき泣いて目覚めることがある。 ・シャワーや温水遊びは好まず、準備をしているときから泣いている。 ・手づかみでも食べるが、スプーンなどを手渡すと口に運ぼうとする。	・泣かないで登園し笑顔で遊べる日が多くなってきた。 ・保育者がそばにつくと安心して眠れるようになった。 ・登園時間が遅いため、当分は家庭でのリズムに合わせて、食事、睡眠時間を設定することで安定する。 ・ご飯を手づかみで食べるが、おかずは食べないものが多い。 ・玩具をめぐり、他児とのトラブルになり泣いて訴える。	・一日全体を通して泣くことが少なくなり、保育者がそばにいると安心して遊べるようになった。 ・布団に眠れるようになり、2時間くらいまとめて眠る。 ・手づかみ食べをしているがスプーンにも興味がある。 ・指さしでとってほしいこと、してほしいことを伝える。
内容	・生活の流れのなかで密接に関わりをもち、愛される体験を多くし安心して生活する。 ・興味の向かうところに一人で歩き、移動行動ができる喜びを味わう。 ・保育者と一緒に好きな遊びや温水遊びを楽しむ。 ・手づかみやスプーンなどを使って一人で食べる、満足感や喜びを味わう。	・保育者に要求を受け止めてもらいながら、玩具などで安心して遊ぶ。 ・園庭やその他の興味のあるところに向けて、一人で歩いたりなど、探索活動を十分する。 ・手づかみや、スプーンなどを使って食事をする。	・保育者からの話しかけを喜び、うなずきや身振りで伝えようとする。 ・保育者に見守られながらスプーンやフォークを使って食べようとする。
援助・配慮	・抱っこを求めてくるときだけではなく、ふれあい遊びなど生活のなかでスキンシップを多くとるようにし、安心して過ごせるようにする。 ・眠いときのしぐさを把握し、入眠が穏やかにできるようにし目覚めたときはかたわらにつき目を合わせる。 ・温水シャワーで汗を流したりしながら、水は気持ちがよいという体験から、ゆっくり温水遊びに興味を持つようにする。 ・食べ始めはスプーンを持つ、途中で手づかみ食べになっても自分で食べられる体験ができるように見守る。タイミングを見て援助する。	・登園時間が遅いということは、子どもの生活に溶け込みにくいということもあるので、登園時には、保育者とともに生活の流れに自然に入れるようにする。 ・食事・睡眠のリズムが他児と異なることがあるので、サインを読み取りKのタイミングで応じる。 ・汁ものなどスプーンで食べやすいものがあることを伝え、スプーンで食べられたら大いにほめる。 ・こだわりの玩具を手放せないことは、成長の証なので、気持ちを代弁し、待つようにする。代替え玩具でよいのか子どもの様子を見て納得いくようにする。	・ふれあい遊びを多く行うことで、保育者にあまえ、ゆったりと遊べるようにする。 ・一緒に絵本をみたり、読み聞かせをすることで、絵本を仲立ちとして、保育者と言葉のやり取りをする。 ・モノやことを一語文で話すので保育者が受け止め、意味を代弁する。 ・短い時間、フォークやスプーンですくって食べられるようにさりげなく支える。途中から手づかみ食べでも一人で食べることを見守る。
保護者との連携	・保護者も子どもの様子を心配しているので、まだ15か月であること、保育所での生活の様子、とくに育ちが見えてきたことを伝え、安心できるようにする。 ・手づかみ食べで一人で食べることの意義について伝える。 ・温水遊びは、子どもの興味がむけば遊ぶようになるのでゆっくり慣れることが大切である。	・家庭の生活リズムを把握し、24時間が無理のない生活になるよう保育所の日課も伝えあう。 ・家庭の献立もくわしく把握。慣れていない食品や、好まない食材の調理方法もきいて参考にする。 ・家庭での食事援助や食具の使い方を把握。一貫した関わりができるようにする。 ・温水遊びに向けて"健康調査票"の記入と日々の報告をきちんと行う。	・保育者とのふれあい遊びの様子を伝え、家庭での様子を細やかに把握して一貫した関わりをもつ。 ・家庭と保育所の食事援助が一貫するように、手づかみ食べやスプーンやフォークの形態や援助の方法を話し合う。 ・温水遊びに向けて"健康調査票"の記入と日々の報告をきちんと行う。 ・肌荒れへの対応をする。
振り返り	自由に歩けるようになり、興味のあることには指さしで働きかけてくるので、保育者と共感する場面が多くなり、自ら遊びに向かうようになった。意識して関わりの場面を多くしたのが、遊びに向かう力となった。一人で食べるようになって、好きなものから食べられるのはうれしそうなので、見守りたい。	歩行が安定してきて、探索活動が活発に行われる。ときには危険な場所やことへの接近もあるので、安全を確認しながらも存分に見たり、触れたりできるようにする。登園時間が遅いことへ配慮したことで生活や遊びにスムーズに移行できた。安定してきたことで友達と遊ぶことが多く、トラブルもあるが自己発揮の望ましい姿と捉え、代弁するなどで受容し、折り合う。	活発に活動する子どもの陰に隠れてしまい、関わりが少なくなってしまいがちなので、意識してふれあい遊びを行うなどかかわる機会を多くした。指差しやしぐさなどで伝わり感が発語のきっかけとなっている。手づかみとスプーンを使って食べるを交互にくり返し、一人で食べることに喜びを感じているので、スプーンは自由に気分に応じて使えるようにする。

【図表8-14】1歳児（高月齢児）7月の個別指導計画

	Aちゃん（25か月）	Hくん（25か月）	Nちゃん（26か月）
子どもの姿	・二語文も増え友達との遊びのなかで言葉のやりとりが盛んになってきた。 ・ほしいものがあると「かして」と訴えるが、伝わらないとじりじりして、つねったりして伝える。 ・おむつは濡れていることが多いが、誘われるとトイレに行き排尿をしようとする。 ・スプーンやフォークを使って食べようとする。	・畑の水かけ、土中の虫や蟻に興味をもち、集中して比較的長い時間遊ぶ。 ・手をかけてほしいという甘えがありながらも、身のまわりのことは少しずつできるようになってきている。 ・保育者の仲立ちにより、友達と貸し借りも少しずつできるようになってきている。 ・スプーンやフォークを使って食べる。	・言葉のはっきりしない友達と手ぶりや身ぶりで関わり遊び楽しんでいる。 ・絵本が好きで、絵本のなかのかけ合いが遊びのなかに頻繁にでてくる。 ・排尿間隔が長くなり、布パンツを履き、トイレで排尿するようになってきた。 ・「これなあに」などと、さまざまなことに質問するようになってきた。
内容	・伝えたい思いを保育者が代弁し、伝わっているという安心感をもって遊べるようにする。 ・身のまわりのことに興味をもち、ごっこ遊びを友達と一緒に楽しむ。 ・尿意をしぐさや言葉で保育者に伝える。 ・スプーンなどの食具を使い一人で食べ、満足感を味わう。	・甘えを十分に受け止めながら、身のまわりのことを一緒に行い励ます。 ・身のまわりのことに興味をもち、ごっこ遊びを友達と一緒に楽しむ。 ・尿意を察してタイミングよくトイレに誘い排尿をする。 ・下手握りでスプーンなどの食具を使い一人で食べる。	・友達とごっこ遊びを存分に楽しむとともに、戸外での遊びのなかで、さまざまなものに興味・関心をもつ。 ・尿意を感じ「おしっこ」と伝え、トイレで排尿をする。 ・スプーンなどの食具を使い一人で食べ、満足感を味わう。
援助・配慮	・言葉の意図が他児に伝わらないことも多くトラブルになることも多いので保育者が代弁し意図や気持ちが伝わるようにする。 ・まね遊びのなかで手伝おうとする、身のまわりのことをしようとする姿を受け止め励ます。 ・「ちっち」と伝えてきたときは、即座に応じ、おむつ替えをするか、トイレへと誘う。 ・自分の場所、持ち物にこだわるので場所やモノの置き場所を定め見通しが持てるようにする。	・自分でできるのに身の回りのことをしないで黙って待っているのは、甘えを受け止めてほしいサインなので、しようとしているときは大いに褒め、励まし、さりげなく援助する。 ・玩具を意外な発想で使うことがあるので、発想のおもしろさに共感する。 ・トイレで排尿をするときは傍につき、急がないでいいとはっきり伝える。	・友だちとの遊びが盛んになるとともに、自己主張がぶつかり合いトラブルになることも多いので保育者が代弁し意図や気持ちが伝わるようにする。 ・遊びが盛んな時はトイレに誘わないで、子どもがトイレに行こうとするのを待つ。 ・自分の場所、持ち物にこだわるので場所やモノの置き場所を定め見通しが持てるようにする。
保護者との連携	・他児とのトラブルは自己主張の始まりであることを伝え、成長の姿であること、家庭と子ども理解を共有する。 ・手づかみ食べが一人で食べることにつながることを理解し、一貫した援助を行う。 ・温水遊びは、子どもの興味がむけば遊ぶようになるのでゆっくり慣れると理解し合う。	・甘えも子どもの自己主張の姿と、家庭と保育所で共通理解をして、甘えを受け止める。 ・排尿のリズムや援助を詳しく伝え合い共有する。 ・スプーンやフォークの使い方、食事の様子をくわしく伝え、家庭と保育所が一貫した援助ができるようにする。 ・温水遊びに向けて、健康状態について確実に把握できるようにする。	・友達への関心が強く、伝わらないとき代弁や、受け止め方を保護者に伝え、理解していることをきちんと伝え子どもが安心して生活できるようにする。 ・排泄援助のタイミングを伝えあう。 ・温水遊びのための健康確認と、遊びの様子を伝えあう。
振り返り	自分のエリアを守ることと、身のまわりのことをしようとすることにもない、友達との関わりの頻度は並行して増加していることは成長・発達してきている。意図の伝えあいが言葉でできるようにはなっていないことから、保育者が代弁をすることで、友達との楽しい遊びが展開できるようにした。今後もその援助の方向性で進める。	遊びや身のまわりのことをするときに、保育者の関心をひこうと、わざとあまえたり確かめたりすることがあるので、大げさに応えることにより受け止められていると安心し遊び、身のまわりのこともしようとするので、しばらくはあまえを受け止めていくようにする。一人で食べられるようになってくるとともに、他児との会話も盛んになってきたので、楽しく食べられるよう見守っていくようにする。	泣いたり、癇癪を起こしたりすることがあるが、それには必ず理由があるので、落ち着くのを待ってNの気持ちを代弁するようにしたところ、不安定な状態は少なくなり、言葉でやり取りができるようになってきた。戸外の自然物に興味・関心があり、友達とじっと眺めたり、探したりして遊ぶことがあるので、満足できるように待つようにした。発見や感動することで、言葉が盛んに出るようになってきた。

成した。7月の指導計画のねらいは、「夏を快適に過ごし、夏の遊びを楽しむこと、そして、身のまわりのことをしようとすること」なので、第2週のねらいは、第1週目の子どもの姿（図表8-15参照）から、「夏の暑さに向けて、温度・湿度を管理し、快適に過ごす」「徐々に水に慣れ、水で遊ぶ楽しさを味わう」「保育者に手伝ってもらいながら身の回りのことをしようとする」が導き出される（図表8-16参照）。

7月の1週目の子どもの姿は、その記録から「暑さのなかで水に触れることの心地よさが子どもの水への興味・関心を高めていること、雨が降るという自然の営みのなかで、子どもが気づき、発見し、もっと知りたいという欲求をわき起こしている」。その姿を踏まえて第3週の計画が立案される（図表8-17参照）。

【図表8-15】7月の保育日誌（一部抜粋）

日	曜日	内容	欠席児
7月2日	月	中庭で温水を張ったタライとミストシャワー（霧のようなシャワー）を用意し、今年度はじめての水遊びをした。最初は抵抗を感じる様子の子どもが3、4人いたが、保育者も裸足になって誘うことですぐに慣れ、手で水面をたたいたり、足を入れて足踏みしたりして感触や気持ちよさを肌で感じているようだった。最後まで水に触るのを嫌がる子が一人いたため、担当保育者が抱っこして、今日は無理に水に触れることなく様子を見た。興味をもちそうな水遊びの玩具を用意しながら少しずつ慣れていけるよう、その子のペースに合わせて誘っていきたい。	H（家庭保育）
7月3日	火	園庭の広場で遊んだが、あまりに暑かったため、10時前に切り上げて室内に入りシャワーをして汗を流した。短時間の遊びだったにも関わらず汗で体も髪も濡れ、顔もほてった様子の子どもたちだったので、熱中症にならないよう十分に気をつけなければならない。その後、水分補給をしながら室内で休息をとり、プレイルームでコンビカーに乗ったり保育室でごっこ遊びをした。	S（発熱）
7月4日	水	朝、降っていた雨がちょうど午前のおやつあとにあがったので、中庭に出て遊んだ。バケツに雨水がたまっていたことに気づき「お水、あった」と一人がいったのを聞いて4、5人の子どもが集まった。パシャパシャと水にさわり始めた。込み合いそうになることを予測し、保育者がほかに水が溜まっていたバケツをまわりに並べると、それぞれ1つずつもちジャーと流したりしながら楽しんでいた。雨水・砂・汗で汚れたこともあり、25分ほどで外遊びを切りあげ、温水シャワーで汗を流した。	S（予後、大事とり）
7月5日	木	少し小雨が降るなかだったが、少しでも外であそばせたいという保育者の思いがあり、15分ほど中庭で戸外遊びをした。1匹のカエルを見つけたところからカエル探しが始まり、壁や草むらのなかなどを探して探索活動を楽しんだ。Hが壁を登るカエルを見つけ「カエルさん、がんばれーっ」と大きな声で力いっぱい応援した。いつもは声を発することのないHのカエルの発見は、心を動かし声を発するほど、強烈な出来事だったのだと思った。雨が強く降ってきたため、室内に戻り保育室で風船、ままごと、サンサン体操などをしたが、プール開きなどでホールが使えなかったこともあり、動きが足りなかったようで、午睡は半分ぐらいの子がなかなか寝つけなかった。	欠席児無
7月6日	金	雨のため、1歳児クラス全員でプレールーム。廊下、保育室を使って十二分に遊んだ。最初、半数の子どもが廊下に出てコンビカー乗りをしていたが、15分くらいたち飽きてきてプレールームでボールプールや滑り台で遊んだ。5人の子とベランダに出ると柵や草むらにカエルがいるのを見つけると「お外に行く」といった。雨が止んだのを確認し中庭に出た。「こっちにもいた」とみんなでカエル探しに夢中になり、みんなが楽しんだ。	欠席児無

§3　指導計画作成の実際（1歳児）

【図表8-16】週の指導計画（第2週目）

1歳児 週案 7月 第2週（9日〜14日）		所長印	主任印	記録者印

週のねらい	・夏の暑さに向けて、温度・湿度を管理し、快適に過ごす。 ・徐々に水に慣れ、水で遊ぶ楽しさを味わう。 ・保育者に手伝ってもらいながら身のまわりのことをしようとする。					
内容	養護	・冷房は室外との温度差を5℃程度とし、室内と室外の急激な温度差がないようにする。 ・体調によって、睡眠と食事の時間は一人ひとりに対応できるよう職員間の連携を密にする。 ・おむつ替えとトイレで排泄する子どもが共にいるので、担当保育者が軸になりながらも、一人ひとりのタイミングに応じて援助する。				
	教育	・楽しい雰囲気のなかでスプーンを使って自分で食べようとする。 ・スプーンなどを使って一人で食べるが、美味しく食べられる状況を優先する。 ・さまざまな玩具や用品を使ってごっこ遊びを楽しむ。 ・幼児クラスの七夕会をみたり、一緒に参加して楽しむ。 ・築山や草花や土に触れ感触を楽しむ。 ・温水シャワーなど水に触れ楽しむ。				
保護者との連携	・汗をかいたり、水遊びをしたりするので着替えを十分に準備してもらう。 ・水遊びカードに体温を記入してもらい体調を把握できるようにする旨を確認する。					
		9日（月）	10日（火）	11日（水）	12日（木）	13日（金）	14日（土）
予想される活動		涼しいうちに戸外で十分に遊ぶ。 ミストシャワーで気持ちよさを楽しむ。 保育室でごっこ遊びを楽しむ。 ホールで風船遊び、ボール遊びを楽しむ。	タライで水遊びを楽しむ。 滑り台やコンビカーに乗って遊ぶ。 クレヨン遊び好きな色を使って描いたり色を楽しむ。	どろんこ・砂遊び。 ホールで、リズム遊び、かけっこ、ボール遊びを楽しむ。 絵本・パズルなど保育室のコーナー遊びを楽しむ。	幼児組の七夕飾り参観。 水遊びシャワーやタライの水で楽しむ。 散歩園周辺を散策し、園庭の草花で遊ぶ。	園舎探検保育室、廊下、ホールなど自由に移動して好きな遊びを楽しむ。 築山探検土や草花を使って楽しむ。	保育室、園庭で好きな遊びを楽しむ。
反省と課題		涼しい朝のうちに外に出るようにしたことで、登園すると外で遊ぶことへの期待をもち、帽子をかぶる、靴を履くなど、自分の身のまわりのことを一人でしようとする気持ちが高まってきている。外遊びへの期待が、子ども自身の身のまわりへの関心を高めている。毎日継続していくことで生活の流れになっていることがうかがえる。 ミストシャワーやタライの水で手足から、体が濡れ、涼しく生ったり、気持ちよくなったりで自然に水遊びを楽しめるようになっている。その楽しさの中で、自然に語彙数が多くなっているので、楽しければ言葉の発達につながっている。着換えの機会も多く、子どもが着やすいように衣類を置いておくと手足を通せるので、夏であるからこそ十分に機会をもちたい。					

【図表8-17】週の指導計画（第3週目）

1歳児 週案 7月 第3週 (16日〜21日)		所長印	主任印	記録者印

週のねらい	・夏の暑さに向けて、温度・湿度を管理し、快適に過ごす。 ・水に慣れ親しみ、水で遊ぶ楽しさを存分に味わう。 ・保育者に手伝ってもらいながら身のまわりのことをしようとする。					
内容	養護	・暑いので、脱水症状にならないように、水分補給を随時、意識的に行う。汗をかくので着換えを行い気持ちよく過ごせるようにする。 ・冷房は室外との温度差を5℃程度し、室内と室外の急激な温度差がないようにする。 ・体調によって、睡眠と食事の時間は一人ひとりに対応できるよう職員間の連携を密にする。 ・おむつ替えとトイレで排泄する子どもが共にいるので、担当保育者が軸になりながらも、一人ひとりのタイミングに応じて援助する。					
	教育	・スプーンなどを使って一人で食べるが、おいしく食べられることを優先する。 ・さまざまな玩具や用品を使ってごっこ遊びを楽しむ。 ・七夕飾りを外す行事に参加する。 ・築山や草花や土に触れ感触を楽しむ。 ・ビニールプールのまわりやなかで、水に触れ、水遊びを楽しむ。					
保護者との連携	・汗をかいたり、水遊びをしたりするので着替えを十分に準備してもらう。 ・翌日にも遊びが期待がもてるよう遊びの様子を詳しく伝え、親子のコミュニケーションがとりやすくなるようにする。 ・水遊びカードに体温を記入してもらい体調を把握できるようにする。					
		16日（月）	17日（火）	18日（水）	19日（木）	20日（金）	21日（土）
予想される活動		海の日	涼しいうちに戸外で十分に遊ぶ。 ビニールプールで水遊びを楽しむ クレヨン遊び 好きな色を使って描いたり色を楽しむ 築山探検 土や草花を使って楽しむ。	どろんこ・砂遊どろんこ・砂遊び ホールで、リズム遊び、ボール遊びを楽しむ。 絵本・パズルなど保育室のコーナー遊びを楽しむ 園舎探検 自由に移動して好きな遊びを楽しむ。	七夕飾りを外す行事に参加する 水遊び ビニールプールに船を浮かべたり、水鉄砲などで遊ぶ →	散歩 園周辺を散策し、園庭の草花で遊ぶ。 →	保育室、園庭で好きな遊びを楽しむ 絵本やパズル、人形でごっこ遊びをする →
反省と課題							

(3) 保育を振り返り、評価すること

　保育日誌に書くことで、一日の保育を振り返ることができる。保育日誌には、その日、そのときの子どもの言葉や行為、保育者の援助のありようが書き示されることから、必然的に保育の場面が目に浮かぶ記述になる。保育日誌は各種の記録のなかで、もっともリアリティに富んだ記録である。

　実際の保育場面において、保育者は関与しながら観察することになるので、保育中にメモをとったりすることは難しい。子どもとともに生活しながら、子どもの言葉や行為の意味を考えながら、一人ひとりへの援助を瞬時に判断しなければならない。思いを巡らす間もなく流れているのが保育である。保育者としての学びの積み重ねが総合的な判断力（保育者の実践知と理論の融合）として示されることになる。心が揺さぶられることもあるが、問いが立ち上がってきたり、課題として残ったりすることもある。頭のなかにすべて記憶しておくことはできないので、子どもから離れられた時間にメモ帳や付箋にポイントを短く書いておくと、保育日誌を書くときに思いを巡らすことができる。子どもの姿が浮かびあがり子どもへの関わり（保育援助）を振り返ることができる。

　日誌にもとづいて、ある程度のスパンをもった記録を作成する。たとえば、1週間や月の単位でまとまった記録を作成することになる。そこから子どもの育ちの道筋が見え、その時期の保育のあり方や、生活や遊びについて捉え直すことになっていく。保育日誌を点とし、一定のスパンで結んでいくと、点から線へ、線から面へと子どもの育ちや子ども同士の関係の広がりや深まりも明らかになってくる。

　日誌をもとに自らの保育を評価するためには、日誌に書き込まれた子どもの姿、また、保育者の関わり、環境の構成などの視点から振り返ることが大切である。そのような視点をもつことで、日誌の積み重ねが保育の過程の記録となる。その記録を前提にして評価が可能になってくる。

　それぞれの評価は、次の週の、または月の計画の改善につなげていくというこの一連のプロセスが要になることが理解できる。このように保育は計画と実践を往還させることで子どもの生活（生活と遊び）を豊かなものとしていく。

参考文献

- 秋田喜代美編集代表『よくわかる幼保連携型認定こども園教育・保育要領徹底ガイド』チャイルド本社，2015
- 阿部和子編著『演習　乳児保育の基本（第3版）』萌文書林，2016
- 阿部和子著『家庭支援論　―子どもが子どもの生活をするために』萌文書林，2015
- 阿部和子著『子どもの心の育ち　0歳から3歳』萌文書林，1999
- 阿部和子著『続　子どもの心の育ち　3歳から5歳』萌文書林，2001
- 阿部和子編著『乳児保育　―子どもの豊かな育ちを求めて（改訂版）』萌文書林，2009
- 阿部和子著「乳児保育再考Ⅶ　担任とは何か（1）」『日本保育学会第58回発表論文集』2005
- 阿部和子著「乳児保育再考Ⅶ　担任とは何か（2）」『日本保育学会第59回発表論文集』2006
- 阿部和子編著『保育士等キャリアアップ研修テキスト　乳児保育』中央法規出版，2018
- 阿部和子他著『養護と教育が一体となった保育の言語化』全国社会福祉協議会，2017
- 阿部和子・大場幸夫編著『乳児保育』ミネルヴァ書房，2001
- 網野武博・阿部和子編著『0歳児のすべてがわかる　―保育力がグーンとアップする生活・遊び・環境づくりの完全ナビ』明治図書，2012
- 網野武博・阿部和子編著『1歳児のすべてがわかる　―保育力がグーンとアップする生活・遊び・環境づくりの完全ナビ』明治図書，2013
- 網野武博・阿部和子編著『2歳児のすべてがわかる　―保育力がグーンとアップする生活・遊び・環境づくりの完全ナビ』明治図書，2016
- 井上健治・久保ゆかり編『子どもの社会的発達』東京大学出版会，1997
- 入江礼子編著『乳児保育の探求』相川書房，2002
- ヴァスデヴィ・レディ著，佐伯胖訳『驚くべき乳幼児の心の世界』ミネルヴァ書房，2015
- 内山伊知郎監修，児玉珠美・上野萌子編著『0・1・2歳児の子育てと保育に活かすマザリーズの理論と実践』北大路書房，2017
- 遠藤利彦著『赤ちゃんの発達とアタッチメント　―乳児保育で大切にしたいこと』ひとなる書房，2017
- 大方美香・中西利恵編著『乳児保育　一人ひとりの乳児期の育ちを支えるために』あいり出版，2013
- 大倉得史著『育てる者への発達心理学　―関係発達論入門』ナカニシヤ出版，2011
- 大場幸夫・前原寛著『保育者が出会う発達問題　―育ちと育ての日々』フレーベル館，2001
- 大橋喜美子著『0・1・2歳児の保育の中にみる教育　―子どもの感性と意欲を育てる環境づくり』北大路書房，2017
- 大宮勇雄『学びの物語の保育実践』ひとなる書房，2010
- 神田英雄・加藤繁美監修，松本博雄・第一そだち保育園著『子どもとつくる0歳児保育　―心も体も気持ちいい』ひとなる書房，2011

- 神田英雄・加藤繁美監修，服部敬子著『子どもとつくる1歳児保育 —イッショ！がたのしい』ひとなる書房，2013
- 神田英雄・加藤繁美監修，富田昌平著『子どもとつくる2歳児保育 —思いがふくらみ響きあう』ひとなる書房，2012
- 鯨岡峻著『エピソード記述を読む』東京大学出版会，2012
- 鯨岡峻著『関係発達論の構築 —間主観的アプローチによる』ミネルヴァ書房，2005
- 鯨岡峻著『ひとがひとをわかるということ —間主観性と相互主体性』ミネルヴァ書房，2006
- 鯨岡峻著『保育・主体として育てる営み』ミネルヴァ書房，2010
- 厚生省監修『厚生白書（平成10年度版）』ぎょうせい，1998
- 厚生労働省『保育所保育指針解説』フレーベル館，2018
- 子どもと保育総合研究所編，佐伯胖他著『子どもを「人間としてみる」ということ』ミネルヴァ書房，2013
- 小西行郎他著「運動発達をめぐる最前線・赤ちゃん学からひも解く運動の意味」『発達』148，ミネルヴァ書房，2016
- 佐伯胖著『「子どもがケアする世界」をケアする』ミネルヴァ書房，2017
- 櫻井慶一編『ベビーホテル（現代のエスプリ別冊）』至文堂，2001
- 山王堂恵偉子著「乳児保育における愛着関係の形成過程 食事と保育者のかかわりについて」『日本保育学会第59回発表論文集』2006
- CHS子育て文化研究所編『見る・考える・創りだす 乳児保育』萌文書林，1999
- 汐見稔幸編著『ここが変わった平成29年度告示保育所保育指針まるわかりガイド』チャイルド本社，2018
- 児童育成協会監修，寺田清美・大方美香・塩谷香編著『基本保育シリーズ16 乳児保育』中央法規出版，2015
- ジョン・ボウルビィ著，黒田実郎訳『母子関係の理論 Ⅰ愛着行動』岩崎学術出版社，1976
- ジョン・ボウルビイ著，黒田実郎訳『乳幼児精神衛生』岩崎学術出版社，1967
- 白峰学園保育センター編『保育の社会史 —神奈川近代の記録』筑摩書房，1987
- 菅野幸恵・岡本依子・塚田みちる著『エピソードで学ぶ「赤ちゃんの発達と子育て」』ミネルヴァ書房，2010
- 鈴木佐喜子著『時代と向き合う保育』（下）ひとなる書房，2004
- 全国保育士会編『保育所保育指針中間まとめのポイント —改定の基本的方向性』全国社会福祉協議会，2016
- 全国保育士会編『養護と教育が一体となった保育の言語化 —保育に対する理解の促進と，さらなる保育の質向上に向けて』全国社会福祉協議会，2016
- 全国保育団体連絡会・保育研究所編『2017保育白書』ひとなる書房，2017
- 民秋言他編集『幼稚園教育要領・保育所保育指針・幼保連携型認定こども園教育・保育要領の成立と変遷』萌文書林，2017

- 千羽喜代子編著『新訂第3版 乳児の保育―0・1・2歳児の生活と保育内容―』萌文書林，2012
- 堤ちはる・土井正子編著『子育て・子育ちを支援する小児栄養』萌文書林，2010
- 津守真著『子どもと教育を考える15 自我のめばえ』岩波書店，1984
- 寺田清美著『赤ちゃんとふれあおう（1）赤ちゃんの一日』汐文社，2012
- 寺田清美著『赤ちゃんとふれあおう（2）赤ちゃんとのふれあい授業』汐文社，2012
- 寺田清美著『赤ちゃんとふれあおう（3）わたしたちが赤ちゃんだったとき』汐文社，2013
- 寺田清美著「赤ちゃんとのふれあい授業による親性準備教育の有効性について」『日本保育学会第69回発表論文集』2016
- 東京都社会福祉協議会『保育所待機児問題白書』2012
- 内閣府・文部科学省・厚生労働省『幼保連携型認定こども園教育・保育要領解説』フレーベル館，2018
- 丹羽洋子著『今どき子育て事情』ミネルヴァ書房，1999
- 西村昂三・松浦信夫・原田正平編著『わかりやすい子どもの保健』同文書院，2018
- 西隆太郎著『子どもと出会う保育学 ―思想と実践の融合をめざして』ミネルヴァ書房，2018
- 日本保育協会監修・開仁志編著『0・1・2歳児の指導計画の立て方』中央法規出版，2017
- 早川悦子・池田りな・伊藤輝子編著『乳児保育』青踏社，2012
- 原田旬哉・杉山宗尚編著『図解でわかる保育 社会的養護Ⅰ』萌文書林，2018
- 藤田秀典著『家族とジェンダー ―教育と社会の構成原理』世織書房，2003
- 平塚らいてう著，小林登美枝・米田佐代子編『平塚らいてう評論集』岩波文庫，1987
- 平山宗弘著『子どもの保健と支援』日本小児医事出版社，2011
- 保育研究所編集『延長保育をすすめる ―子ども・父母・保育者にやさしい保育所をめざして』ひとなる書房，1997
- ポール・ブルーム著，春日井晶子訳『赤ちゃんはどこまで人間なのか ―心の理解の起源』講談社，2006
- マイケル・ラター著，北見芳雄他訳『母親奪理論の功罪』誠信書房，1979
- マイケル・ラター著，北見芳雄他訳『続 母親奪理論の功罪』誠信書房，1985
- マイケル・ルイス著，高橋惠子編・監訳『愛着からソーシャル・ネットワークへ ―発達心理学の新展開』新曜社，2007
- 前原寛『子どもの「今」を護れるか ―待機児童問題から見える社会の姿』創成社新書，2018
- 松本峰雄監修・池田りな他著『乳児保育演習ブック』ミネルヴァ書房，2016
- マリア・レゲァスティ著，大藪泰訳『乳児の対人感覚の発達 ―心の理論を導くもの』新曜社，2014
- ミルトン・メイヤロフ著，田村真他訳『ケアの本質・生きることの意味』ゆみる出版，

　　2006
- 無藤隆編著『ここが変わった平成29年度告示幼稚園教育要領まるわかりガイド』チャイルド本社，2018
- 無藤隆編著『ここが変わった平成29年度告示幼保連携型認定こども園教育・保育要領まるわかりガイド』チャイルド本社，2018
- 村上靖彦著『母親の孤独から回復する　―虐待のグループワーク実践に学ぶ』講談社，2017
- 文部科学省『幼稚園教育要領解説』フレーベル館，2018
- 森上史朗・柏女霊峰編集『保育用語辞典』ミネルヴァ書房，2010
- 森口佑介著『おさなごころを科学する　―進化する幼児観』新曜社，2014
- 脇貴志著『事例で見る園の防災・危機管理　―子どもたちの安全のためにできること』フレーベル館，2016
- 『ブリタニカ国際大百科事典』ブリタニカ・ジャパン（オンライン版）
- 『日本大百科全書』小学館，1994

Index

●数字・欧文●

0歳児後半（発達） 98
0歳児前半（発達） 97
0歳児のデイリープログラム 126
1歳児（発達） 99
1歳児クラスのデイリープログラム 128
2歳児（発達） 102
2歳児クラスのデイリープログラム 130
3歳児（発達） 103
ICT 73
PDCAサイクル 229

●あ行●

愛着関係 18
あこがれ 224
遊び 159
遊びコーナー 184, 204
甘え 107
アレルギー疾患 189
安心感 18
安全 187
安定感 18
生きる権利 9
育児不安 19
移行期 28
依存 217
一日の指導計画（日案） 232
一日の流れ 194, 209
衣服の着脱 172
医療機関 84
受け渡しコーナー 199
エンゼルプラン 13
園だより 79
往還 229
おむつ替え 152
おむつ交換コーナー 203

●か行●

科学する 221
可視化 72
家族 8
片づけ 174
家庭 8, 18, 114
家庭的保育 33
環境 65, 91, 233
かんしゃく 107
感性と表現に関する領域 69
感染症予防 188
期間指導計画（期案） 230
機能（乳児保育） 13
基本的信頼感 39
虐待 11
教育 14, 19, 89
教育標準時間認定 22
評価 252
協働 72
共同性 88
居宅訪問型保育 34
記録 232
区切られた空間 212
クラスだより 79
月案 239
月間指導計画（月案） 231
健康 58, 187
健康観察 190
健康支援 187
誤飲 191
降園 75
合計特殊出生率 13
交流事業 85
誤嚥 191
戸外 160
戸外遊び 190
個人別指導計画 231

個人面談	77
子育て	19
子育て支援	29
子育て支援センター	41
こだわり	107
孤独感	20
個と集団	234
言葉	68
言葉の獲得に関する領域	68
子どもの受け渡し	190
子どもの姿	232
子ども理解	233
個別の指導計画	244
コミュニケーション	160
固有性	88

●さ行●

在宅訪問保育	36
里親	38
参加する権利	9
三項関係	92
三歳児神話	13
散歩	191
事業所内保育	34
事故	189
自己肯定感覚	175
事故の予防	190
試食会	78
したがる	106
児童虐待	11
指導計画	230
指導計画（クラス）	244
指導計画の構造	228
児童の権利条約	8
児童福祉施設	21
児童福祉法	9
児童養護施設	40

社会的発達に関する視点	52
週間指導計画（週案）	231
集団保育	23
主体性	88
出生時	94
受容	110
小規模保育所	32
情動表出	95
情報の氾濫	20
食育	192
食事	140
食事コーナー	183, 200
食事の自立	170
自立	217
心身の健康に関する領域	58
身体的発達に関する視点	47
信頼感覚	175
信頼関係の形成	42
睡眠	133, 169
睡眠コーナー	181, 200
睡眠中の事故	191
健やかに伸び伸びと育つ	47
生活空間	210
生活体験	218
生活リズム	169
清潔	173
精神的発達の関する視点	55
生命の保持	18
全体的な計画	226, 234
育つ権利	9

●た行●

待機児童	10, 24
食べる意欲	141
探索活動	160
担当制	175
地域	82

地域型保育事業 …………………… 32
地域子育て支援 …………………… 82
乳首 ………………………………… 199
窒息 ………………………………… 191
地方裁量型 ………………………… 27
調乳 ………………………………… 145
調乳室 ……………………………… 199
デイリープログラム ……………… 124
溺水 ………………………………… 191
転倒 ………………………………… 191
転落 ………………………………… 191
トイレットトレーニング ………… 155
登園 ………………………………… 75
動線 ………………………………… 212
特定の人 …………………………… 175
トラブル …………………………… 107
とりあい …………………………… 107

● な行 ●

内容（0歳児） …………………… 45
内容（1・2歳児） ……………… 58
仲間 ………………………………… 222
二項関係 …………………………… 91
日課 ………………………………… 123
乳児院 ……………………………… 39
乳児保育 …………………………… 11
人間関係 …………………………… 63
認定こども園 ……………………… 26
ぬくもり …………………………… 212
ねらい（0歳児） ………………… 45
ねらい（1・2歳児） …………… 58
年間指導計画 …………………… 230, 236
ノンレム睡眠 ……………………… 139

● は行 ●

排泄 ………………………………… 150
排泄の自立 ……………………… 153, 171
排尿 ………………………………… 151
排便 ………………………………… 151
発育・発達状態 …………………… 188
発達 ………………………………… 94
発達過程 ………………… 23, 96, 109
発達と遊び ………………………… 162
人との関わりに関する領域 ……… 63
表現 ………………………………… 69
平塚らいてう ……………………… 11
ファミリー・サポート・センター … 37
振り返り …………………………… 252
閉塞感 ……………………………… 20
ベビーシッター …………………… 36
保育環境 ………………………… 194, 209
保育参加 …………………………… 78
保育参観 …………………………… 78
保育時間 …………………………… 25
保育室の空間 ……………………… 178
保育者 ……………………………… 210
保育者間 …………………………… 72
保育所 ……………………………… 21
保育所型 …………………………… 27
保育制度特別部会 ………………… 12
保育相談 …………………………… 77
保育内容の連続性 ………………… 43
保育七原則 ………………………… 12
保育日誌 …………………………… 239
保育認定 …………………………… 22
保育の一元化 ……………………… 29
保育の時間 ………………………… 177
保育の質 …………………………… 35
保育の全体構造 …………………… 226
ボウルビィ ………………………… 12
ホームページ ……………………… 80

保健機関 …………………………… 84
保護者 ……………………………… 73
保護者会 …………………………… 78
保護者支援 ………………………… 81
母子分離 …………………………… 40
母性保護論争 ……………………… 12
哺乳瓶 ……………………………… 199

●ま行●

学びの芽生え ……………………… 43
守られる権利 ………………………… 9
身近な環境との関わりに関する領域 …… 65
身近な人と気持ちが通じ合う ……… 52
身近なものと関わり感性が育つ …… 55
未就園児保育 ……………………… 31
見通し ……………………………… 111
ミルク ……………………………… 144
ミルク（飲ませ方）………………… 147
面接 ………………………………… 74

●や行●

役割（乳児保育）…………………… 13
養育 ………………………………… 19
養護 …………………………… 14, 89
幼児期の終わりまでに育ってほしい姿 …… 44
幼稚園 ……………………………… 30
幼稚園型 …………………………… 27
幼稚園入園事業 …………………… 30
幼保連携型 ………………………… 27
幼保連携型認定こども園 ………… 26
与謝野晶子 ………………………… 11

●ら行●

落下 ………………………………… 191
離乳 ………………………………… 148
離乳完了期 ………………………… 149
離乳後期 …………………………… 149
離乳初期 …………………………… 149
離乳食 ………………………… 149, 201
離乳中期 …………………………… 149
離乳の過程 ………………………… 150
冷凍母乳 …………………………… 143
レム睡眠 …………………………… 139
連携 …………………………… 72, 114
連絡帳 ………………………… 76, 117

●編著者紹介●

阿部和子（あべ・かずこ）　　　　　　　　　　　　　★第1章、第5章、第8章§1

日本女子大学大学院修士課程修了（児童学専攻）。聖徳大学短期大学部教授、大妻女子大学教授を経て、現在、大阪総合保育大学大学院特任教授、大妻女子大学名誉教授。

厚生労働省社会福祉審議会保育専門委員会委員・同ワーキンググループ委員、内閣府幼保連携型認定こども園教育・保育要領の改訂に関する検討会委員として保育所保育指針、幼保連携型認定こども園教育・保育要領（2017年告示）の改定（改訂）、また、保育士養成課程等検討会委員として2019年度施行の保育士養成課程の改定に携わる。

日本保育学会関東ブロック評議員、保育学研究編集委員、国際幼児教育学会（IAECE）常任理事、全国保育士養成協議会常任理事、関東ブロック会長、柏市健康福祉審議会児童健康福祉専門分科会会長、千葉県子ども・子育て会議副委員長、柏市子ども・子育て会議副委員長などを務める。

● 著書　『子どもの心の育ち　－0歳から3歳』（著、萌文書林）、『続　子どもの心の育ち　－3歳から5歳』（著、萌文書林）、『乳幼児の「心の教育」を考える』（著、フレーベル館、2001）、『保育者のための家族援助論』（著、萌文書林）、『家庭支援論』（萌文書林）、『乳児保育　－子どもの豊かな育ちを求めて』（編著、萌文書林）、『演習　乳児保育の基本』（編著、萌文書林）、『0歳児の指導計画』（編著、中央法規）、『1歳児の指導計画』（編著、中央法規）、『2歳児の指導計画』（編著、中央法規）、『3歳児の指導計画』（編著、中央法規）、『4歳児の指導計画』（編著、中央法規）、『5歳児の指導計画』（編著、中央法規）、『改訂　保育内容総論』（共著、萌文書林）、『演習保育内容総論』（共著、建帛社）、『保育者論』（共著、萌文書林）他多数。

●著者紹介●

寺田清美（てらだ・きよみ）　　　　　　　　　　　　★第3章§1、2、第4章

東京成徳短期大学幼児教育科教授、東京学芸大学非常勤講師。

厚生労働省社会福祉審議会保育専門委員会委員（2017年）、内閣府・文部科学省・厚生労働省幼保連携型認定こども園教育保育要領策定委員（2014年）、同検討会委員（2017年）、厚生労働省保育所保育指針改定委員（2008年）。

厚生労働省保育士処遇改善検討会委員、同待機児童数調査に関する検討会委員、富山県子育て支援・少子化対策県民会議基本計画策定委員、東京都子育て支援員研修事業委員会委員として保育行政に携わる。中野区子ども・子育て会議委員長。環境福祉学会理事、全国保育サービス協会理事、赤ちゃんとのふれあい交流ファシリテーター養成講座主宰などを務める。また28年に渡り「あかちゃんと小・中・高校生とのふれあい授業」を実践・研究中、福祉新聞に「私の論考・保育新時代」を2016年より連載。

● 著書　『アッというまに書けて伝わる！保育者の伝える力』（著、メイト）、『赤ちゃんとふれあおう』No 1～3（著、汐文社）、『新米ママとパパのための赤ちゃんの気持ちがわかる本』（著、角川中経出版）、『実習日誌の書き方』（共著、萌文書林）、『はじめてみよう！幼児のことば遊び0・1・2歳児編』（著、鈴木出版）、『乳児保育』（編著、中央法規）他多数。

山王堂惠偉子（さんのうどう・けいこ）　　　　　　　★第6章、第7章、第8章§2、3

聖徳大学大学院児童学研究科博士前期課程修了。社会福祉法人米沢仏教興道会、保育士、主任保育士、園長を歴任。元東北文教大学准教授。

●**著書**　『園長の責務と専門性の研究』（共著、萌文書林）、「カリキュラム指導計画とその展開（2歳児）」（『月刊指導計画』チャイルド社）、『0歳児のすべてがわかる！―保育力がグーンとアップする生活・遊び・環境づくりの完全ナビ』（共著、明治図書）、『1歳児のすべてがわかる！―保育力がグーンとアップする生活・遊び・環境づくりの完全ナビ』（共著、明治図書）、『2歳児のすべてがわかる！―保育力がグーンとアップする生活・遊び・環境づくりの完全ナビ』（共著、明治図書）、『0歳児の指導計画』（編著、中央法規）、『1歳児の指導計画』（編著、中央法規）、『2歳児の指導計画』（編著、中央法規）、『3歳児の指導計画』（編著、中央法規）、『4歳児の指導計画』（編著、中央法規）、『5歳児の指導計画』（編著、中央法規）。

小山朝子（こやま・あさこ）　　　　　　　★第2章、第3章§3、第4章§2の3

東京家政大学大学院家政学研究科児童学専攻修士課程修了。東京都公立保育園保育士。帝京平成大学現代ライフ学部児童学科専任講師を経て、現在、和洋女子大学人文学部こども発達学科准教授。

●**著書**　『保育における援助の方法』（共著、萌文書林）、『幼稚園・保育所実習　指導計画の考え方・立て方〈第2版〉』（共著、萌文書林）、『講義で学ぶ乳児保育』（編著、わかば社）、『演習で学ぶ乳児保育』（共著、わかば社）、『新基本保育シリーズ13　教育・保育カリキュラム編』（共著、中央法規）、『子どもの理解と援助』（共著、ミネルヴァ書房）。

〈装　　　丁〉レフ・デザイン工房
〈ＤＴＰ制作〉本薗直美
〈イラスト〉西田ヒロコ

〈写真・資料協力園〉
　米沢仏教興道会　興道東部保育園、興道南部保育園、プチハウス
　社会福祉法人白鷹町社会福祉協議会　さくらの保育園
　社会福祉法人クムレ　小ざくら乳児保育園、小ざくら夜間保育園

改訂　乳児保育の基本

2019年6月27日	初版第1刷発行
2020年4月1日	初版第2刷発行
2021年1月30日	第2版第1刷発行
2024年4月1日	第2版第4刷発行

編　著　者　　阿部　和子

発　行　者　　服部　直人

発　行　所　　㈱萌文書林
　　　　　　　〒113-0021　東京都文京区本駒込6-15-11
　　　　　　　TEL 03-3943-0576　FAX 03-3943-0567
　　　　　　　https://www.houbun.com
　　　　　　　info@houbun.com

印刷・製本　　シナノ印刷株式会社

©2019 Kazuko Abe,　　Printed in Japan　　　ISBN978-4-89347-338-7　C3037

定価は、カバーに表記されています。
落丁・乱丁本は、弊社までお送りください。送料弊社負担でお取り替えいたします。
本書の内容を一部または全部を無断で複写・複製、転記・転載することは、法律で認められた場合を除き、著作者および出版社の権利の侵害となります。本書からの複写・複製、転記・転載をご希望の場合は、あらかじめ弊社あてに許諾をお求めください。